DuMont Schnellkurs

GOETHE

Dieter Borchmeyer wurde 1941 in Essen geboren, er ist Ordinarius für Neuere deutsche Literatur und Theaterwissenschaft an der Universität Heidelberg und seit 2004 Präsident der Bayerischen Akademie der Schönen Künste. Er war und ist Gastprofessor an Universitäten in Frankreich, Österreich und den USA. Sein Arbeitsfeld ist vor allem die deutsche Literatur vom 18. bis 20. Jahrhundert und das Musiktheater mit Forschungen zu Goethe, Schiller, Mozart und Wagner. 2000 wurde er mit dem Bayerischen Literaturpreis ausgezeichnet. Zuletzt erschienen u. a. *Richard Wagner* (2002), *Martin Walser und die Öffentlichkeit* (2001) und *Goethe. Der Zeitbürger* (1999).

DuMont Schnellkurs

GOETHE

Dieter Borchmeyer

DUMONT

Impressum

Umschlagvorderseite von links nach rechts und von oben nach unten:
Johann Wolfgang von Goethe 1790, nach dem Bruchstück der Tonbüste von Martin Gottlob Klauer / Goethe auf einem Ölgemälde von Joseph Stieler und Friedrich Dürck im Besitz der Stiftung Weimarer Klassik (picture-alliance/dpa) / Goethehaus am Frauenplan (picture-alliance / akg-images) / Titelblatt der Erstausgabe des *Werther* / Gustav Gründgens als Mephisto, 1941 (picture-alliance / akg-images) / Goethes Geburtshaus in Frankfurt (picture-alliance / Helga Lade GmbH)

Umschlagrückseite von links nach rechts:
Goethe in der Campagna, Gemälde von Johann Heinrich Wilhelm Tischbein, 1786/87 (picture-alliance / akg-images) / Faust versucht Gretchen zu verführen, Lithographie von Eugène Delacroix, 1825–27 (picture-alliance / akg-images)

Frontispiz:
Goethe mit der Silhouette, Gemälde von Georg Melchior Kraus (1776), Goethezeitportal, München

Bibliographische Information der Deutschen Bibliothek:
Die Deutsche Bibliothek verzeichnet diese Publikation in der Deutschen Nationalbibliographie; detaillierte bibliographische Angaben sind im Internet über http://dnb.ddb.de abrufbar.

Bebilderung: Danica Krunic/Goethezeitportal (www.goethezeitportal.de).
Der Verlag dankt dem Goethezeitportal für den Abdruck einiger Raritäten aus dessen Kunstpostkartensammlung.
Textredaktion und -ergänzungen, Chronologie und Register: Yvonne Nilges

Originalausgabe

Druck: Rasch, Bramsche
Buchbinderische Verarbeitung: Bramscher Buchbinder Betriebe
Printed in Germany
ISBN 3-8321-7628-4

Inhalt

Inhalt

Goethes Geburtshaus im Großen Hirschgraben in Frankfurt

Frankfurt

»Am 28sten August 1749, mittags mit dem Glockenschlag zwölf, kam ich in Frankfurt am Main auf die Welt.« So beginnt das Erste Buch von Goethes Lebensbeschreibung *Dichtung und Wahrheit* (1811). Doch in diesem trockenen chronikalischen Stil fährt der Autobiograph nicht fort, sondern beschreibt mit ironisch-parodistischen Untertönen sein Geburtshoroskop. Die Sterne meinten es gut mit ihm, so daß er trotz der Ungeschicklichkeit der Hebamme, derzufolge er »für tot« auf die Welt kam – also vermutlich wegen Sauerstoffmangels kein Lebenszeichen von sich gab –, der Welt zu ihrem Glück erhalten blieb.

Blick in Goethes Geburtszimmer

Ansicht der Stadt Frankfurt, kolorierter Kupferstich von Johann Christian Berndt nach Johann Jacob Koller

Frankfurt am Main

Goethes Geburtsort, die Freie Reichsstadt Frankfurt am Main, hatte, umschlossen von alten Stadtmauern, mit ihren engen Gassen und verwinkelten Häusern, noch ein ganz und gar mittelalterliches Gepräge, doch die circa 36 000 Einwohner zählende Stadt war, begünstigt durch ihre Verkehrslage an einigen belebten europäischen Geschäftsstraßen, zu einer wichtigen Handelsmetropole avanciert, deren Frühjahrs- und Herbstmessen Händler und Käufer aus vielen Ländern anzogen. Ein selbstbewußtes lutherisches Bürgertum – bestehend zumal aus Bankiers, Kaufleuten und Handwerkern – prägte das gesellschaftliche Leben der Stadt. Seit 1562 fand jeweils in Frankfurt die Krönung des Kaisers des Deutschen Reichs statt. 1764 erlebte der vierzehnjährige Goethe selber – er hat es ausführlich in *Dichtung und Wahrheit* geschildert – die Krönungszeremonien für Joseph II. mit, die wochenlang die Stadt in Atem hielten.

Familie Goethe

»Vom Vater hab ich die Statur, / Des Lebens ernstes Führen, / Vom Mütterchen die Frohnatur / Und Lust zu fabulieren.« So lauten die berühmten Verse Goethes über seine Eltern (*Zahme Xenien* VI). Stammte seine Mutter Catharina Elisabeth aus der alteingesessenen und zu höchsten städtischen Würden aufgestiegenen fränkischen Juristenfamilie Textor – ihr Vater hatte als Schultheiß und Stellvertreter des Kaisers in der reichsunmittelbaren Stadt das höchste Amt im Magistrat inne –, so war der Vater Johann Caspar der Sohn eines aus dem Thüringischen eingewanderten Modeschneiders, der es durch seine weibliche Kundschaft in der Frankfurter Hautevolee zu beträchtlichem Vermögen brachte, das sich noch vermehrte, als er aufgrund seiner zweiten Ehe mit einer begüterten Gastwirtin den Beruf wechselte und sich zum Gastronomen und Weinhändler mauserte. Das reiche Erbe, das er seinem Sohn hinterließ, ermöglichte diesem sein sorgenfreies Leben als Privatier und enthob auch seinen Enkel aller materieller Nöte.

Johann Caspar studierte auf Weisung des gesellschaftlich ambitionierten Vaters Jura und wurde in Gießen zum Dr. jur. promoviert. 1740 unternahm er eine zweijährige Kavalierstour durch Italien, die er gut zwanzig Jahre später in seinem italienischen Reisebericht *Viaggio in Italia* nachzeichnete. Hier – und durch seine Sammlung italienischer Stiche, welche die Phantasie seines Sohnes im Elternhaus am Großen Hirschgraben von früher Kindheit an beschäftigten – war der Keim gelegt zur Italien-Faszination seines Sohnes und zu dessen eigener *Italienischer Reise*. Von Kai-

»Mein Vater ließ mich mit meinen Possen gewähren; obgleich alterthümlicher gesinnt in religiöser Hinsicht, nahm er doch kein Arg an meinen Speculationen und Ansichten, sondern erfreute sich seines Sohnes als eines wunderlichen Kauzes.« *Dichtung und Wahrheit*

Johann Caspar Goethe

Goethe und die Deutschen

»Wie wünschenswert ist es nicht, Zeitgenoß eines wahrhaft großen Mannes zu sein! Die jetzige Majorität der kultivierten Deutschen ist dieser Meinung nicht. Sie ist fein genug, um alles Große wegzuleugnen, und befolgt das Planierungssystem. ... Daher wird Goethe, der jetzt der wahre Statthalter des poetischen Geistes auf Erden ist, so gemein als möglich behandelt«. So scharfzüngig nahm Novalis 1798 das Verhältnis der Deutschen zu ihrem größten Dichter aufs Korn. Wie recht er haben sollte, zeigen die Spuren der kulturellen »Planier«-Raupe bis in die Gegenwart. Und doch dürfte es keine Nation geben, in der ein einziger Name zum Synonym für ihre Kultur geworden ist – die wichtigste kulturpolitische Institution Deutschlands trägt den Namen Goethes –, keine Nation, die ein halbes Jahrhundert ihrer Literaturgeschichte nach einem Autor – als ›Goethezeit‹ – bezeichnet hat. Den Deutschen gilt Goethe fast noch selbstverständlicher als Homer den Griechen, Dante den Italienern, Cervantes den Spaniern, Shakespeare den Engländern oder Puschkin den Russen als ihr größter Dichter.

Das Frankfurter Goethedenkmal von Ludwig von Schwanthaler, 1844

ser Karl VII. erwarb er 1742 den Titel eines »Würcklichen Kayserlichen Raths« ohne Amt.

Die Bibliothek des Vaters

Bereits mit 32 Jahren zog Johann Caspar sich ins Privatleben zurück und widmete sich seinen umfangreichen Sammlungen von Kunstwerken und Naturalien – auch diese Sammelleidenschaft sollte Goethe mit seinem Vater verbinden – und seiner fast 2000 Bände umfassenden Bibliothek. Für sie schuf er 1755 durch einen aufwendigen modernisierenden Umbau des von der Mutter geerbten dunkel-verwinkelten Bürgerhauses am alten Stadtgraben das gebührende räumliche Ambiente. Die Sammlungen und die Bibliothek bildeten auch die Materialbasis für die Erziehung seiner Kinder, die er nicht den öffentlichen Bildungseinrichtungen überlassen

Gegenüberliegende Seite oben: Catharina Elisabeth Goethe

wollte. Er übernahm selber ihren Unterricht, allerdings unterstützt durch mehrere Hauslehrer.

War Goethes Vater von ernsthaft-strenger, melancholisch eingeschwärzter Gemütsart, so seine Mutter eine überschäumend lebens- und fabulierlustige Frau, welche ihren Mann um 26 Jahre überlebte. Sie nahm stolz Anteil am Weimarer Aufstieg ihres Sohnes und war das Vergnügen des von seinem Dichterruhm in ihr Haus gelockten Freundes- und Bekanntenkreises. Zumal die junge romantische Generation (Bettina Brentano) konnte von den Anekdoten der »Frau Aja«, wie sie schon seit 1774 scherzhaft genannt wurde, gar nicht genug bekommen. Von den fünf Geschwistern Goethes überlebte nur seine Schwester Cornelia das frühe Kindesalter.

Die Verbindung mit seiner schon mit 26 Jahren verstorbenen Schwester war die engste menschliche Beziehung des jungen Goethe. Ihre Ehe mit Johann Georg Schlosser 1773 hat er eifersüchtig beobachtet, und sie selber wurde – wie ihr Mann, der sich stets im Liebesschatten des berühmten Bruders stehen sah – in dieser Ehe nie wirklich glücklich. Cornelia hatte eher die Melancholie des Vaters als die Frohnatur der Mutter geerbt, eine gefühlsscheue unerotische Natur, vielleicht ein biographisches Urbild jener unsinnlich-eheschеuen

»Da nun ein großer theil deines Ruhmes und Rufens auf mich zurück fält, und die Menschen sich einbilden ich hätte was zu dem großen Talendt beygetragen; so kommen sie denn um mich zu beschauen – da stelle ich denn mein Licht nicht unter den Scheffel sondern auf den Leuchter.«
Goethes Mutter Catharina Elisabeth 1807 in einem Brief an ihren berühmten Sohn

»Sie, nur ein Jahr jünger als ich, hatte mein ganzes bewußtes Leben mit mir herangelebt und sich dadurch mit mir aufs innigste verbunden. [...;] die Züge ihres Gesichts, weder bedeutend noch schön, sprachen von einem Wesen, das weder mit sich einig war, noch werden konnte. Ihre Augen waren nicht die schönsten, die ich jemals sah, aber die tiefsten, hinter denen man am meisten erwartete, und, wenn sie irgend eine Neigung, eine Liebe ausdrückten, einen Glanz hatten ohnegleichen.«
Dichtung und Wahrheit

Cornelia Goethe, Porträt-Lithographie nach einer Handzeichnung Goethes

Goethes Arbeitszimmer

Frauen, die in Goethes Werk mit den hocherotischen weiblichen Figuren auffallend kontrastieren: Eugenie in der *Natürlichen Tochter* und zumal die ganz und gar bruderbezogene, sich in der mythischen Geschwisterliebe zwischen Apollo und Artemis spiegelnde Iphigenie.

Die poetische Begabung Goethes zeigte sich früh. Die Bibellektüre der frommen, am kirchlichen Leben regelmäßig teilnehmenden Familie und die Begeisterung durch die ersten Gesänge von Klopstocks Epos *Der Messias* inspirierten ihn zu religiösen Gedichten, einem Josephsepos und dramatischen Versuchen unter dem Eindruck des französischen Theaters. Sie fielen jedoch fast sämtlich einem »Autodafé« zum Opfer, das Goethe im Herbst 1767 am Herd seiner Leipziger Zimmerwirtin Straube inszenierte. Die eigentliche Laufbahn des Schriftstellers Goethe sollte erst mit den Leipziger Studienjahren beginnen.

Selbstschilderung
»Niemals glaubte ich, daß etwas zu erreichen wäre, immer dacht ich, ich hätt es schon. Man hätte mir eine Krone aufsetzen können und ich hätte gedacht, das verstehe sich von selbst. Und doch war ich gerade dadurch nur ein Mensch wie andre. Aber daß ich das über meine Kräfte Ergriffne durchzuarbeiten, das über mein Verdienst Erhaltne zu verdienen suchte, dadurch unterschied ich mich bloß von einem wahrhaft Wahnsinnigen. Erst war ich den Menschen unbequem durch meinen Irrtum, dann durch meinen Ernst. Ich mochte mich stellen wie ich wollte, so war ich allein.«

Goethes erste Lyrik

Erhabne Großmama!
Des Jahres erster Tag
Erweckt in meiner Brust ein zärtliches Empfinden
Und heißt mich ebenfalls Sie jetzo anzubinden
Mit Versen, die vielleicht kein Kenner lesen mag;
Indessen hören Sie die schlechte Zeilen an,
Indem sie wie mein Wunsch aus wahrer Liebe fließen.
Der Segen müsse sich heut über Sie ergießen,
Der Höchste schütze Sie, wie er bisher getan.
Er wolle Ihnen stets, was Sie sich wünschen, geben
Und lasse Sie noch oft ein Neues Jahr erleben.
Dies sind die Erstlinge, die Sie anheut empfangen,
Die Feder wird hinfort mehr Fertigkeit erlangen.
(Zum Neujahrstag 1757)

Zeitgeschichte

Die für die Kinder fast autarke Welt des Goetheschen Elternhauses blieb von den Ereignissen der Zeit nicht unberührt. 1755 erschütterte das Erdbeben von Lissabon das Gemüt und Gottvertrauen des streng lutherisch, mit bürgerlich-aufgeklärtem Einschlag von seiten des Vaters, pietistischer Färbung von seiten der Mutter, erzogenen Johann Wolfgang. Für die größten Turbulenzen in Goethes Elternhaus aber sorgte der Siebenjährige Krieg 1756–1763. Nicht nur das Frankfurter Patriziat war in zwei Parteien gespalten, auch in der Familie Goethe bildeten sich Fraktionen: Dem kaisertreuen Großvater Textor stand sein Schwiegersohn als entschiedener Bewunderer Friedrichs des Großen gegenüber. Als die Franzosen am Neujahrstag 1759 Frankfurt besetzten und bis zum Ende des Krieges Quartier bezogen, mußte Johann Caspar Goethe einige Räume seines Hauses für den ranghöchsten französischen Offizier, den Stadtkommandanten Graf François de Thoranc räumen. Der hochgebildete Offizier suchte die Lebensgewohnheiten seiner unfreiwilligen Gastgeber so weit wie möglich zu schonen, er lud die Frankfurter Maler ins Haus, räumte ihnen ein Mansardenzimmer als Atelier ein und beauftragte sie mit Wandgemälden (ganzen vierhundert!) für sein Schloß im südfranzösischen Grasse, wo einige von ihnen noch heute hängen.

Nicht zuletzt auf Thoranc ist Goethes lebenslange Sympathie für den Typus des gebildeten Offiziers zurückzuführen. Der Hausherr aber blieb im Schmoll- und Grollwinkel, und es kam zu provozierenden Auftritten des cholerischen Vaters gegenüber dem weltläufigen Gast. Der junge Goethe verdankte Toranc die erste eindringliche Begegnung mit französischer Kultur. Die im Troß der Soldaten mitgereiste französische Schauspieltruppe war Goethes fast tägliches Vergnügen. Hier lernte er die Tragödien von Corneille und Racine, die Komödien von Molière und Marivaux in authentischer Gestalt kennen.

»Vorstellung und Beschreibung des ganz erschroecklichen Erdbebens, wodurch (...) Lissabon (...) zugrunde gegangen«, koloriertes zeitgenössisches Flugblatt aus Augsburg (G. C. Pfauntz)

1755 Erdbeben von Lissabon.
1756–1763 Siebenjähriger Krieg.
1759 Voltaire: *Candide*. Schillers Geburt.
1762 Rousseau: *Emile* und *Du contrat social*.
1764 Krönung Joseph II. in Frankfurt zum römisch-deutschen König.
Johann Joachim Winckelmann: *Geschichte der Kunst des Altertums*.

Rückansicht des Goethehauses. Blick aus dem Museumsgarten

Der Wandel des Goethe-Bildes

»Goethe kann als Grundlage der Bildung eine ganze Kultur ersetzen«, schreibt Hugo von Hofmannsthal 1922 im *Buch der Freunde*, ja er behauptet: »Wir haben keine neuere Literatur. Wir haben Goethe und Ansätze.« Das sind Aphorismen mit Widerhaken: einerseits wird Goethe eine absolute Stellung in der deutschen Kultur und Literatur eingeräumt, anderseits pessimistisch konstatiert, daß ohne ihn von einer deutschen Kultur und Literatur in Deutschland kaum die Rede sein kann, daß er allein, ohne ebenbürtige Nachfolge geblieben ist. »Goethe, nicht nur ein guter und großer Mensch, sondern eine Kultur, Goethe ist in der Geschichte der Deutschen ein Zwischenfall ohne Folgen: wer wäre imstande, in der deutschen Politik der letzten siebenzig Jahre zum Beispiel ein Stück Goethe aufzuzeigen!« hat schon Friedrich Nietzsche 1878 in *Menschliches, Allzumenschliches* bemerkt. »Nur für wenige hat er gelebt und lebt er noch: für die meisten ist er nichts als eine Fanfare der Eitelkeit, welche man von Zeit zu Zeit über die deutsche Grenze hinüberbläst.«

Nur für wenige hat er gelebt. In der Tat hat Goethe in seinem Gespräch mit Eckermann vom 11. Oktober 1828 gestanden: »Meine Sachen können nicht populär werden; wer daran denkt und dafür strebt, ist in einem Irrtum. Sie sind nicht für die Masse geschrieben, sondern nur

Goethedenkmal in Leipzig

für einzelne Menschen, die etwas Ähnliches wollen und suchen, und die in ähnlichen Richtungen begriffen sind.« So haben etwa *Wilhelm Meisters Lehrjahre* nie wirkliche Popularität erlangt, doch wurden sie für die ›in ähnlicher Richtung begriffenen‹ Frühromantiker zum poetologischen Erweckungserlebnis.

Welches Drama hätte seinerzeit freilich größere Popularität genossen als *Götz*, welcher Roman wäre mehr zum Modeereignis in ganz Europa geworden als *Werther*. Populär sind auch *Faust I* und vor allem *Hermann und Dorothea* geworden, ganz zu schweigen von Goethes Liedern (*Heidenröslein*) und seiner ›Erlebnislyrik‹. Freilich läßt sich nicht leugnen, daß ihm die eigene Popularität seines Jugend-

»Die Geburt Goethes«, allegorische Komposition mit der astrologischen Konstellation, Musen und den olympischen Göttern. Aquarell von Moritz von Schwind, 1844

werks, insbesondere des aus seiner Sicht allzu subjektiv-überspannten *Werther*, bald verdächtig wurde, ja daß er *Wilhelm Meister* geradezu als ›Anti-*Werther*‹ konzipierte. Das Publikum hat ihm das nicht gedankt und sich bis an die Schwelle des zwanzigsten Jahrhunderts seinem Spätwerk verweigert.

1849: keine nationale Identifikationsfigur

Den historischen Tiefpunkt in der Wertschätzung Goethes hat ausgerechnet sein hundertster Geburtstag im Jahre 1849 gebildet, der mitten in den Wirbel des Revolutionsjahrs fiel. Kein Jubiläum konnte unzeitgemäßer, angesichts der aufgeregten politischen Zeitstimmung unpassender sein als die Säkularfeier des großen Antipoden der Revolution und der nationalen Emphase. Den denkbar größten Gegensatz zum Goethe-Jahr sollte das Schiller-Jubiläum zehn Jahre später bilden, das einen beispiellosen nationalen Rausch auslöste, din dem die Erinnerung an Goethe nahezu ertrank.

Nietzsche ist nicht der erste und nicht der letzte gewesen, der vom Mißverhältnis zwischen Goethe und den Deutschen überzeugt war. »Sie mögen mich nicht!« hat Goethe selber im Gespräch mit Johannes Daniel Falk um 1808 über die Beziehung der Deutschen zu ihm bemerkt. Seine lakonische Replik: »Ich mag sie auch nicht!« Aus derselben Zeit stammt der von Wilhelm von Humboldt in einem Brief an seine Frau Karoline vom 19. November 1808 mitgeteilte »Rat« Goethes, »die Deutschen, wie die Juden, in alle Welt zu zerstreuen, nur auswärts seien sie noch erträglich«.

1871: Inthronisation als Olympier

Waren die Jahrzehnte zwischen 1832 und 1871 von einer relativen Goethe-Ferne geprägt, so wurde er vom neuen Kaiserreich sogleich als »Olympier« inthronisiert: aus dem offenkundigen Bedürfnis heraus, ihn zum Kronzeugen der nationalen Identität der Deutschen zu gewinnen. Musterbeispiel dafür sind die im Hochgefühl der Siegernation und des Bismarckschen Einigungswerks gehaltenen Berliner Goethe-Vorlesungen von Herman Grimm, dem ältesten Sohn von Wilhelm Grimm, in den Jahren 1874 und 1875. In ihnen wird Goethe mit beispiellosem nationalem Pathos zum Genius des neuen Reichs erklärt. Die eigentliche germanistische Parallelaktion zur Reichsgründung wurde die im Auftrag der Großherzogin Sophie von Sachsen, der Erbin des Goetheschen Familienarchivs, herausgegebene »Weimarer Ausgabe« von Goethes Gesamtwerk seit 1787, die mit ihren 143 Bänden in den Jahrzehnten ihres Entstehens alle Höhen und Tiefen des neuen Reichs miterlebte, bis zu seiner bitteren Niederlage. (Der letzte Band erschien 1919.) Zum nationalen Literaturheiligtum schlechthin wurde nun der wegen seines vermeintlich an Altersschwäche krankenden zweiten Teils lange mißachtete *Faust*.

Goethes Erhebung zur Ehre der nationalen Altäre mußte zumal Nietzsches europäisierendem Bild des Dichters widersprechen. Die Goethe-Ferne der Jahrzehnte vor der Reichsgründung war Nietzsche nur recht gewesen, lag ihm doch daran, Goethe von den Deutschen zu trennen, als den großen Überdeutschen zu definieren. »Goethe stand über den Deutschen in jeder Beziehung und steht es auch jetzt noch: er wird ihnen nie angehören«, hält er in *Menschliches, Allzumenschliches* den aktuellen nationalen Vereinnahmungsversuchen entgegen. »Wie Beethoven über die Deutschen hinweg Musik machte, wie Schopenhauer über die Deutschen weg philosophierte, so dichtete Goethe seinen *Tasso*, seine *Iphigenie* über die Deutschen hinweg.« Offenkundig spielt Nietzsche hier auf Goethes eigene Idee der Weltliteratur in seinen letzten Lebensjahren an. »Nationalliteratur will jetzt nicht viel sagen, die Epoche der Weltliteratur ist an der Zeit, und jeder muß jetzt dazu wirken, diese Epoche zu beschleunigen.« So Goethe zu Eckermann in seinem Gespräch am 31. Januar 1831. Dem Nationalismus des neuen Jahrhunderts suchte er durch seine kosmopolitische Kulturidee entgegenzuwirken. Der »Nationalhaß«, bemerkt er am 14. März 1830 Eckermann gegenüber, finde sich »am stärksten und heftigsten« auf den »untersten Stufen der Kultur«. Es sei aber zu derjenigen Stufe emporzuschreiten, »wo er ganz verschwindet und wo man gewissermaßen über den Nationen steht und man ein Glück oder ein Wehe des Nachbarvolkes empfindet, als wäre es dem eigenen begegnet.«

Das waren freilich Gedanken, die der national berauschten wilhelminischen Goethe-Rezeption denkbar fern lagen. Die in den zurückliegenden Jahrzehnten oft so heftige Goethe-Kritik verstummte seit der Reichsgründung fast vollständig.

1919: Beschwörung des »Geistes von Weimar«

Der Zusammenbruch des Kaiserreichs sollte jedoch auch die Desillusionierung Goethes als seines großen Kulturidols zur Folge haben. Im Gegensatz zu der vielfach aggressiven Goethe-Kritik im linken literarischen Milieu der Weimarer Republik hat diese Republik selbst sich jedoch – zum Spott jenes Milieus – dezidiert dem »Geist von Weimar« verschrieben. War die Reichsgründung 1871 nur von ihren Ideologen, nicht aber von ihren politischen Repräsentanten aus dem Geiste Goethes interpretiert worden, so wurden sein Name und sein Werk nun zum erstenmal als geistige Grundlage des neuen demokratischen Staatsgebildes beschworen. In seiner Rede in der Nationalversammlung zu Weimar am 6. Februar 1919 verkündete der spätere Reichspräsident Friedrich Ebert im Namen der sozialdemokratischen Partei: »Die preußische Hegemonie, das Hohenzollernsche Heer, die Politik der schimmernden Wehr sind bei uns für alle Zukunft unmöglich geworden.« Jetzt gelte es – »hier in Weimar« – die Wandlung zu vollziehen »vom Imperialismus zum Idealismus, von der Weltmacht zur geistigen Größe. Es charakterisiert durchaus die nur auf äußeren Glanz gestellte Zeit der Wilhelminischen Ära das Lassallesche Wort, daß die klassischen deutschen Denker und Dichter nur im Kranichzug über sie hinweggeflogen seien. Jetzt muß der Geist von Weimar, der Geist der großen Philosophen und Dichter, wieder unser Leben erfüllen. Wir müssen die großen Gesellschaftsprobleme in dem Geiste behandeln, in dem Goethe sie im zweiten Teil des *Faust* und in *Wilhelm Meisters Wanderjahren* erfaßt hat«.

Das Goethe-Jahr 1932 rief – am Vorabend der Machtergreifung Hitlers – noch einmal alle Fraktionen im Streit für, gegen und um Goethe auf den Plan. Die Reichsgedächtnisfeier zum hundertsten Todestag Goethes in Weimar war die letzte kulturelle Selbstdarstellung der auf den Untergang zusteuernden Weimarer Republik, ein Fest der bürgerlichen Mitte unter starker internationaler Beteiligung – von dem sich die Totengräber der Republik, Nationalsozialisten wie Kommunisten, freilich fernhielten. Sie wollten von der Wiederbelebung des »Geistes von Weimar« nichts wissen, den die europäischen und amerikanischen Besucher dieser »Weltfeier« als guten Geist für Deutschland herbeiriefen. Ein ganz anderes Weimar zeigte seine Zähne: es war längst eine »Zentrale des Hitlerismus« geworden, wie Thomas Mann in seinem Vortrag *Meine Goethereise* feststellte.

1949: Goethe als Alibi

Wurde Goethe für Thomas Mann die große Gegenmacht zum Nationalsozialismus, so verhielt dieser selbst sich Goethe gegenüber weithin neutral. Anders als Schiller, Hölderlin,

Thomas Mann in Weimar anläßlich einer Festveranstaltung zum 200. Geburtstag Goethes 1949

Kleist und die Romantiker, als Nietzsche und Wagner war er kaum je eine Berufungsinstanz der Nationalsozialisten, und so konnten seine Person und sein Werk nach dem Krieg zur Basis einer politischen und moralischen Neuorientierung im Westen wie im Osten Deutschlands werden – unter jeweils rigoros entgegengesetzten Vorzeichen. Anders als hundert Jahre zuvor kam das Goethe-Jahr 1949 genau zum rechten Zeitpunkt. Und wieder war es Thomas Mann, der mit seiner Jubiläumsrede *Goethe und die Demokratie* das entscheidende Stichwort für die neue Zuwendung zu Goethe gab.

Daß Goethe freilich vielfach als Alibi gebraucht, die Berufung auf ihn zum Manöver der Ablenkung von der eigenen historischen Schuld wurde, darauf haben Emigranten wie Richard Alewyn unnachgiebig den Finger gelegt. »Zwischen uns und Weimar liegt Buchenwald. Darum kommen wir nun einmal nicht herum«, bemerkt Alewyn in seiner Kölner Vorlesung *Goethe als Alibi?* (1949). »Es gibt Goethe und Hitler, die Humanität und die Bestialität.« Wobei Alewyn auf das prophetische Diktum Franz Grillparzers über den Weg der Deutschen, und nicht nur ihrer, »von Humanität durch Nationalität zur Bestialität« anspielt. Von Weimar über Versailles nach Buchenwald!

Derlei harmoniestörende Töne waren freilich in der Nachkriegszeit nicht gefragt, im westlichen ebensowenig wie im östlichen Teil Deutschlands, in der späteren DDR. In Anknüpfung an Lenins Erbetheorie wurde hier, vor allem inspiriert von Georg Lukács, eine Aneignung der kulturellen Überlieferung mit Goethe als Zentralgestalt propagiert, welche die Arbeiterklasse zur ›Vollstreckerin‹ der humanistischen Ideale des ›fortschrittlichen‹ Bürgertums erklärte. Angesichts der Tradition der linken Goethe-Polemik von Börne über Friedrich Engels bis zu Franz Mehring blieb die autoritäre Ausblendung aller Kritik ein erstaunliches Faktum. Erneut wurde *Faust* als Nationaldichtung kanonisiert. Fausts Kolonisationswerk, die Zerstörung der Hüttenidylle von Philemon und Baucis, die Vision vom »freien Volk« auf »freiem Grund« wurden nun gar im Sinne sozialistischer Bodenreform und Kollektivierung der Landwirtschaft gedeutet.

Ausstellungsplakat zu den 6. Arbeiterfestspielen 1964 in Jena

Goethe 1990: kein Thema

Trat in den späteren sechziger Jahren in der Bundesrepublik Deutschland an die Stelle des Goethe-Konsenses der Adenauer-Zeit eine entschieden kritischere Haltung gegenüber Goethe bis hin zu regelrechter Klassik-Schelte – die in der Klassiker-Demontage auf den Bühnen ihr theatrales Pendant fand –, so wurde in den siebziger Jahren auch in der DDR hinter der doktrinären Fassade der Erbepflege mehr und mehr Kritik am sakrosankten Goethe-Bild laut. Gleichwohl fiel mit dem Ende der DDR die letzte Bastion des Goethe-Kults – der sich in der Bundesrepublik längst verabschiedet hatte. Die Wiedervereinigung im Jahre 1990 war der erste Gründungsmoment in der neueren deutschen Geschichte – nach der Reichsgründung 1871, der Weimarer Republik 1919 und der Schaffung der beiden deutschen Staaten nach dem zweiten Weltkrieg –, die ohne Berufung auf Goethes Werk als eines bestimmenden Kulturparadigmas auskam. Symptomatisch dafür die Neutralität der führenden deutschen Politiker gegenüber dem Goethe-Jubiläum 1999.

Daß ein deutscher Staat auf dem Weg ins vereinigte Europa Goethes Idee der Weltliteratur, seine Verwerfung jeglichen Nationalismus und Nietzsches darauf abgestimmte Europa-Utopie als ideelles Fundament der Politik brauchen könnte – den Politikern selber kam und kommt es nicht in den Sinn, da sie Europa nur als politisch-ökonomische und nicht als Kultur-Einheit zu sehen gewohnt sind. Wieder also scheinen nach dem Wort von Lassalle und Ebert die klassischen deutschen Denker und Dichter nur im Kranichzug über Deutschland hinwegzuziehen.

1766 Lessing: *Laokoon oder Über die Grenzen der Malerei und Poesie.* Tod Johann Christoph Gottscheds. 1768 Der erste Band der *Encyclopaedia Britannica* erscheint.

Goethe »à la mode«

Eigentlich wollte Goethe in Göttingen »Schöne Wissenschaften«, d.h. Rhetorik und Poetik sowie klassische Altertumswissenschaft studieren, doch der Vater bestimmte ihn nach dem eigenen Vorbild energisch zum Jurastudium in Leipzig. Im Oktober 1765 traf er in »Klein Paris« ein. So wurde Leipzig halb im Scherz, halb im Ernst von den Zeitgenossen genannt. Tatsächlich hatte das wirtschaftliche und kulturelle Leben der weltläufigen Stadt um die Mitte des 18. Jahrhunderts europäischen Rang erreicht. Der atmosphärische Gegensatz zwischen Goethes mittelalterlich verwinkelter, im wahrsten Sinne altfränkischer Vaterstadt mit ihrem etwas verzopften patrizischen Bürgermilieu und der mondänen sächsischen Geschäfts- und Bildungsmetropole mit ihren breiten Alleen, großzügigen Plätzen und barocken Bürgerhäusern, in denen sich ein kräftig aufblühendes modernes Wirtschaftsbürgertum manifestierte, konnte größer nicht sein.

Gotthold Ephraim Lessing

Wie seinerzeit Lessing mußte der recht altfränkisch gewandete und sich gebärende Goethe den vom Geist des Rokoko geprägten, an der französischen Adelskultur orientierten galanten Lebensstil von »Klein Paris« zügig adaptieren, wollte er von

Leipzig

Am Schnittpunkt der wichtigsten europäischen Handelsstraßen gelegen, veranstaltete Leipzig jährlich drei Messen und eroberte sich eine Spitzenstellung im modernen Druckerei- und Verlagswesen. In der Universitätsstadt Leipzig bildete sich eine zukunftsträchtige Allianz von Besitz- und Bildungsbürgertum, hinter der Frankfurt weit zurückstand. Bezeichnend, daß Leipzig Goethes Vaterstadt als Zentrum des deutschen Buchhandels längst den Rang abgelaufen hatte. Die in ganz Europa hochrenommierte Universität war seit Anfang des Jahrhunderts ein Zentrum der Aufklärungsbewegung. Hier hatte der Leibniz-Schüler Christian Wolff, der wichtigste Repräsentant der Aufklärungsphilosophie in Deutschland, gelehrt, dort wirkte noch während Goethes Studium der von Lessing befehdete rationalistische Regelpoetiker und Literaturpapst Johann Christoph Gottsched, der sich freilich zu dieser Zeit längst selbst überlebt hatte, wie Goethe in *Dichtung und Wahrheit* ergötzlich dokumentiert.

Die Promenade in Leipzig. Stich von Johann August Rosmäsler, 1777

seinen Kommilitonen und vor allem den eleganten Leipzigerinnen ernstgenommen werden. Seine hausgemachte antiquierte Garderobe mußte er als erstes beiseitelegen, um ihrem Gekicher zu entgehen. Es fiel ihm nicht leicht, sich auf die Umgangsformen der ›großen Welt‹ umzustellen, sein in der Leipziger Umgebung komisch wirkendes Frankfurter Deutsch abzulegen und in Kleidung und Manieren »à la mode« zu sein, was er aus mangelnder Sicherheit nicht selten so übertrieben zu haben scheint, daß ein Frankfurter Freund mokant bemerkte, er sei ein rechter »Stutzer« geworden.

Christian Fürchtegott Gellert

Erwartungsgemäß langweilte ihn bald sein juristisches Pflichtstudium. Mit sehr viel mehr Interesse besuchte er die Poetik-Vorlesungen von Christian Fürchtegott Gellert, dem empfindsamen Widerpart des rationalistisch verknöcherten Gottsched an der Leipziger Universität. Seine Lektüre- und Stilvorschriften gab Goethe mit autoritärem Gestus jeweils sofort an seine Schwester im heimischen Frankfurt weiter. Auch Gellert begann sich jedoch zu überleben. Von den Autoren der jüngeren Generation, welche die Herzen der literarisch ambitionierten Jugend bewegten, von Klopstock, Wieland oder Lessing, dessen *Minna von Barnhelm* soeben über die Leipziger Bühne ging und auch von Goethe bejubelt wurde, hörte man in Gellerts Vorlesungen nicht viel, und in seinem poetischen Praktikum ließ der Lehrer Gellert an Goethes eigenen poetischen Versuchen kaum ein gutes Haar, versah fast jede Zeile mit etwas philisterhaften Korrekturen und Randbemerkungen.

Mehr und mehr drängte es Goethe aus dem Hörsaal heraus. Eine der wichtigsten Leipziger Begegnungen war diejenige mit Adam Friedrich Oeser, dem Maler und Leiter der »Zeichnung- Malerey- und Architectur-Academie«, bei dem er nicht nur seinen Frankfurter Zeichenunterricht fortsetzte, sondern der ihn mit den Schriften seines Schülers und Freundes Johann Joa-

J. J. Winckelmann, Gemälde von Angelika Kauffmann, um 1763

Johann Joachim Winckelmann (1717–1768)
»Schon als Winckelmann zuerst in Dresden der Kunst und den Künstlern sich näherte und in diesem Fach als Anfänger erschien, war er als Literator ein gemachter Mann. Er übersah die Vorzeit so wie die Wissenschaften in manchem Sinne. Er fühlte und kannte das Altertum, so wie das Würdige der Gegenwart, des Lebens und des Charakters, selbst in seinem tiefgedrückten Zustande. Er hatte sich einen Stil gebildet.«
Winckelmann und sein Jahrhundert

Titelblatt der *Gedancken über die Nachahmung der Griechischen Wercke in der Malerey und Bildhauer-Kunst* (1755)

chim Winckelmann bekanntmachte, an dessen *Gedancken über die Nachahmung der Griechischen Wercke in der Malerey und Bildhauer-Kunst* (1755) Oeser einigen Anteil hatte. Sie enthielten die berühmte Beschreibung der spätantiken Laokoon-Gruppe mit der epochemachenden Formel von der »edlen Einfalt und stillen

Die Laokoon-Gruppe, deren Original im Vatikanischen Museum in Rom steht

Größe« der griechischen Bildwerke, die Goethes Ästhetik entscheidend prägte, relativiert freilich durch den 1766 erschienenen *Laokoon* Lessings, der Winckelmanns klassizistisches Kunstideal auf die Gattungsgesetze der bildenden Kunst beschränkte und der Dichtung von ihren Strukturgesetzen her andere Wege wies.

Annette und *Die Laune des Verliebten*

Die engste Freundschaftsbeziehung der Leipziger Jahre bildete die Verbindung mit dem elf Jahre älteren Hofmeister Ernst Wolfgang Behrisch, einem hochsensiblen Lebemann, der Goethe in seinen unter der Fuchtel des Gellertschen Praktikums zu verkümmern drohenden poetischen Ambitionen wieder aufhalf. Er ermunterte Goethe zu seiner ersten Gedichtsammlung: den neunzehn Gedichten des Buchs *Annette* (1767), hinter der die neunzehnjährige Wirtstochter Anna Katharina (»Käthchen«) Schönkopf stand, die erste große Liebe des sechzehnjährigen Goethe, die ihn zwei Jahre »rasen« ließ, bis die durch seine dauernden Eifersuchtsausbrüche und Selbstquälereien belastete Beziehung 1768 in beiderseitigem freundschaftlichem Einvernehmen aufgelöst wurde.

Anna Katharina Schönkopf, undatierter Stahlstich von A. Hüssener nach einer zeitgenössischen Miniatur

Das Buch *Annette*, von Behrisch handschriftlich zusammengestellt und mit Vignetten verziert, ist einerseits dem galanten Stil des Rokoko verpflichtet, kreist um die oft schlüpfrigen erotischen Motive der modischen Anakreontik, läßt jedoch immer wieder einen eigenen empfindsamen Ton durchklingen. Unter dem Eindruck der Beziehung zu Käthchen ist auch das Schäferspiel *Die Laune des Verliebten* (1767/68) entstanden.

Die Laune des Verliebten greift in ihrer einaktigen Form auf ein Modell zurück, das von dem Gottsched-Schüler Johann Christoph Rost (*Die gelernte Liebe*, 1742) geschaffen und von anderen Aufklärungspoeten übernommen wurde. Typisch für diese Pastoraleinakter ist die von zwei kontrastierenden Liebespaaren bestimmte immer gleiche Handlungsführung. Hauptbeschäftigung der vier Personen, die stets die traditionellen Schäfernamen Eridon, Corydon, Lamon, Damon usw. tragen, sind Blumenpflücken und Kränzewinden; darauf spielt noch die Eingangsszene von Goethes *Torquato Tasso* (1790) an. Eines der Paare harmoniert von vornherein, während das andere anfänglich disharmoniert, doch durch gutgemeinte Intrige des ersten Paars ebenfalls glücklich vereint wird. Die Versform dieser Schäferspiele ist immer der aus den französischen Dramen übernommene Alexandriner. Goethe hält sich an die formalen und inhaltlichen Stereotypen der Gattung, doch gelingt es ihm nicht nur, dem im Deutschen meist hölzernen Alexandriner größere Elastizität zu verleihen, sondern auch die schematische Handlung zu individualisieren. Das geschieht vor allem durch die autobiographischen Bezüge des Einakters, in dem Goethe, dem Bekenntnis in *Dichtung und Wahrheit* zufolge, seine selbstquälerische Beziehung zu Käthchen Schönkopf spiegelte.

Kunstpostkarte nach G. O. May

Die Leipziger Jahre Goethes endeten mit einer schweren psychischen und gesundheitlichen Krise. In Verzweiflung an seinem dichterischen Talent verbrannte er Ende 1767 wie erwähnt die meisten seiner bisher entstandenen Dichtungen. Die Liebe zu Käthchen ging in die Brüche, Behrisch verließ Leipzig, Goethes labiler Gesundheitszustand verschlechterte sich zusehends. Im Juli 1768 erlitt er einen Blutsturz und eine Lungenaffektion. Der durch die Pflege Leipziger Freunde, zumal Friederikes, der Tochter Oesers, gesundheitlich halbwegs wiederhergestellte Goethe verließ an seinem neunzehnten Geburtstag Leipzig und kehrte nach Hause zurück.

Friederike Elisabeth Oeser, Radierung von Johann Friedrich Bause

Wieder in Frankfurt: Krankheit und religiös-philosophische Spekulationen

»Goethe in Frankfurt«, Im Großen Hirschgraben

Die in Leipzig ausgebrochene Krankheit sollte Goethe aber noch lange nicht verlassen und brachte ihn im Dezember 1768 an den Rand des Todes. Die lange Phase der Rekonvaleszenz im folgenden Jahr machte ihn wohl zum ersten und einzigen Mal in seinem Leben zum homo religiosus, empfänglich für die Vorstellungswelt des Pietismus, die ihm eine Verwandte und Freundin der Familie, Susanna Katharina von Klettenberg, nahebrachte. Die von Kindheit an schwer leidende Frau gehörte der Herrnhuter Brüdergemeinde an und unterhielt in Frankfurt einen pietistischen Zirkel, in dem auch Goethes Mutter verkehrte. Im September 1769 besuchte Goethe gar mit einem befreundeten Pietisten die Synode der Herrnhuter Brüdergemeinde Marienborn in der Wetterau.

Fräulein von Klettenberg ist das Urbild der »schönen Seele«, deren »Bekenntnisse« später das sechste Buch des Romans *Wilhelm Meisters Lehrjahre* bilden werden und für die Goethe sich auf Briefe, Gespräche und Erinnerungen an die befreundete »Gottesverehrerin« stützte. Unter ihrem in seiner Rekonvaleszentenzeit durchaus wohltätigen Einfluß vertiefte Goethe sich

»Goethe auf dem Eise«, Gemälde von Wilhelm von Kaulbach, 1862

Gegenüberliegende Seite: »An den Mond« Goethes Handschrift der ersten Strophe mit einer Melodie Ph. Ch. Kaysers

in eine Reihe pansophisch-alchemistischer Schriften wie die Werke des Paracelsus oder Georg von Wellings *Opus mago-cabbalisticum et theosophicum* (1735) sowie Gottfried Arnolds *Unparteyische Kirchen- und Ketzerhistorie* (1699/70). Diese Lektüre sollte später im *Faust* reiche Früchte tragen.

Neue Lieder und ein erstes Lustspiel

Merkwürdig unabhängig von dieser Welt religiös-philosophischer Spekulationen, die sich in einer *Ephemerides* genannten Sammlung von Exzerpten, Zitaten und Gedankensplittern niederschlugen, sind die Dichtungen, die während der langsamen Genesung entstanden. Sie knüpfen unberührt von den neuen mystischen Erfahrungen an die poetischen Versuche der Leipziger Zeit an: so die *Neuen Lieder in Melodien gesetzt von Bernhard Theodor Breitkopf*, die als erste gedruckte Gedichtsammlung Goethes zur Michaelismesse 1769 erschienen. Darunter befindet sich als schönstes das erste der Mondgedichte Goethes: *An den Mond*, das er später zur Unterscheidung seines berühmten Weimarer Gedichts (»Füllest wieder Busch und Tal«) *An Luna* genannt hat. Und wirklich erscheint der Mond hier noch antik-mythologisch drapiert als »Luna« und in ganz konventionellem Sinne als »Schwester von dem ersten Licht«, »soeur aimable du soleil«, wie die französischen Anakreontiker dichteten. Doch ist der Mond in der ersten Strophe auch schon der melancholische Stimmungsträger der empfindsamen Lyrik der Zeit, der unentbehrliche Gefährte der zärtlich-schwermütigen Seele. Dieses empfindsame Motiv schlägt in der zweiten Strophe in den rokokohaft-schlüpfrigen Einfall um, an der Seite des Mondes ins Schlafgemach der Geliebten blicken zu können. Goethe hat später (1815) die in der ersten Strophe angeschlagene Tonart gegenüber der witzigen Pointe zu ret-

Das Frankfurter Arbeitszimmer, Handzeichnung Goethes, ca. 1769

ten versucht, indem er in einer neuen dritten Strophe das ganze Motiv durch die Beziehung auf Selene (Luna) und Endymion, den Geliebten der Mondgöttin, mythisch überhöhte.

Auf die Leipziger Zeit weist auch Goethes erstes Lustspiel *Die Mitschuldigen* zurück, das er zunächst als einaktige Farce anlegte und dann zu einer dreiaktigen Komödie erweiterte. Ihr liegt das Motiv des fast schon gehörnten, zu guter Letzt aber doch in seiner Gattenehre unverletzten Ehemanns zugrunde, wie es bereits in Molières *Sganarelle ou le Cocu imaginaire* (*Sganarell oder Der vermeintlich Betrogene*) von 1660 vorgebildet ist. Mit den *Mitschuldigen* knüpft Goethe in der einaktigen Urfassung noch ganz an die in Italien und Frankreich verbreitete Typenkomödie an, in der die Situationskomik eine stringente Personen- und Handlungsführung ersetzt.

In der Zweitfassung wagt Goethe jedoch einen zaghaften Schritt von der Intrigen- zur Charakterkomödie, untermauert die autonome Situationskomik durch eine psychologische Motivierung, welche in der dritten Fassung von 1783 – leider auf Kosten der lapidaren Theaterwirkung der Erstfassung – noch weiter ausgefeilt wird. Daß es so viel später überhaupt zu dieser dritten Fassung kam, zeigt, wie sehr Goethe am ersten Produkt seiner komischen Muse, das er seinerzeit bei keinem Verleger unterbringen konnte, gehangen hat – sehr im Unterschied zu anderen poetischen Versuchen der Frankfurter Genesungszeit, die er in einem zweiten Autodafé vernichtete, bevor er sich entschloß, sein Studium der Rechte in Straßburg fortzusetzen.

Schwester von dem ersten Licht, /
Bild der Zärtlichkeit und Trauer! /
Nebel schwimmt mit Silberschauer /
Um dein reizendes Gesicht; /
Deines leisen Fußes Lauf /
Weckt aus tagverschloßnen Höhlen /
Traurig abgeschiedne Seelen, /
Mich und nächtge Vögel auf.
(»An Luna«, 1. Strophe)

1772 Erste Teilung Polens zwischen Österreich, Rußland und Preußen.
1773 Klopstock vollendet den *Messias*.
1775 Beginn des amerikanischen Unabhängigkeitskrieges gegen England (bis 1783).
James Watt erfindet die Dampfmaschine.

Universität und Straßburger Tischgesellschaft

Anfang April 1770 traf Goethe in Straßburg ein. Die rund 46 000 Einwohner zählende alte Reichsstadt stand zwar seit ihrer Besetzung durch die Truppen Ludwigs XIV. im Jahre 1681 unter französischer Verwaltung, blieb aber doch noch stark von deutscher Kultur geprägt. Schon am Tag seiner Ankunft begeisterte Goethe der gewaltige Anblick des gotischen Münsters, auf das er später in seinem Aufsatz *Von deutscher Baukunst* (1772) einen emphatischen Prosahymnus singen wird, der nur noch wenig von der klassizistischen Schule Oesers spüren läßt. Die Fassade des Münsters von Erwin von Steinbach – der Innenraum der Kathedrale und deren sakrale Bedeutung sind bezeichnenderweise mit keinem Wort erwähnt – wird Goethe da zum Ausdruck eines prometheischen Schöpfertums. Die »großen harmonischen Massen, zu unzählig kleinen Teilen belebt« erscheinen ihm »wie in Werken der ewigen Natur, bis aufs geringste Zäserchen, alles Gestalt, und alles zweckend zum Ganzen«.

Anders als in Leipzig treibt Goethe seine juristischen Studien energisch voran. Mit Hilfe eines Repetitors – ohne den schon seinerzeit ein Jurastudent nicht auskam – absolviert er das mündliche Vorexamen, das ihn berechtigt, eine Dissertation zu verfassen. *De legislatoribus* lautete der Titel der leider verschollenen Arbeit, in der Goethe anscheinend das Recht des Staates, die Ordnung des religiösen Kultus zu bestimmen, von der ›Privatsache‹ des persönlichen Glaubens unterschied und sich wohl einige Ketzereien erlaubte, wie: nicht Jesus sei der Gründer der christlichen Religion, sondern als »gesunde Politik« sei sie die Erfindung seiner späteren Adepten.

»Mit welcher unerwarteten Empfindung überraschte mich der Anblick, als ich davor trat! Ein ganzer, großer Eindruck füllte meine Seele, den, weil er aus tausend harmonierenden Einzelheiten bestand, ich wohl schmecken und genießen, keineswegs aber erkennen und erklären konnte. [...] Da offenbarte sich mir, in leisen Ahndungen, der Genius des großen Werkmeisters.«
Im Angesicht des Straßburger Münsters. *Von deutscher Baukunst*

Der Fakultät wurde es recht bange bei dem Gedanken, solche Ideen unter dem Namen der Universität gedruckt zu sehen, und sie verwarf die Dissertation, eröffnete Goethe jedoch die Möglichkeit, den Grad eines – dem Doktortitel fast ebenbürtigen – »Licentiatus Juris« zu erwerben. Dazu mußte er 56 selbstverfaßte Thesen in einer lateinisch geführten Disputation verteidigen. Das gelang ihm offenbar glänzend: »cum applausu« schloß er sein Jurastudium ab.

Abschiedsfeier auf dem Münsterturm in Straßburg. Von links: Herder, Lenz, Jung Stilling, Goethe und Salzmann

Wichtiger als die Universität war Goethe die Tischgesellschaft um den Juristen Johann Daniel Salzmann, den Theologen Franz Christian Lerse – Goethes rhetorischer Gegner bei seiner juristischen Disputation und Vorbild der gleichnamigen Gestalt im *Götz von Berlichingen* – und den Medizinstudenten Johann Heinrich Jung. Dieser verfaßte später, inzwischen ein prominenter Augenarzt, eine der berühmtesten pietistischen Konfessionen (*Heinrich Stillings Jugend*), die Goethe 1777 herausgab und die im Alter eine Kontrastfolie zu seiner eigenen ganz andersartigen Autobiographie *Dichtung und Wahrheit* bilden sollte.

In diese Gesellschaft trat im September die erste Persönlichkeit von epochalem Rang in Goethes Leben, sein wichtigster Mentor in der Folgezeit, geistiger Wegbegleiter und Widerpart noch in der Weimarer Ära: Johann Gottfried Herder (1744–1803), der – von Beruf eigentlich Theologe – neben Lessing bedeutendste Kunst- und Literaturtheoretiker der Zeit. Herder arbeitete in Straßburg an seiner *Abhandlung über den Ursprung der Sprache*, die er als universales geistiges Naturvermö-

Goethe über Herder: »Die Einwirkung dieses gutmütigen Polterers war groß und bedeutend. Er hatte fünf Jahre mehr als ich, welches in jüngeren Tagen schon einen großen Unterschied macht; und da ich ihn für das anerkannte, was er war, da ich dasjenige zu schätzen suchte was er schon geleistet hatte, so mußte er eine große Superiorität über mich gewinnen. […] Da seine Gespräche jederzeit bedeutend waren, er mochte fragen, antworten oder sich sonst auf eine Weise mitteilen, so mußte er mich zu neuen Ansichten täglich, ja stündlich befördern.« *Dichtung und Wahrheit*

Johann Gottfried Herder, Gemälde von Anton Graff, 1785

gen des Menschen begreift, deren schöpferische Kraft vor allem in der großen »Welt- und Völkergabe« der Dichtkunst zum Ausdruck komme. Herders Abhandlung und vor allem dem täglichen Umgang mit ihm verdankte Goethe entscheidende Impulse für die Entwicklung seiner eigenen Dichtung und eines neuen ästhetischen Urteils, das sich namentlich an den von Herder kanonisierten Autoren Homer, Pindar, Shakespeare orientierte, aber auch an altnordischer und altkeltischer Dichtung sowie dem Volkslied – ein von Herder herrührender Begriff. Aktiv beteiligte er sich zumal an Herders acht Jahre später erschienener Sammlung *Stimmen der Völker in ihren Liedern.*

Friederike Brion – Sesenheimer Lieder

Während seiner »Streiffereyen« im Elsaß, auf der Suche nicht zuletzt nach Volksweisen, die er zu Herders Sammlung beisteuern konnte, gelangte Goethe im Herbst 1770 in das Dorf Ses[s]enheim. Dort lernte er die Familie des Landgeistlichen Brion kennen und verliebte sich in dessen Tochter Friederike. Das Sesenheimer Pfarrhaus wurde ihm zum wirklichen Abbild der Idylle des *Vicar of Wakefield* von Oliver Goldsmith (1766). Die Spuren der Lektüre des berühmten empfindsamen Romans, den er durch Herders Vorlesung in Straßburg soeben kennengelernt hatte, lassen sich noch in *Dichtung und Wahrheit* erkennen, wo die tragische Liebesromanze von Friederike und dem bindungsscheuen jungen Goethe zu einer Novelle stilisiert wird, die dem *Landpfarrer von Wakefield* in manchen Szenen nachgestellt scheint. Die Trennung Goethes von Friederike, die sie, wie er später Charlotte von Stein gestand, »fast das Leben kostete«,

Das Pfarrhaus in Sesenheim, Handzeichnung des jungen Goethe (1790)

sollte die Grundlage einer der populärsten sentimentalen Goethelegenden des Bildungsbürgertums werden. Als abgesunkenes Kulturgut landete sie schließlich in Franz Lehárs Operette *Friederike* (1928), wo die Titelheldin am Ende das für eine eheliche Verbindung mit ihr zu große Genie Goethe großmütig freigibt, damit er zu seiner wahren olympischen Bestimmung heranreifen kann.

Friederike Brion, undatierte Zeichnung von Georg Engelbach

Goethes Gedichte an Friederike Brion, die sogenannten Sesenheimer Lieder – darunter *Kleine Blumen, kleine Blätter, Willkommen und Abschied, Maifest* (später *Mailied*) sowie das bald zum ›Volkslied‹ werdende *Heidenröslein* – sind der revolutionäre Beginn einer neuen lyrischen Epoche, ja haben dem deutschen Leser den Begriff dessen vermittelt, was Lyrik eigentlich ist. Ihre revolutionäre Bedeutung besteht in der einzigartigen Beschwörung, Vergegenwärtigung des Liebesaugenblicks. Liebe wird nicht mehr an ihren Phänomenen beschrieben, nicht nur geschildert, sie ist einfach da. Das lyrische Ich spiegelt seine Stimmung in der äußeren Welt, diese Welt in seiner Stimmung. »Wie herrlich leuchtet / *Mir* die Natur!« lauten bezeichnenderweise die ersten Verse des Maifests. Der Gefühlsstrom durchdringt die ganze Natur, diese das ganze Gefühl. Lyrik ist nicht mehr im Sinne der herkömmlichen Dichtungstheorie *Nachahmung* der *gebildeten Natur* (natura naturata), sondern im Sinne der neuen ästhetischen Prinzipien Goethes *Schöpfung* nach Art der *bildenden* Natur (natura naturans). Der Dichter ist ein neuer Prometheus, ein zweiter Schöpfer! Das soll ein Grundsatz der Genieästhetik werden, die Goethe und seine Freunde sich zueigen machen werden.

Kunstpostkarte, Goethe und Friederike

Schäkespears Tag

Kurz vor seinem 22. Geburtstag kehrt Goethe von Straßburg nach Frankfurt zurück. Der frischgebackene Jurist und vom Frankfurter Magistrat bald zugelassene Advokat wird im Elternhaus eine kleine Kanzlei einrichten, in der freilich zu Goethes Zufriedenheit mehr und mehr sein Vater über den Akten waltet. Nicht mehr als 28 Prozesse hat Goethe während seiner vierjährigen Juristenlaufbahn geführt. Der Advokatentätigkeit gehören nur die Nebenstunden, seine Hauptsache ist und bleibt die Dichtung.

Am 14. Oktober 1771 veranstaltete Goethe im väterlichen Hause gleichzeitig mit einer Feier der »Deutschen Gesellschaft« seines Freundes Salzmann in Straßburg einen Shakespeare-Tag. Aus diesem Anlaß hielt er seine berühmte Rede *Zum Schäkespears Tag* – so Goethes Originalorthographie –, eines der wichtigsten Dokumente des deutschen Shakespeare-Kults im späten 18. Jahrhundert. Von Shakespeare selber ist freilich konkret nicht die Rede, eher hat man den Eindruck, daß Goethe schon im vorhinein die eigenwillige Form seines *Götz von Berlichingen* verteidigen will.

Die Rede ist ein Manifest gegen das »regelmäßige Theater« des französischen ›classicisme‹, das zu seiner Zeit noch verbindliche Modell der dramatischen Kunst in Deutschland. Gegenüber der vermeintlichen Künstlichkeit der vom höfischen Wertsystem geprägten Tragödie der Franzosen beschwört er die unverstellte Natur als bildendes Vorbild der Kunst: »Natur! Natur! nichts so Natur als Shakespeares Menschen.« Wie den Architekten des Straßburger Münsters vergleicht er Shakespeare mit dem mythischen Menschenschöpfer Prometheus, dem »second maker«, wie der englische Philosoph Shaftesbury den Urkünstler Prometheus schon im Jahre 1710 genannt hat. Davon wird noch die Rede sein.

Der Einheit von Ort, Zeit und Handlung in der Dramatik des ›classicisme‹ setzt er ein Theater nach Art des »Raritätenkastens« auf den Jahrmärkten entgegen. Das ist ein Guckkasten, in dem – im Gegensatz zur

Einortkulisse des klassizistischen Dramas – ein Bild nach dem anderen am Auge des Betrachters vorüberzieht und »die Geschichte der Welt vor unsern Augen an dem unsichtbaren Faden der Zeit vorbeiwallt«. Die durch jene ›Einheiten‹ allem wirklichen Wandel entzogene, statisch vorgegebene, stillgestellte, entzeitlichte Zeit soll in Bewegung geraten und so eben ›Geschichte‹ als Zeiten und Räume wechselnde Macht in Erscheinung treten. Hier kündigt sich das Geschichtsdrama *Götz von Berlichingen* deutlich an.

»Der Ritter mit der eisernen Hand, welch ein Stück! Ich weiß mich vor Enthusiasmus kaum zu lassen. Womit soll ich dem Verfasser mein Entzücken verdanken? Den kann man doch noch den deutschen Shakespeare nennen, wenn man einen so nennen will.«
Gottfried August Bürger an Heinrich Christian Boie, 8.7.1773

Götz von Berlichingen

Im November und Dezember 1771 schreibt Goethe – wie Shakespeare angeblich ohne »Entwurf oder Plan« (*Dichtung und Wahrheit*), gleichsam in der Manier des Raritätenkastens Szene an Szene reihend – in ganzen sechs Wochen seine ursprünglich so genannte *Geschichte Gottfriedens von Berlichingen mit der eisernen Hand* nieder. Diese in einem förmlichen Schreibrausch verfertigte Urfassung des *Götz von Berlichingen* bricht mit allen dramatischen Konventionen, an die Goethe sich bis dahin noch gehalten hatte. Die Szenenfolge des zeitlich weitgestreckten, von Episoden überquellenden dramatischen Epos mit seinen über fünfzig Schauplätzen, die vom Hofstaat des Kaisers bis zum Zigeunerlager einen Querschnitt durch alle Stände und Schichten der Gesellschaft bieten, sprengte völlig den Rahmen der an die klassizistischen ›Regeln‹ gewohnten Dramatik der Zeit.

Götz von Berlichingen, Rollenporträt Waldemar Staegemann als Franz, um 1910

Selbst Herder ging dieser Aufstand gegen die Konvention im Namen des von ihm wie Goethe vergötterten Shakespeare zu weit. Goethe bemühte sich daraufhin, das ausufernde Drama in geregeltere Bahnen zu lenken, aber auch in der Druckfassung, die 1773 als anonymer Privatdruck erschien, wurde das Stück vom zeitgenössischen Publikum

1. Akt, 3. Bild, Gemälde von Johann Heinrich Wilhelm Tischbein, 1782

als literarische Revolution empfunden. Besonders die bald durch die Parole des ›Sturm und Drang‹ zusammengehaltene junge literarische Generation fand in *Götz von Berlichingen* eine neue Ästhetik des Dramas verwirklicht. Was die Stürmer und Dränger vor allem begeisterte, war der sprachlich wie dramaturgisch kühne Rückgriff auf die Geschichte. Mit Fug und Recht darf man dieses Schauspiel als das erste echte Geschichtsdrama der Weltliteratur bezeichnen. (Bezeichnenderweise hat es Walter Scott, der Begründer des historischen Romans, 1799 ins Englische übersetzt.)

Das Neuartige liegt vor allem in dem Versuch, durch die teilweise drastische Sprache (wie im berüchtigten Götz-Zitat) – abgetönt nach Stand, Milieu und Schauplatz – die Atmosphäre geschichtlicher Vergangenheit zu beschwören. So sehr das die junge literarische Generation begeisterte, so empfindlich verletzte es den Geschmack der an den höfischen Anstandsregeln und den ihnen korrespondierenden poetischen Normen orientierten Generation. Berühmt geworden ist das abfällige Urteil Friedrichs des Großen in seiner Schrift *De la littérature allemande* (1780), wo Götz als »imitation détestable de ces mauvaises pièces anglaises« (abscheuliche Nachahmung dieser schlimmen englischen Stücke – natürlich vor allem Shakespeares) verurteilt wird.

Der revolutionäre Gestus und spontane Impuls, aus denen das Schauspiel über Götz von Berlichingen hervorgegangen scheint, die unfaßbare Geschwindigkeit, mit der Goethe es zu Papier gebracht hat, können freilich nicht darüber hinwegtäuschen, wie sehr es das Produkt intensiver Vorarbeit ist. Zumal gingen (während der Straßburger Studienzeit) rechtsgeschichtliche und sonstige Quellen-Studien voraus, über die Goethe im dritten Teil von *Dichtung und Wahrheit* eingehend berichtet hat. Wirklich hat er trotz aller Poetisierung

Genieästhetik – Sturm und Drang – Empfindsamkeit

Götz von Berlichingen
mit der
eisernen Hand.
Ein
Schauspiel.
1773.

Titelblatt *Götz von Berlichingen* (1773)

Götz von Berlichingen ist gewissermaßen das dramatische Gründungsdokument des ›Sturm und Drang‹, jener antiklassizistischen und antirationalistischen Jugendbewegung, die sich um Herder und Goethe scharte (Klinger, Lenz, Wagner u.a.). Sie suchte der normativen Poetik der Aufklärung unter Berufung auf unverbildete Natur und ursprüngliche Empfindung – Jean-Jacques Rousseau (1712–1778) ist hier die theoretische Leitfigur – ein Ende zu bereiten. Das Idealbild des Künstlers ist nun das schöpferische, nicht mehr nachahmende »Originalgenie«, das frei ist von formalen Regelzwängen, eine Grundidee, die von der englischen Philosophie der Aufklärungszeit, zumal in Edward Youngs *Conjectures on Original Composition* (1759) vorbereitet worden ist. Inbegriff dieses Genies aber ist Shakespeare, dem nahezu alle Stürmer und Dränger ihre Huldigungen in Form von poetologischen Manifesten dargebracht haben. Der Name »Sturm und Drang« leitet sich von dem Titel her, den der ›Genieapostel‹ Christoph Kaufmann 1776 für das ursprünglich *Wirrwarr* genannte Drama von Friedrich Maximilian Klinger vorgeschlagen hat. Er verbreitete sich sofort wie ein Lauffeuer als Schlüsselwort der Epoche.

Zum wichtigsten kritischen Organ des Sturm und Drang wurden die von Goethes Darmstädter Mentor und Freund Johann Heinrich Merck herausgegebenen *Frankfurter Gelehrten Anzeigen*, für die Goethe eine stattliche Reihe von Artikeln verfaßte.

Durch Merck wurde Goethe auch in die Darmstädter »Gemeinschaft der Heiligen« eingeführt, einen halb höfisch-adligen, halb bürgerlichen Zirkel, der sich dem Kultus der Empfindsamkeit verschrieb, jener epochalen Gefühlsströmung, die zwischen vernunftgebändigter moralischer Empfindung (dem von der englischen Aufklärung kultivierten »moral sense«) und exaltierter, die Maße der Vernunft sprengender Gefühligkeit, Freundschafts- und Naturschwärmerei schwankte, deren verhängnisvolle Folgen Goethe bald darauf im *Werther* und seinen dramatischen Satiren offenbarte. In diesem Kreis zu Darmstadt, wohin Goethe öfter zu Fuß hinüberwanderte, erhielt er – bezeichnend für seinen Außenseiterstatus in dieser geschlossenen empfindsamen Gemeinschaft – den Namen »Der Wanderer«, als der er sich selber in einer Reihe von lyrischen Dichtungen stilisiert hat. Die bedeutendste davon ist *Wandrers Sturmlied* (1772), die erste seiner großen Hymnen in freien Rhythmen.

der Geschichte und der Idealisierung der durchaus problematischen Titelgestalt den historischen Wendepunkt, an dem er sein Drama ansiedelt, recht genau getroffen. »Du hast dich selbst überlebt«, sagt Götz am Schluß des Schauspiels zu sich selber. Das auf seiner Selbständigkeit beharrende Rittertum wird durch den absolutistischen Zentralstaat, der gegenüber dem ritterlichen »Faustrecht«, d.h. Fehderecht auf sein Gewaltmonopol pocht, unwiderruflich zum Anachronismus.

Vorgeschichte *Werthers* – Prometheus als Epochenfigur

Im Frühjahr 1772 schreibt Goethe sich als Praktikant am Reichskammergericht zu Wetzlar ein. Diese oberste Justizbehörde des Reichs befand sich aus Personal- und Geldmangel in einem desolaten Zustand. Wer dieser Behörde einen Fall übergab, versenkte ihn in ein Grab. Die Zahl der unerledigten Verfahren wuchs ins Uferlose. Kein Wunder, daß Goethe dieses Gericht bald sich selbst überließ. Die Wetzlarer Zeit ist jedoch durch die Bekanntschaft mit der achtzehnjährigen Charlotte Buff und ihrem Verlobten Johann Christian Kestner hochbedeutsam in Goethes Dichtervita geworden: Sie bildet zusammen mit der kurzen Leidenschaft für Maximiliane von La Roche, die spätere Mutter von Clemens und Bettina Brentano, die er nach seiner überstürzten Abreise von Wetzlar im September kennenlernte, und dem Freitod des ebenfalls in Wetzlar wirkenden Legationssekretärs Carl Wilhelm Jerusalem die Vorlage für seinen *Werther* – den er anderthalb Jahre später niederschrieb.

Charlotte Buff – das Vorbild für die Lotte im *Werther*, Pastellbild, anonym, um 1779

Die Frankfurter Monate nach der Rückkehr aus Wetzlar gehören zu den produktivsten in Goethes Leben. In dieser Zeit entstanden die großen Hymnen *Mahomets Gesang, An Schwager Kronos, Ganymed* und *Prometheus*. Dieser ist für Goethes Geniegedanke die

Kornmarkt in Wetzlar mit Blick auf Goethes Wohnung

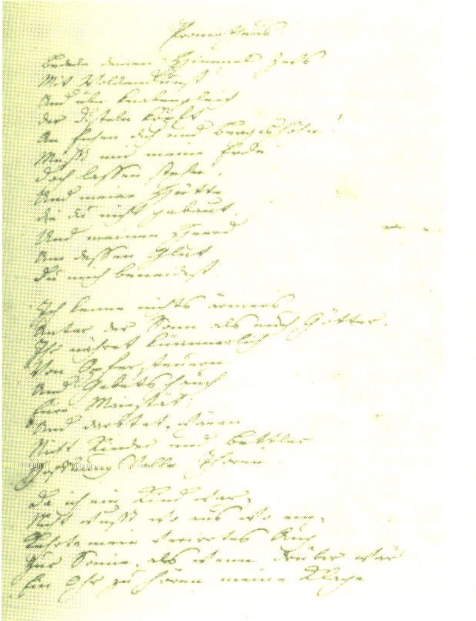

Symbolfigur schlechthin, der Titelheld eines fragmentarischen Dramas von 1773 und der (von Goethe im Alter irrig als Beginn seines dritten Akts ausgegebenen) Hymne. Der Menschenschöpfer Prometheus war schon von Shaftesbury, Young und Herder als Symbol des – künstlerischen – Genies gedeutet worden: »Such a poet is indeed a second maker; a just Prometheus under Jove« (Shaftesbury: *Soliloquy, or Advice to an Author*, 1710). Aus dem »under Jove« macht Goethe ein »gegen Zeus«. Prometheus wird zum autonomen, von überkommenen Autoritäten sich lösenden, aus sich selbst heraus schaffenden Künstler und somit zum Exponenten einer nach Selbstbestimmung strebenden Menschheit überhaupt.

Prometheus erwehrt sich des Adlers, Goethes Handzeichnung und Abschrift des *Prometheus*

Prometheus

Bedecke deinen Himmel, Zeus,
mit Wolkendunst!
Und übe, Knaben gleich,
Der Diesteln köpft,
An Eichen dich und Bergeshöhn!
[...]

Hier sitz' ich, forme Menschen
Nach meinem Bilde,
Ein Geschlecht, das mir gleich sei,
Zu leiden, weinen,
Genießen und zu freuen sich,
Und dein nicht zu achten,
Wie ich.

Zündkraut einer Revolution: *Werther*

Blieb Goethe bis 1774 ein Geheimtip der deutschen Literaturszene, so wurde er mit einem Schlage eine europäische Berühmtheit, als sein im Februar 1774 innerhalb von vier Wochen niedergeschriebener Briefroman *Die Leiden des jungen Werthers* das Licht der Öffentlichkeit erblickte: zur Leipziger Herbstmesse 1774. Erst mit *Werther* betrat die deutsche Literatur die Bühne des europäischen Romans, um sich mit diesem Auftritt auch gleich wieder von ihr zu verabschieden. Bis zu Thomas Manns *Buddenbrooks* hat nie wieder ein deutscher Roman einen festen Platz im europäischen Lektürekanon erobert. Mit *Buddenbrooks* verbindet Werther auch ein anderes Faktum: mehrere eigene und fremde biographische Ereignisse sind hier zu einer fiktiven Geschichte verwoben. Die Vermischung von allseits bekannter Realität und Fiktion hat in beiden Fällen seinerzeit zu mannigfachen Spekulationen über diesen vermeintlichen Schlüsselroman, ja zu Protesten geführt.

»Wenn das ›taedium vitae‹ den Menschen ergreift, so ist er nur zu bedauern, nicht zu schelten. Daß alle Symptome dieser wunderlichen, so natürlichen als unnatürlichen Krankheit [›Krankheit zum Tode‹] auch einmal mein Innerstes durchrast haben, daran läßt Werther wohl niemand zweifeln. Ich weiß recht gut, was es mich für Entschlüsse und Anstrengungen kostete, damals den Wellen des Todes zu entkommen, so wie ich mich aus manchem spätern Schiffbruch auch mühsam rettete und mühselig erholte«. Goethe an Zelter, 3.12.1812

Werther gehört wie Don Quijote, Hamlet, Don Juan oder Faust zu den Gestalten, die gewissermaßen aus ihrer literarischen Umgebung herausgetreten sind und ein Eigenleben als quasi mythische Archetypen entfalten. Wie etwa Don Juan für die sinnliche Genialität des Verführers, Faust für radikales Erkenntnisstreben steht, so Werther für den durch unerfüllbare Liebe in den Selbstmord getriebenen, in seinem Gefühlsüberschwang an einer widerständigen Umwelt zerbrechenden Schwärmer. Es dürfte einmalig in der Weltliteratur sein, daß einer rein fiktiven Gestalt derart unmittelbar, ja zitathaft

Wertherfieber
»Du beweinst, du liebst ihn, liebe Seele,
Rettest sein Gedächtnis von der Schmach;
Sieh, dir winkt sein Geist aus seiner Höhle;
Sei ein Mann und folge mir nicht nach.«
Goethes Motto-Verse zur zweiten Auflage des *Werther* 1775

»Werthers Tod«, Gemälde von F.C. Baude

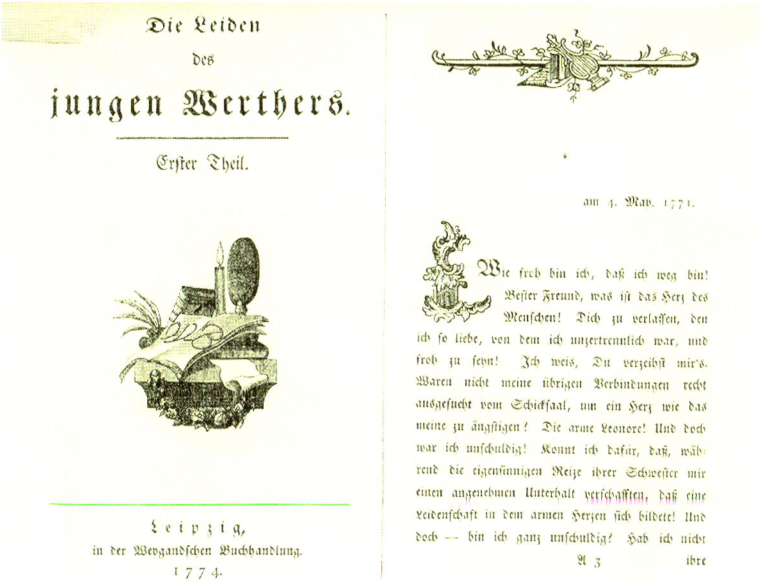

Die Leiden des jungen Werthers.

Erster Theil.

Leipzig, in der Weygandschen Buchhandlung. 1774.

am 4. May. 1771.

Wie froh bin ich, daß ich weg bin! Bester Freund, was ist das Herz des Menschen! Dich zu verlassen, den ich so liebe, von dem ich unzertrennlich war, und froh zu seyn! Ich weis, Du verzeihst mir's. Waren nicht meine übrigen Verbindungen recht ausgesucht vom Schicksaal, um ein Herz wie das meine zu ängstigen? Die arme Leonore! Und doch war ich unschuldig! Konnt ich dafür, daß, während die eigensinnigen Reize ihrer Schwester mir einen angenehmen Unterhalt verschafften, daß eine Leidenschaft in dem armen Herzen sich bildete! Und doch — bin ich ganz unschuldig? Hab ich nicht

A 3 ihre

Titelseite des *Werther*-Erstdrucks 1774 mit der ersten Seite des Textes

nachgelebt, gar nachgestorben wurde, wie das bei Werther der Fall gewesen ist.

Die ungeheure Resonanz des Romans hat Goethe eingehend zu begründen versucht. Er bringt sie zumal mit der politisch-sozialen Situation in Deutschland in Verbindung, welche der Jugend kaum einen Raum für schöpferische Aktivität eröffnet habe: »von außen zu bedeutenden Handlungen keineswegs angeregt, in der einzigen Aussicht, uns in einem schleppenden, geistlosen bürgerlichen Leben hinhalten zu müssen, befreundete man sich, in unmutigem Übermut, mit dem Gedanken, das Leben, wenn es einem nicht mehr anstehe, nach eignem Belieben allenfalls verlassen zu können«. Goethe erkannte freilich genau, daß das sogenannte ›Wertherfieber‹ durch den Roman nur ausgelöst wurde, keineswegs durch ihn zu erklären ist. Die »Wirkung

Werther als sentimentalischer Typus
»Es ist interessant zu sehen, mit welchem glücklichen Instinkt alles, was dem sentimentalischen Charakter Nahrung gibt, im Werther zusammengedrängt ist: schwärmerische unglückliche Liebe, Empfindsamkeit für Natur, Religionsgefühle, philosophischer Kontemplationsgeist, endlich, um nichts zu vergessen, die düstre, gestaltlose, schwermütige Ossianische Welt.«
Friedrich Schiller, *Über naive und sentimentalische Dichtung*

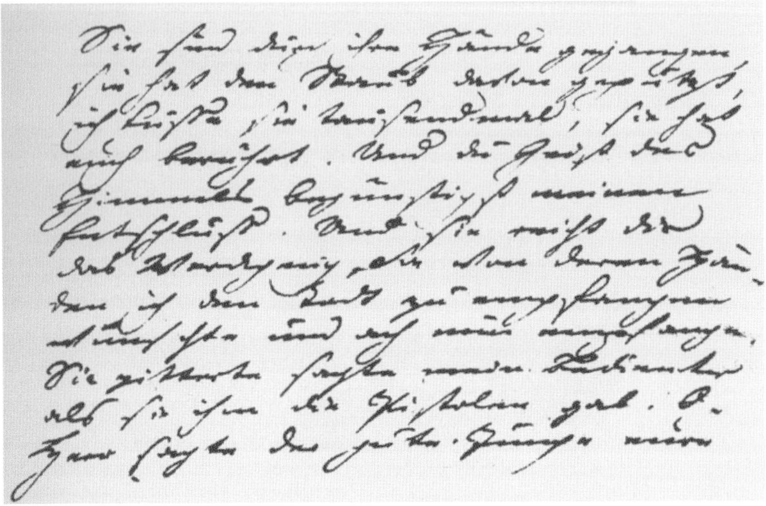

Ausschnitt aus Goethes Entwurf zu *Werther*

dieses Büchleins«, resümiert er, sei so »ungeheuer« gewesen, »weil es genau in die rechte Zeit traf. Denn wie es nur eines geringen Zündkrauts bedarf, um eine gewaltige Mine zu entschleudern, so war auch die Explosion, welche sich hierauf im Publikum ereignete, deshalb so mächtig, weil die junge Welt sich schon selbst untergraben hatte, und die Erschütterung deswegen so groß, weil ein jeder mit seinen übertriebenen Forderungen, unbefriedigten Leidenschaften und eingebildeten Leiden zum Ausbruch kam.«

Werther kam der ›jungen Welt‹ als Identifikationsfigur so stark entgegen, daß man die Signale der epischen Distanzierung des Autors übersah. Sie suchte Goethe deshalb in der zweiten Fassung des Romans (erschienen 1787) zu verstärken. Doch das empfindsame Lesepublikum las *Werther*, wie Werther selber las! Die in seinen Briefen so häufig erwähnte Lektüre ist von dem gleichen Bedürfnis, sich mit dem Gelesenen zu identifizieren, geprägt wie die zeitgenössische Lektüre des Romans.

So ist Werther im ersten Teil ein leidenschaftlicher Leser der homerischen Epen, deren patriarchalisch-naturförmige Lebensformen

»Dann sehne ich mich oft und denke: Ach könntest du das wieder ausdrükken, könntest du dem Papiere das einhauchen, was so voll, so warm in dir lebt, daß es würde der Spiegel deiner Seele, wie deine Seele ist der Spiegel des unendlichen Gottes! – Mein Freund – Aber ich gehe darüber zugrunde, ich erliege unter der Gewalt der Herrlichkeit dieser Erscheinungen.«
Die Leiden des jungen Werthers

er immer wieder ins wirkliche Leben hinüberzuziehen sucht. Neben Homer und der Bibel sind es natürlich auch die anderen Lieblingsautoren der Empfindsamkeit, welche Werthers – und Lottes – Erfahrungswelt vorprägen: zumal Oliver Goldsmiths *Landpriester von Wakefield* oder Klopstock, dessen bloßer Name eine ganze Naturszenerie – die Stimmung der Landschaft nach einem Sommergewitter – evoziert. Sucht Werther diese Identifikation zunächst mit der Gegenständlichkeit der homerischen *Odyssee,* so versinkt er am Ende in dem melancholischen Gefühlsstrom der Ossianischen Gesänge. Ihre Deklamation reißt schließlich alle Gefühlsdämme zwischen ihm und Lotte nieder, so daß nur noch die tragische Katastrophe folgen kann.

Wie das empfindsame Publikum auf Werther und seine Welt, so reagiert er selber auf die Welt mit der Passivität des bloßen Gefühls, das nie produktiv, nie kreativ wird. Er ist das Musterbeispiel des Dilettanten, dem Goethe später ausführliche Studien widmen wird. Keine seiner fiktiven Gestalten außer Faust hat Goethe sein ganzes Leben hindurch so sehr verfolgt und beschäftigt wie Werther, aber diese seine berühmtesten literarischen Gestalten sind gerade nicht Figuren, mit denen er sich in besonderem Maße identifizierte. Sie verkörpern vielmehr jene moderne Subjektivität, gegen die sich sein ganzes Lebensprogramm richten wird.

Werthers Dilettantismus
»[Die Figur des jungen Werther] ist der junge Goethe selbst, minus der schöpferischen Gabe, die diesem [dem späteren ›Lebensvollender‹] die Natur verliehen.« Thomas Mann, *Goethe's Werther*

Lotte, die Pistolen überreichend, Sepiazeichnung von Daniel Chodowiecki, 1775

Frankfurter Farcen und Hanswurstiaden

In einem Brief an Auguste Gräfin zu Stolberg vom 7. bis 10. März 1775 bekennt Goethe: »O wenn ich jetzt nicht Dramas schriebe, ich ging' zugrund«. Ein geradezu zwanghaftes Bedürfnis, alles und jedes zu dramatisieren, scheint sich seiner zu dieser Zeit bemächtigt zu haben, jedenfalls hat er in diesen Jahren Drama um Drama produziert, wenn man bei den Farcen und szenischen Personalsatiren – etwa dem *Jahrmarktsfest zu Plundersweilern*, dem *Fastnachtsspiel vom Pater Brey*, dem ironisch »Drama« genannten *Satyros oder der vergötterte Waldteufel* oder der gegen seinen Weimarer Vorgänger Wieland gerichteten Farce *Götter, Helden und Wieland* – sämtlich im Laufe des Jahres 1773 entstanden – überhaupt von ›Dramen‹ reden kann. Handelt es sich hier doch um szenische Eingebungen und Improvisationen, die sich um keine vorgegebene dramatische Form oder Aufführungsmöglichkeit kümmern, sondern nur die Möglichkeit nutzen, die eigene Weltsicht, den Zorn und Spott über mißliebige Verhältnisse in dialogischer Form zu präsentieren und auf eine mehr oder weniger imaginäre Bühne zu bringen.

Brief an Auguste Gräfin zu Stolberg

Goethes Farcen und Hanswurstiaden vom frühesten dieser Stücke – dem *Jahrmarktsfest* – bis zu dem letzten Versuch in jenem Genre, dem Fragment *Hanswursts Hochzeit* (1775) knüpfen unmittelbar an Hans Sachs und das Nürnberger Fastnachtsspiel des 16. Jahrhunderts an. In dieser Spieltradition, der naiven Direktheit ihrer Satire, der derben, oft obszönen Situationskomik, gipfelnd in der sexual- und fäkalsprachlichen Eruption von Schimpfnamen im *Hanswurst*-Fragment, fand Goethe ein ideales Gefäß für seine Abrechnung mit dem Zeitgeschmack. Wie zimperlich dieser geworden war, zeigte 1737 die symbolische Vertreibung Harlekins oder Hanswursts von der Bühne durch den aufklärerischen Literaturpapst Gottsched und die Theaterprinzipalin Friederike Caroline Neuber – was Lessing im siebzehnten seiner *Briefe, die neueste Literatur betreffend* (1759) als »die größte Harlekinade« bezeichnet, »die jemals gespielt worden«. Nun feierte Hanswurst bei Goethe seine fröhliche Wiederauferstehung.

Die tiefgründigste der Farcen Goethes aus den Frankfurter Jahren vor der Abreise nach Weimar ist zweifellos sein *Satyros*: eine Satire auf den Populär-Rousseauismus im literarischen Deutschland. Durch seine parodistische Darstellung des Satyros als eines von seinen fanatisierten Anhängern ›vergötterten‹ Ur- und Naturmenschen führt Goethe Rousseaus Idee des Naturzustandes ad absurdum, dessen Fiktion ein alle Bereiche der Kultur und Politik prägendes Argumentationsschema des späten 18. Jahrhunderts geworden ist. *Satyros* ist die heidnische Variation des Themas vom »falschen Propheten«, das Goethe in dieser Zeit stark beschäftigt (so in seiner christlichen, erotisch-mystizistischen Gestalt im *Pater Brey*). Eine ironische Anspielung auf dieses bestimmende Thema sind seine berühmten Verse anläßlich der Rheinreise mit dem Züricher Prediger Lavater und dem Pädagogen Basedow im Sommer 1774, in denen er sich selbst als weltlichen und weltläufig-liberalen Mann der Mitte zwischen extremen dogmatischen Positionen sieht: »Prophete rechts, Prophete links, / Das Weltkind in der Mitten.«

Singspiel
Ursprünglich Musiktheater mit deutschem Text, meist synonym für »opera« oder »dramma per musica« und unabhängig von formalen oder inhaltlichen Aspekten; später komische Oper mit gesprochenen Dialogen. In Abgrenzung zur italienischen Oper des 17. und 18. Jahrhunderts dient das Wort »Singspiel« zunächst als allgemeine deutsche Bezeichnung für Opern mit deutschsprachigem Libretto. Ab Mitte des 19. Jahrhunderts: Begriffsverengung und Auffassung des »deutschen Singspiels« als eigenes Genre durch 1. Festlegung auf gesprochene Dialoge anstelle der in der italienischen Oper üblichen gesungenen Rezitative, 2. Nähe zum Sprechtheater und 3. Eingrenzung auf komische Sujets.

Clavigo, *Stella* und das neue Singspiel

Greift Goethe in seinen Farcen und Hanswurstiaden auf ältere Gattungen und Spielformen des Theaters zurück, so orientieren sich *Clavigo* – im Mai 1774 in einer einzigen Woche niedergeschrieben – und *Stella. Ein Schauspiel für Liebende* (1775) stärker an den Gegebenheiten des literarischen Theaters der Zeit. Mit ihrer thematischen Gegenläufigkeit von ›großer‹, d.h.

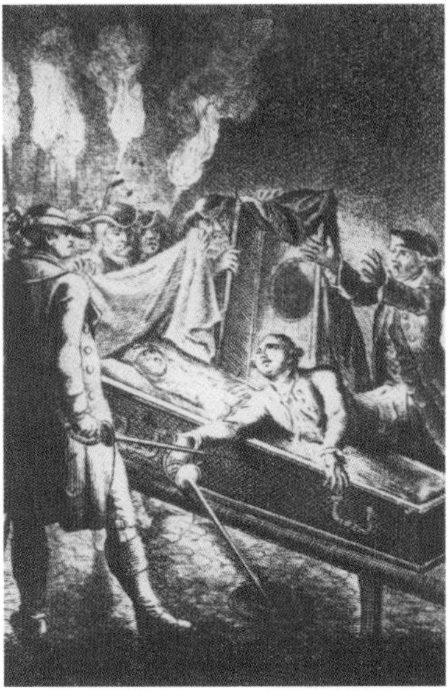

Der sterbende Clavigo über dem Sarg Maries, Kupferstich von Chodowiecki zum 5. Akt

höfisch-aristokratischer und bürgerlich-familiärer Welt, zwischen denen der labile Hauptheld jeweils hin- und hergerissen wird, siedeln sie sich zumal in der Nähe der dominanten Gattung des bürgerlichen Trauerspiels an. Von dessen allgemein akzeptierten Form- und Inhaltskriterien entfernt *Stella* sich freilich durch den Schluß, in dem Protagonist Fernando mit der aristokratischen Stella und der bürgerlichen Cäcilie, zwischen denen sein Herz schwankt, eine Dreiecksbeziehung eingeht. Das schockierte das Publikum so, daß Goethe den anstößigen Schluß in einer späteren Fassung (1805) durch ein tragisches Ende ersetzte.

Mit *Clavigo* suchte der Sturm-und-Drang-Autor Goethe erstmals auf der zeitgenössischen Bühne Fuß zu fassen, deren Konventionen er im *Götz* so entschieden negiert hatte, also ein handfestes Theaterstück zu schreiben, das alle Zweifel an seiner Befähigung zum Bühnenautor ausräumen sollte. Goethe hat hier einen neuen Typus auf die Bühne gebracht: den modernen karrierebeflissenen Literaten, der die Macht der Presse repräsentiert. Clavigo ist ein Schriftsteller-Parvenu, dessen Labilität der Antinomie der gesellschaftlichen Sphären korrespondiert, zwischen denen er sich bewegt, ist er doch hin- und hergerissen zwischen dem »Glück in einem stillen bürgerlichen Leben«, verkörpert durch die Gestalt von Marie Beaumarchais, und der Aussicht auf eine ruhmvolle Laufbahn am Hof. Im Finale siegt freilich die bürgerlich-empfindsame »Tugend« über die Normen der ›großen Welt‹. *Clavigo* endet mit dem typischen Schlußtableau des bürgerlichen Trauerspiels, in dem die familiäre Gemeinschaft äußerlich zwar vernichtet ist, durch allseitiges Verzeihen jedoch als empfindsames Ideal in höchster Reinheit verwirklicht wird.

In anderer Weise näherte sich Goethe mit seinen Singspielen *Erwin und Elmire* (1775) und *Claudine von Villa Bella* (1776) dem etablierten Theater an. Das deutsche Singspiel ist um die Mitte des 18. Jahrhunderts im Zuge der Adaption ausländischer Opernformen entstanden: der italienischen Opera buffa, der französischen Opéra comique und der englischen Ballad opera. Die Spielhandlung französischer ›Operetten‹ folgt immer wieder dem Grundschema eines verzankten Paars, das durch eine umtriebige Vermittlerperson glücklich vereint wird. In diese Tradition stellt sich auch Goethes *Erwin und Elmire*. In *Claudine von Villa Bella* setzt Goethe sich hingegen bewußt ab von der konventionellen Typisierung seines früheren Singspiels und überträgt einige Grundkonflikte der Sturm-und-Drang-Dichtung in die heitere Sphäre der Operette. Durch dieses Singspiel ist sogar schon das bald mit Schillers *Räubern* so populär werdende Vagabunden- und Räubermilieu auf der Bühne etabliert worden.

Erwin und Elmire und *Claudine von Villa Bella* werden in ihrer ersten Fassung von Goethe als »Schauspiel mit Gesang« bezeichnet, d.h. nach dem Modell der Opéra comique wechseln hier Prosadialoge mit Gesangseinlagen. Zehn Jahre später, während der Italienischen Reise, wurden beide Singspiele von Goethe zur Opera buffa italienischen Zuschnitts umgearbeitet, d.h. er ersetzte die Prosadialoge durch Secco-Rezitative (im Blankvers) und die Gesangseinlagen durch Arien, Duette oder Ensemblenummern. Zeitlebens hatte Goethe – wie noch seine Fortsetzung von Mozarts *Zauberflöte* (1801) und die Orientierung der Dramaturgie des *Faust II* an der Oper zeigen –, lebhaftes Interesse am Musiktheater. Ein beträchtlicher Teil seines dramatischen Œuvres bewegt sich jedenfalls in diesem Rahmen.

Peter Schmidt Pavloff als Fernando und Stefanie Kellner als Stella. Szenenfoto im Rahmen des Theatersommers Garmisch Partenkirchen 1999 unter der Leitung von Cordula Trantow.

Lili Schönemann, Pastell von F. B. Frey, 1782

Zwischen Frankfurter Stühlen: Verlobung mit Lili Schönemann

Mit dem *Werther* wurde Goethe nicht nur die Kultfigur der jungen Literatengeneration, auch die vornehme Frankfurter Gesellschaft begann sich neugierig für ihn zu interessieren. Am Neujahrsabend 1775 wurde er zu einem Konzert ins Haus des Bankiers Schönemann eingeladen, in dessen sechzehnjährige Tochter Lili er sich gleich verliebte. Vier Monate später kam es zur Verlobung, doch der Milieukontrast der beiden Familien Goethe und Schönemann führte mehr und mehr zur Entfremdung. Die Goethes verkörperten ein traditionalistisches, altdeutsches patrizisches Bürgertum, das von ererbtem Vermögen lebte, sich ein Rentiersdasein leisten konnte und am wirtschaftlichen Leben nicht teilnahm – sie waren zudem Lutheraner. Schönemanns hingegen repräsentierten ein dynamisches modernes Erwerbsbürgertum und pflegten einen dem galanten Zeitgeist verpflichteten französierenden Lebensstil – und sie gehörten der reformierten Gemeinde an. Goethe, der sich schon an die galante Welt Leipzigs nicht recht gewöhnen konnte, kam sich in dieser »polierten« Welt oft wie ein »Papagei auf der Stange« vor. Einiges davon verrät sein satirisch grundiertes Gedicht *Lilis Park*.

Um Abstand zu gewinnen, folgte er der Einladung der Brüder Friedrich Leopold und Christian von Stolberg zu einer »Geniereise« durch die Schweiz. Ihr schönster poetischer Ertrag ist das Gedicht »aufm Zürichersee«, das Goethe am 15. Juni 1775 in sein Tagebuch schrieb und dem er später den Titel *Auf*

aufm Zürichersee

[...]
Auf der Welle blinken
Tausend schwebende Sterne,
Liebe Nebel trinken
Rings die türmende Ferne,
Morgenwind umflügelt
Die beschattete Bucht,
Und im See bespiegelt
Sich die reifende Frucht.

dem See gab. In beispielloser, auch von Goethe bisher noch nicht erreichter Verdichtung treten hier die Naturerscheinungen im spiegelnden Ineinander von Nähe und Ferne, Oben und Unten ins poetische Bild. Die Reise in die Schweiz brachte jedoch nicht die erwünschte Klärung. Die alte Bindungsscheu meldete sich wieder, Goethes Fremdheit im Milieu der Schönemanns, deren Familie und Freundeskreis Lili ohnehin zur Trennung rieten, kam hinzu – kurz und gut: die Verlobung wurde im Oktober aufgelöst.

Herzog Carl August von Sachsen-Weimar, Kupferstich von Johann Heinrich Lips, 1780

In dieser verzweifelten Situation erreichte Goethe die Einladung des soeben zum Herzog ernannten achtzehnjährigen Erbprinzen Carl August von Sachsen-Weimar-Eisenach. Dieser hatte den plötzlich wie ein Meteor am literarischen Himmel aufgetauchten Autor des *Götz* und *Werther* im Dezember des Vorjahres auf seiner Kavalierstour nach Paris in Frankfurt aufgesucht. Aus Anlaß seiner Hochzeit mit der Darmstädter Prinzessin Louise kam er im September und Oktober 1775 erneut durch Frankfurt und bot Goethe einen längeren Aufenthalt in seiner Residenz zu Weimar an. Nach einigem Zögern, Widerstand des hoffeindlichen Vaters, der ihn stattdessen zu einer Italienreise – wieder nach dem eigenen Vorbild – drängte, peinlichen Turbulenzen aufgrund des Ausbleibens der herzoglichen Kutsche, die ihn abholen sollte, überstürztem Aufbruch nach Italien und Abbruch der Reise machte Goethe sich schließlich mit der verspäteten Kutsche auf den Weg nach Weimar. Dort traf er am 7. November 1775 ein.

1775 Amtsantritt des 18jährigen Herzogs Carl August von Sachsen-Weimar-Eisenach.
1776 Unabhängigkeitserklärung der Vereinigten Staaten von Amerika.
1776 Adam Smith: *Wohlstand der Nationen.*
1778/1779 Bayerischer Erbfolgekrieg.
1783 Versailler Friede: Ende des amerikanischen Unabhängigkeitskriegs.
1784 Kant: *Was ist Aufklärung?*
1789 Lessing: *Nathan der Weise.*

»Daß ich fast zehn Jahre älter war als er, kam unserm Verhältnis zugute. Er saß ganze Abende bei mir in tiefen Gesprächen über Gegenstände der Kunst und Natur und was sonst allerlei Gutes vorkam. [Der junge Herzog] war ein Feind aller Verweichlichung. [...] Ein Herzogthum geerbt zu haben, war ihm nichts, aber hätte er sich eins erringen, erjagen und erstürmen können, das wäre ihm etwas gewesen.« Gespräch mit Eckermann, 23.10.1828

Entscheidung für die politische Praxis

Daß Goethe im nächsten Jahrzehnt so gut wie nichts Literarisches mehr publiziert, hängt mit seiner bewußten Entscheidung für das ›tätige Leben‹, das ›unmittelbar Nützliche‹ zusammen: »Meine Schriftstellerei subordiniert sich dem Leben«, schreibt er am 14. Mai 1780 an Kestner, »doch erlaub ich mir«, setzt er mit einiger Ironie hinzu, »nach dem Beispiel des großen Königs [Friedrichs des Großen], der täglich einige Stunden auf die Flöte wandte, auch manchmal eine Übung in dem Talente, das mir eigen ist.« Eine Unterdrückung seiner schöpferischen Natur, welche am Ende des ersten Weimarer Jahrzehnts eine katastrophale Krise auslöst, der er sich nur durch die Flucht nach Italien entziehen kann.

Hätte der Herzog ihn nicht nach Weimar eingeladen, wäre er schon 1775 nach Italien gereist. In Frankfurt wäre er jedenfalls mit Sicherheit nicht geblieben. Die saturierte Atmosphäre der Kapitalisten- und Händlerstadt, »das Unverhältnis des engen und langsam bewegten bürgerlichen Kreises zu der Weite und Geschwindigkeit meines Wesens« hätten ihn auf die Dauer »rasend gemacht«, gesteht er später in einem Brief an die Mutter (11. August 1781). So wie sein Romanheld Wilhelm Meister danach streben wird, »sich aus dem stockenden, schleppenden bürgerlichen Leben herauszureißen« und mit der ›großen Welt‹: der höfisch-aristokratischen Gesellschaft bekannt zu werden, so will auch Goethe ausprobieren, »wie einem die Weltrolle zu Gesichte stünde« (an Merck, 22. Januar 1776).

Herzog Carl August, Corona Schröter und Goethe im Park zu Weimar

Residenzstadt Weimar

1775, im Jahr der Ankunft Goethes, war die Residenzstadt Weimar mit ihren gerade 6000 Einwohnern alles andere als ansehnlich. Das Schloß war kurz zuvor abgebrannt, der Hof verteilte sich daher auf verschiedene Häuser. Handel und Industrie waren völlig unterentwickelt. Allein das »Landes-Industrie-Comptoir« von Friedrich Justin Bertuch, der nicht nur als Kaufmann und Schatzkanzler des Herzogs, sondern auch als Gründer des *Journal des Luxus und der Moden* und vielseitiger Literat eine der wichtigsten Hintergrundfiguren der Weimarer Klassik gewesen war, brachte etwas ›Welt‹ in die provinzielle Residenz.

Weimar – ein deutsches Duodezfürstentum

Freilich bot das aus den seit 1741 vereinigten Herzogtümern Weimar und Eisenach, dem früheren Herzogtum Jena sowie einer Reihe von Ämtern (darunter das für Goethes Wirken so wichtige Ilmenau) arg zusammengestückelte Duodezfürstentum mit seinen etwas mehr als 100 000 Untertanen nur einen geringen Spielraum, diese Weltrolle zu spielen. Als Mitglied des obersten Regierungsgremiums des Herzogs bekam Goethe bald zu spüren, wie schwer sich ein derart zersplittertes, aus lauter räumlich getrennten geographischen Gebieten zusammengesetztes, zudem wirtschaftlich wenig gesegnetes Land regieren ließ.

Goethes politische Tätigkeit begann mit seiner Amtseinführung als Mitglied des herzoglichen »Conseils« am 25. Juni 1776. In diesem aus drei wirklichen Geheimen Räten zusammengesetzten Geheimen Consilium, an dessen Sitzungen Goethe bis auf die letzten anderthalb Jahre vor der Italienischen Reise regelmäßig teilnahm, wurden alle zentralen politischen Fragen des Landes beraten. Carl August hatte Goethes Berufung in dieses leitende Kollegium gegen energische Widerstände von seiten des Adels durchgesetzt. Um weitere Behinderungen seiner Tätigkeit durch Standeskonventionen und Etikette auszuschalten, ließ der Herzog Goethe 1782 durch den Kaiser in den Adelsstand erheben.

Friedrich Johann Justin Bertuch, Kopie eines Gemäldes von Gustav Adolph Hennig, Stiftung Weimarer Klassik

Goethe mit der Silhouette, Gemälde von Georg Melchior Kraus, 1776

Mit Goethes Berufung gab der Herzog zu erkennen, daß er nicht gewillt war, seine Regierung an den herkömmlichen Vorstellungen und Standesinteressen der Aristokratie zu orientieren – so wie er auch in seinem extravaganten Lebensstil alle Forderungen der Etikette über den Haufen warf. Das ganze literarische Deutschland tuschelte damals über Goethes angebliche Kumpanei mit dem wüsten Sturm-und-Drang-Treiben des Herzogs im Umkreis seiner Residenz. Goethe mag da in der Tat eine Weile mitgespielt haben, um den Herzog erst einmal für sich zu gewinnen. Auf diesem Wege aber suchte er – selbst bemüht, das kraftgenialische Wesen von sich abzutun –, allmählich mäßigend auf ihn zu wirken und ihm die Notwendigkeit bewußt zu machen, seine Person hinter seinen Standespflichten sowie den Interessen des Gemeinwesens zurückzustellen.

Carl Augusts Vorgängern hatte es (sieht man von dem in vieler Hinsicht schon vorbildlichen Wirken seiner Mutter Anna Amalia ab) durchaus ferngelegen, die eigene Lebensführung in den Dienst des Landes zu

Carl August und Goethe auf der Jagd bei Ilmenau

stellen. Sie betrachteten die Kammer weithin als ihre Privatkasse und sträubten sich, ihr Geld gemeinnützigen Unternehmungen zufließen zu lassen. Aus dem Land wurden, wo es nur ging, die Mittel für die Hofhaltung herausgepreßt. Verschuldung und Steuerbelastung wurden daher immer unerträglicher. Daß auch Carl August in dieser Hinsicht anfänglich recht unbekümmert war, zeigt Goethes Gedicht *Ilmenau* (1783). In diesem großen ›Fürstenspiegel‹ stellt Goethe das einstige zügellose Jugendtreiben des Herzogs in dem Bergbaustädtchen seinem jetzigen Wirken für dessen und des ganzen Landes Wohlfahrt gegenüber. Das »ruhig Volk im stillen Fleiß« soll dem Herzog »Vorbild« sein. »Du kennest lang' die Pflichten deines Standes / Und schränktest nach und nach die freie Seele ein.« So führt Goethe seinem Fürsten vor Augen. Anders darf es nicht sein, denn: »wer andre wohl zu leiten strebt, / Muß fähig sein, viel zu entbehren.«

Aussicht vom Kickelhahn bei Ilmenau, Handzeichnung Goethes (1776)

Reformpolitik

Einschränkung, Entbehrung: Das ist ein deutlicher Appell an die Vernunft des Herzogs und des Hofes, eine Aufforderung vor allem, die öffentlichen Ausgaben, besonders für die Hofhaltung, zu verringern. Hier ist der Einfluß des modernen rationalistischen Wirtschaftsdenkens zu spüren, wie es sich namentlich in den Theorien der französischen Physiokraten (Quesnay, Turgot) ausgeprägt hat. Eine der Hauptmaximen der Physiokraten war es, die Staatsausgaben unter dem Niveau der Einnahmen zu halten. In diesem Zusammenhang ist u.a. die vom ›Kriegsminister‹ Goethe durchgesetzte Truppenverminderung (um 50%) zu sehen, durch die erhebliche Einsparungen im Staatshaushalt erzielt wurden. Der Herzog lernte Goethe hier als überlegenen Finanzpraktiker schätzen. Das

Johann Wolfgang Goethe, Originalkopie nach Georg Oswald May, gemalt 1779, kopiert von Eberhard Ege

wird ihn veranlaßt haben, ihm 1782 die Funktion des Kammerpräsidenten (Finanzministers) zu übertragen – in der Hoffnung auf weitere Konsolidierung des Staatshaushalts.

Im Interesse des allgemeinen Wohlstandes ist nach physiokratischer Lehre vornehmlich die Landwirtschaft systematisch zu fördern, seien doch die Bauern die eigentlich produktive Klasse. Die Verbesserung des Agrarwesens ist deshalb auch eines der Hauptziele Goethes gewesen. Die auf dem Bauernstand liegenden Fron- und Steuerlasten hat er mit äußerster Schärfe als Zeichen politischer Unvernunft und sozialer Ungerechtigkeit angeprangert.

Zu den wichtigsten Reformfunktionen Goethes gehörte die Tätigkeit in der Kriegskommission und in der Wege- und Wasserbaudirektion. In dieser Funktion hat er das Straßen-, Brücken- und Wasserwesen in Sachsen-Weimar erheblich verbessert – wegen des bisher schlechten Anschlusses des Herzogtums an das Handelsnetz eine wirtschaftspolitisch nicht zu unterschätzende Tätigkeit. Nicht weniger bedeutungsvoll und erfolgversprechend war anfänglich Goethes Arbeit in der Bergwerkskommission, die sich der Sanierung des Kupfer- und Silberbergwerks in Ilmenau annahm, um dadurch die armselige Wirtschaft des Herzogtums, die dürftige heimische Industrie zu beleben.

Goethes amtliche Schriften im Zusammenhang mit seiner Tätigkeit als Mitglied des Conseils und der verschiedenen Kommissionen sind ein stattlicher Teil seines Werks. Sie betreffen Probleme der Wirtschafts- und Finanzpolitik, zumal Steuerfragen und Erwägungen zur Verbesserung des Land- und Forstwirtschaftswesens, ferner Universitätsangelegenheiten in Jena, ordnungspolitische Maßnahmen und strittige juristische Fragen. Dazu gehört z.B. die vom Herzog aus konkretem Anlaß verlangte Stellungnahme Goethes zur »Bestrafung des Kindermords« 1783. Daß er – der sich 1780 für die Abschaffung der Kirchenbuße eingesetzt hatte und überhaupt ein Gegner der konventionalen Strafgesetze war – sich nach einigem Zögern doch dem Votum seiner Kollegen im Conseil für die Todesstrafe anschloß, geschah mit Rücksicht auf die in diesem Punkt rigorose herrschende Meinung namentlich der Kirche und des weiblichen Teils der höfischen Gesellschaft, mag es auch in befremdlichem Gegensatz zum Mitleidspathos der Gretchen-Tragödie im *Faust* stehen. Was sich der Dichter leisten konnte – das Plädoyer für die Kindsmörderin –, war freilich dem Staatsmann verwehrt.

»So steige ich durch alle Stände aufwärts, sehe den Bauersmann der Erde das Nothdürftige abfordern, das doch auch ein behäglich auskommen wäre, wenn er nur für sich selbst schwizte. Du weißt aber, wenn die Blattläuse auf den Rosenzweigen sitzen und sich hübsch dick und grün gesogen haben, dann kommen die Ameisen und saugen ihnen den filtrirten Saft aus den Leibern. Und so gehts weiter, und wir habens so weit gebracht, daß oben immer in einem Tage mehr verzehrt wird als unten in einem beygebracht werden kann.« Goethe an Knebel, 17.4.1782

Goethes kulturpolitische Wende

Goethe hat in den achtziger Jahren mehr und mehr die Hoffnung aufgegeben, das Herzogtum Sachsen-Weimar seinen ursprünglich hochgesteckten Zielen gemäß reformieren zu können. Diese resignative Einsicht ist eines der wesentlichen Motive für seine Flucht nach Italien gewesen.

Nach seiner Rückkehr aus Italien ist Goethe, der sich dort nach seinen eigenen Worten als Künstler wiedergefunden hatte, auf seinen Wunsch hin von den bisherigen amtlichen Funktionen im Wesentlichen entlastet worden. Er verlagerte seine Aktivität nun auf den kulturpolitischen Bereich: als Direktor des Hoftheaters (1791–1817), Initiator und Leiter des Freien Zeicheninstituts, in der Direktion der naturwissenschaftlichen und medizinischen Institutionen des Herzogtums sowie in verschiedenen Kulturkommissionen (z.B. für das Bibliothekswesen). Auch der Bau des Schlosses und anderer

Goethe-Haus in Weimar

Schloß Weimar

repräsentativer Bauwerke gehörte in seinen Zuständigkeitsbereich.

Im Zuge der Staatsreform des zum Großherzogtum erweiterten Landes wurde Goethe 1815 zum Staatsminister ernannt und erhielt das speziell auf ihn zugeschnittene Ressort der »Oberaufsicht über die unmittelbaren Anstalten für Wissenschaft und Kunst in Weimar und Jena«. Durch die Mitarbeit an Schillers »Horen« und die Begründung eigener wissenschaftlicher und ästhetischer Zeitschriften (»Propyläen«, »Über Kunst und Altertum«, »Zur Naturwissenschaft«), durch seine literarisch-philosophische »Freitagsgesellschaft«, die »Weimarischen Kunstfreunde« und andere kulturelle Zirkel suchte Goethe Weimar zu einem Mittelpunkt intellektuell-ästhetischer Bildung zu machen. In umgekehrt proportionalem Verhältnis zu seinem abnehmenden politischen Einfluß wurde Goethe für die Welt zum eigentlichen Repräsentanten Weimars, wie die Besuche, die er in seinem Haus am Frauenplan aus ganz Europa erhielt, eindrucksvoll bekundeten.

Goethe zog sich seit 1786 also mehr und mehr aus der Politik zurück, wenngleich der Herzog, der sich mit seiner politischen Abstinenz ungern abfand, ihn immer wieder um Rat, förmliche Gutachten und zu Goethes Verdruß auch um Begleitung auf politische Reisen und militärische Unternehmungen – Campagne in Frankreich, Belagerung von Mainz – ersuchte. Bis zur Auflösung des Geheimen Consiliums, das 1815 durch das Großherzogliche Staatsministerium ersetzt wurde, gehörte Goethe nominell noch der obersten Regierungsbehörde an und konnte so durchaus auf die Staatsleitung Einfluß nehmen.

Unter den kulturpolitischen Aktivitäten Goethes verdient seine Aufsicht über die Universität Jena besondere Aufmerksamkeit. Während der Regierungszeit Carl Augusts erlebte sie trotz ihrer schlechten materiellen Ausstattung einen imposanten Aufschwung und war bis etwa 1804 zumal die Hochburg der idealistischen Philosophie (hier lehrten in der Reihenfolge der Berufungen: Reinhold, Fichte, Schelling und Hegel). Ihr hohes Ansehen erlangte die Universität nicht zuletzt durch die 1785 gegründete »Allgemeine Literatur-Zeitung«. Goethe sind viele ehrenvolle Berufungen nach Jena zu verdanken, darunter die Schillers (1788) und Fichtes (1794), der freilich im Zusammenhang mit dem sogenannten Atheismusstreit (1798/99) unrühmlich entlassen wurde. Darunter hat das Ansehen der Universität nicht wenig gelitten.

Der Weimarer ›Musenhof‹

Carl August fehlte trotz seiner vielfältigen Anlagen die spezifisch musische Begabung. Goethes Dichtung hat er wohl nie angemessen zu würdigen vermocht. In dieser Hinsicht stand er hinter seiner Mutter Anna Amalia zurück, die selber malte, dichtete und vor allem komponierte; sie schrieb auch Musik zu Singspielen und anderen dramatischen Werken Goethes. Leider sind ihre Partituren bei dem verheerenden Brand der Anna-Amalia-Bibliothek im September 2004 zum größten Teil vernichtet worden. Die gebürtige Braunschweigische Prinzessin, die nach dem frühen Tod ihres Mannes mit 19 Jahren die Regentschaft des Herzogtums antrat, ist die eigentliche Begründerin der Blütezeit Weimars als Stadt der Künste. Nach ihrem Rücktritt von

»Anna Amalia in den Ruinen von Pompeji«, Gemälde von Wilhelm Tischbein, 1788/90

der Regentschaft wurde sie zum Mittelpunkt des Weimarischen Musenhofs, dem der etwas literaturfremde Herzog mit nicht mehr als distanziertem Wohlwollen gegenüberstand.

1772 berief Anna Amalia den seit 1769 an der Erfurter Universität lehrenden Christoph Martin Wieland (1733–1813) als Erzieher des künftigen Herzogs nach Weimar. Das war gewissermaßen die Geburtsstunde der Weimarer Klassik. Der Autor des *Agathon* (1766/67) und *Musarion* (1768) erlebte hier, zumal nach Beendigung seiner Tätigkeit als Prinzenerzieher 1775, eine zweite Blütezeit seiner Dichtung. Als sein »Hauptgeschäft« in Weimar hat Wieland freilich die Redaktion der 1773 von ihm gegründeten, organisierten und auch verlegten Zeitschrift »Der Teutsche Merkur« empfunden. Mit dessen erstem Band trat Weimar in die deutsche Literatur ein, heißt es in Goethes *Dichtung und Wahrheit*. Kein Zweifel, der Ruf Weimars als eines deutschen Athen wurde vor allem durch Wielands Journal verbreitet. Die spezifischen Zeitschriften der Klassik (»Neue Thalia«, »Horen«, »Propyläen«) hat es ebenso überlebt wie das romantische »Athenäum«.

Am Hofe der Herzogin Anna Amalia, von links: Aulhorn, Goethe, Einsiedel, Herzogin Amalie, Frl. von Göschhausen, Herder, Wieland

Am Musenhof Anna Amalias fiel Goethe neben seinen Verwaltungsämtern eine Fülle von Aufgaben zu, die Herder in einem Brief an Hamann vom 11. Juli 1782 ironisch zusammenstellt: Goethe sei nicht nur allmächtiger Minister, sondern »dazu auch directeur des plaisirs, Hofpoet, Verfassser von schönen Festivitäten, Hofopern, Balletts, Redoutenaufzügen« usw., kurz das »Faktotum« des Weimarischen Hofes. Mit den Hofopern bezeichnet Herder Goethes neue Singspiele *Lila* (1777), *Jery und Bätely* (1780), *Die Fischerin* (1782) u.a., zu denen Mitglieder des Hofes wie Seckendorff, Corona Schröter oder Anna Amalia selber die Musik schrieben. Mit den Festivitäten, Balletts und Redoutenaufzügen sind die *Maskenzüge* gemeint, die vor allem jeweils zum Geburtstag der Herzogin Louise am 30. Januar inszeniert wurden, großenteils von Goethe selber, der von der Finanzierung bis zu Kostüm und Maske für alles zuständig war, was mit diesen Festveranstaltungen zusammenhing. Sie verbanden den gemeinen Volksbrauch der Karnevalsumzüge mit der repräsentativen höfischen Selbstinszenierung in der Tradition des italienischen Trionfo.

Gegenüberliegende Seite: Christoph Martin Wieland, Gemälde von Johann Friedrich August Tischbein, 1795

Goethe sah die Auftragsarbeiten, welche die ›Gesellschaft‹ von ihm erwartete und denen er sich aufgrund seiner amtlichen Stellung nicht entziehen konnte, oft als eine lästige Pflicht an. »Die letzten Tage der vorigen Woche hab ich im Dienste der Eitelkeit zugebracht. Man übertäubt mit Maskeraden und glänzenden Erfindungen oft eigne und fremde Not«, schreibt Goethe am 19. Februar 1781 an Lavater. »Wie Du die Feste der Glückseligkeit ausschmückst [eine Anspielung auf Lavaters geistliches Amt], so schmükke ich die Aufzüge der Torheit. Es ist billig, daß beide Damen ihre Hofpoeten haben.« Das gesellige Leben des weimarischen Hofes verteilte sich auf die intimklassizistischen Weimarer Stadt- und Jagdschlösser (Ettersburg, Tiefurt u.a.) sowie auf die Gärten an der Ilm mit ihren malerischen Eremitagen. Die beiden wichtigsten Organe des Musenhofes waren die (handschriftlich vervielfältigte) Privatzeitschrift »Tiefurter Journal«, dessen wertvollste Beiträge Goethes Gedichte aus dieser Zeit bilden, und das höfische Liebhabertheater, für das er bis 1783 jährlich zwei bis drei Stücke schrieb, inszenierte und spielte.

Johann Caspar Lavater

Abendgesellschaft bei der Herzogin Anna Amalia. Von links: H. Meyer, Frau v. Fritsch, Goethe, Einsiedel, Anna Amalia, Elise Gore, Charles Gore, Emilie Gore, Frl. v. Göchhausen, Herder. Aquarell von Georg Melchior Kraus, um 1795

Seefahrt
Taglang nachtlang stand mein Schiff befrachtet, /
Günst'ger Winde harrend saß mit treuen Freunden /
– Mir Geduld und guten Mut erzechend –
Ich im Hafen. /
[...]
Und die Segel blühen in dem Hauche, /
Und die Sonne lockt mit Feuerliebe; /
Ziehn die Segel, ziehn die hohen Wolken, /
Jauchzen an dem Ufer alle Freunde /
Hoffnungslieder nach im Freudetaumel /
Reisefreuden wähnend wie des Einschiffmorgens /
Wie der ersten hohen Sternennächte.

Aber gottgesandte Wechselwinde treiben /
Seitwärts ihn der vorgesteckten Fahrt ab, /
Und er scheint sich ihnen hinzugeben, /
Strebet leise sie zu überlisten, /
Treu dem Zweck auch auf dem schiefen Wege.
[...]

Aus der Fülle der dramatischen Gelegenheitsproduktionen in Goethes erstem Weimarer Dezennium, zu denen neben den erwähnten Singspielen und Festdichtungen eine Reihe von Farcen (wie die zweite Fassung des *Jahrmarktsfests zu Plundersweilern*, 1778, oder *Die Vögel* nach Aristophanes, 1780) und kleine bürgerliche Gesellschaftsstücke (*Die Geschwister*, 1776) gehören, ragen zwei Werke heraus: die 1778 auf dem Herzoglichen Liebhabertheater uraufgeführte »dramatische Grille« *Der Triumph der Empfindsamkeit* – eine zündende Satire auf die Modeströmung der Empfindsamkeit, namentlich auf die Rezeption der *Leiden des jungen Werthers* in ihrem Geiste – und die Prosafassung der *Iphigenie auf Tauris* (1779). Deren Aufführung mit Goethe selber als Orest – in einer der Aufführungen spielte gar der regierende Carl August den Thoas – bildete den Höhepunkt in der Geschichte des Liebhabertheaters.

Doppelleben als Politiker und Poet

Goethes Wirken in Weimar, seine Verwandlung in einen ›Fürstendiener‹ ist von den Gefährten des Sturm und Drang mit Mißtrauen verfolgt worden. »Ach, warum ist er nicht hiergeblieben!« Diese Zeile aus Goethes großer Hymne *Seefahrt* (1777) ist eine ironische Anspielung auf die Besorgnisse der ehemaligen Freunde. Gewiß, die Gefährdungen der neuen Existenz werden auch in diesem Gedicht nicht verschwiegen, in dem Goethe sich wie in vielen brieflichen Äußerungen aus dieser

Zeit des alten Topos vom Schiffer auf dem Meer des Lebens bedient: »Wechselwinde« treiben ihn von der »vorgesteckten Fahrt« ab; aber indem er sich ihnen »hinzugeben« scheint, strebt er »leise sie zu überlisten, / Treu dem Zweck auch auf dem schiefen Wege«. Eine Anspielung auf die Versuchungen der höfischen Existenz, durch pragmatische Anpassung an die Normen der ›großen Welt‹ das ursprüngliche Ziel aus den Augen zu verlieren. Doch selbst der Sturm, die äußere Bedrohung seiner ganzen Existenz kann den Schiffer im Innersten nicht verwirren: »Herrschend blickt er auf die grimme Tiefe / Und vertrauet, scheiternd oder landend, / Seinen Göttern.« Der Drang zu neuen Ufern, »aus der sogenannten Sturm- und Drangperiode sich zu einer höheren Bildung zu retten« (Goethe zu Eckermann, 10. Februar 1829) ist größer als die Furcht vor jeglichen Gefahren. Das Motiv der klagend am Ufer zurückbleibenden Freunde drückt nur zu deutlich aus, was sich in Wirklichkeit ereignet hat – die unglücklich verlaufenden Besuche von Lenz und Klinger in Weimar zeigen es am klarsten: Loslösung von den Freunden, die zu jener »höheren Bildung« (welche freilich eine gewisse Anpassung an die Konvenienzen der ›großen Welt‹ einschließt) keine Begabung zeigen.

Karl Ludwig von Knebel, gezeichnet von J. Schmeller (1824)

Daß die optimistische Entschlossenheit des Gedichts *Seefahrt*, die Gewißheit, der neuen Lage stets Herr zu werden, nicht die herrschende Stimmung des ersten Weimarer Jahrzehnts blieb, ist freilich kaum zu bezweifeln. In das Jahr 1782 fällt bereits eine Krise Goethes, die zwar noch keine einschneidende äußere Veränderung seines Lebens, aber doch den Entschluß zur Folge hat, »eine neue Epoche meines Lebens und Wesens« anzufangen (an Frau von Stein, 7. November 1782). Sein Ziel ist es nun, »mir selber wieder zu leben und mich wieder zu erkennen«, wie er am 21. November 1782 an Knebel schreibt. »Ich habe mein politisches und gesellschaftliches Leben ganz von

Charlotte von Stein. Pastellminiatur von Dorothea Stock nach einem Selbstbildnis, 1790

Die Beziehung zu Charlotte von Stein
Die Beziehung zu Charlotte von Stein (1742–1827) ist ohne Zweifel die prägende, das höhere geistige Leben Goethes gänzlich an sich ziehende menschliche Verbindung des ersten Weimarer Jahrzehnts gewesen. Die Begegnung mit ihr läßt ihm alle früheren Liebeserlebnisse ins Schattenhafte versinken, als leeres »Traumglück« erscheinen, wie es in einem Vers des Gedichts *Warum gabst du uns die tiefen Blicke* heißt, das in einem am 14. April 1776 an Charlotte von Stein geschickten Privatbrief steht. Die in der Liebe erfahrene Wahrheit, in deren Licht die Amts- und Hoftätigkeit als leeres Getriebe erscheint, für sie strebt Goethe seit seiner Krise 1782 immer ausschließlicher zu leben.

Die in die zahllosen Briefe an Frau von Stein eingestreuten Gedichte sind der unmittelbare Ausdruck des ›Privatmenschen‹ Goethe; die meisten von ihnen sind von ihm erst später oder (wie das zuletzt genannte) viele Jahre nach seinem Tod (1848) veröffentlicht worden; sie waren eben nicht für die Öffentlichkeit bestimmt, sondern sollten nur, um eine Formel des 18. Jahrhunderts zu verwenden, vom Herzen zum Herzen klingen. Mit ihrem brieflichen Kontext bilden sie das Dokument einer einzigartigen Liebesbeziehung, deren glühender Platonismus in der »Idee des Reinen« als des absoluten Richtmaßes des Daseins gipfelt. Das ist eine der Leitideen Goethes während des ersten Weimarer Jahrzehnts.

Die Trennung von sinnlichem und geistigem Eros mußte für Goethe freilich auf die Dauer eine Vergewaltigung seiner Natur sein. Gewiß hängt die Flucht nach Italien auch mit dem elementaren Bedürfnis zusammen, sich von dem zuletzt kaum mehr ertragenen Zwang einer derart entsinnlichten Liebe zu befreien. Wie zehn Jahre zuvor in Frankfurt ist es also wiederum eine Liebesbeziehung, in der sich die Krise seiner sozialen Existenz offenbart. Ebensowenig wie sich die Verbindung mit Lili Schönemann von der bürgerlich-kaufmännischen Welt ablösen ließ, so die Liebe zu Charlotte von Stein von der höfisch-aristokratischen Atmosphäre und Lebenshaltung. Wie einst die bürgerliche, so wird Goethe nun die höfische Existenz in und mit einem Liebesverhältnis fragwürdig, ja unerträglich.

Charlotte von Stein und Goethe

meinem moralischen und poetischen getrennt«, fährt er fort.

Den Auftakt zu dieser Neuorientierung bildet neben neuer intensiver Beschäftigung mit verschiedenen Bereichen der Naturforschung die Wiederaufnahme des Jahre zuvor begonnenen Romans *Wilhelm Meisters theatralische Sendung*. Die Arbeit an dem Theaterroman fällt bezeichnenderweise in die gleiche Zeit, da es mit dem Weimarer Liebhabertheater zuende geht. »Ich bin recht zu einem Privatmenschen erschaffen und begreife nicht, wie mich das Schicksal in eine Staatsverwaltung und eine fürstliche Familie hat einflicken mögen.« So schreibt Goethe am 17. September 1782 an Frau von Stein. Mehr und mehr sucht er seine Kreise enger zu ziehen, orientiert er sein eigentliches geistiges Leben am innersten Weimarer Freundeskreis: Frau von Stein, Knebel, Herder.

Goethes Gartenhaus

Frühe Weimarer Lyrik

Das bevorzugte Medium des Privatmenschen Goethe ist die Lyrik. In ihr prägt sich deutlich die Abwendung Goethes vom Explosivstil der früheren Jahre aus. Das zeigt besonders anschaulich der Vergleich der Sturm-und-Drang-Hymne *Wandrers Sturmlied* mit den beiden *Wandrers Nachtlied* überschriebenen Gedichten von 1776 und 1780: der enthusiastische Aufschwung des Sturmlieds weicht in den Nachtliedern der Sehnsucht nach Friede und Ruhe, welche im zweiten Lied (»Über allen Gipfeln / Ist Ruh'«) zu verhüllter Todeserwartung wird. Dem Empfindungswandel entspricht ein völlig veränderter Ton: traumhaft schwerelos, über aller deutlichen metrischen Bestimmung schwebend.

Wandrers Nachtlied

Über allen Gipfeln
Ist Ruh',
In allen Wipfeln
Spürest Du
Kaum einen Hauch;
Die Vöglein schweigen im Walde.
Warte nur, balde
Ruhest du auch.

In den Nacht- und Mondgedichten der frühen Weimarer Jahre offenbart Goethe sein in den quälenden Geschäften des Tages verschüttetes Selbst: »Lösest endlich auch einmal / Meine Seele ganz«, heißt es in der ersten Strophe des Gedichts *An den Mond* (um 1777). Der Mond, gewissermaßen das Leitgestirn Goethes in diesen Jahren, ist eine Chiffre der Ruhe, des Friedens – des ewigen Seins; sein geistiges Licht fließt in Goethes Imagination immer wieder zusammen mit der Gestalt Charlottes: »Mir ist es, denk ich nur an dich, / als säh' den Mond ich an, / Ein stiller Friede kommt auf mich, / Weiß nicht wie mir getan.« (*Jägers Nachtlied*, 1776).

Goethes frühe Weimarer Lyrik läßt sich im wesentlichen in folgende große Gruppen einteilen: Zwischen den mehr oder weniger privaten Charlotte-Gedichten und den offiziellen Gelegenheitsgedichten, welche dem Weimarer Kreis huldigen, stehen die Ausläufer der Sturm-und-Drang-Hymnik sowie die große Ideenlyrik. Hinzu kommen einige der *Wilhelm Meister*-Gedichte und die beiden naturmagischen Balladen *Der Fischer* (1778) und *Der Erlkönig* (1782). Zu der Ideenlyrik, die einen Schwerpunkt in Goethes früher Weimarer Dichtung bildet, gehören Gedichte wie *Hans Sachsens poetische Sendung* (1776) – welche den Mythos des Nürnberger Schuhmacher-Poeten von der Romantik bis zu Wagners *Meistersingern* vorbereitet –, *Gesang der Geister über den Wassern* (1779), *Meine Göttin* (1780), *Grenzen der Menschheit* (1781) und *Das Göttliche* (1783).

Kupferstich zum *Erlkönig*, »Wer reitet so spät durch Nacht und Wind?«

Das bedeutendste der an die Frankfurter Hymnik anknüpfenden Gedichte ist die *Harzreise im Winter* (1777). Goethes thematisches und formales Vorbild ist hier wie in den Sturm-und-Drang-Hymnen die Ode Pindars, zu deren Charakteristika die Dunkelheit und die vermeintlich (in Wirklichkeit genau kalkulierte) formsprengende Metrik gehören. Ebenso wie die Hymne *Seefahrt* aus dem gleichen Jahr spiegelt sie die Selbstvergewisserung des Dichters Goethe im Grunddilemma seines ersten Weimarer Jahrzehnts – der Spaltung zwischen Dichterberuf und amtlicher Praxis – wider. In der Schlußstrophe, im Bilde des göttergleichen Blicks von dem majestätisch stilisierten Berg (»aus Wolken«) auf die »erstaunte Welt« wird das Selbstgefühl des Dichters geradezu ins Olympische gesteigert. Goethe wird es freilich schwer genug fallen, diese enthusiastische Selbsterfahrung in den folgenden, von poesiefremder Aktivität überfüllten Jahren ungebrochen aufrechtzuerhalten.

Goethes Koalition mit Herder – Geschichtsphilosophie und Naturforschung

Goethes Neuorientierung seit 1782, die zunehmende Konzentration seiner geistigen Kräfte auf sein eigentliches Selbst, auf die poetische Existenz und die Naturforschung, ist aufs engste mit seiner aktiven Anteilnahme am Werk Johann Gottfried Herders verbunden. Dieser war 1776 auf Anregung Goethes vom Herzog als Generalsuperintendent nach Weimar berufen worden. In den ersten Jahren will sich freilich die erwartete enge Bindung zwischen beiden nicht einstellen. Zum Teil ist das gewiß auf die Skepsis des muhsam um Erfolg und Anerkennung ringenden Herder gegenüber Goethes glänzender Karriere und auf die Unfähigkeit des geborenen Antiaristokraten zu einem Kompromiß mit dem Hofe zurückzuführen.

Johann Gottfried Herder, Kopie nach dem Gemälde von Friedrich Rehberg, um 1784

Erst Goethes Krise im Jahre 1782 ermöglicht eine neue geistige Koalition zwischen beiden, die ohne Zweifel ein latent politisches Vorzeichen hat. Wie Goethe hinsichtlich seiner politischen Praxis desillusioniert ist, so ist Herder mit seinen kirchen- und schulreformatorischen Plänen steckengeblieben und dadurch in seiner adelsfeindlichen, antiabsolutistischen Gesinnung noch bestärkt worden. Die gemeinsame politische Enttäuschung bildet den Hintergrund des an Goethes Geburtstag 1783 neu geschlossenen Freundschaftsbundes, in dem an die Stelle des alten Lehrer-Schüler-Verhältnisses eine echte Partnerschaft tritt.

Herders Hauptwerk der Weimarer Zeit – unter einer kaum zu überblickenden Fülle von Schriften und Anthologien aus nahezu allen Wissensbereichen der Zeit – sind die *Ideen zur Philosophie der Geschichte der Menschheit*, welche seit 1784 erscheinen und nach dem

»Ich habe gefunden weder Gold noch Silber, aber was mir eine unsägliche Freude macht – das os intermaxillare des Menschen! [...] Nur bitt' ich Dich, laß Dir nichts merken, denn es muß geheim behandelt werden. Es soll dich auch recht herzlich freuen, denn es ist wie der Schlußstein zum Menschen, fehlt nicht, ist auch da!« Brief an Herder, 27.3.1784

vierten Teil (1791) abgebrochen werden; sie erfahren eine gewisse Fortsetzung in den *Briefen zur Beförderung der Humanität* (seit 1793). Die ersten Teile der Ideen sind ein Zeugnis der neubelebten Freundschaft mit Goethe, der an ihnen lebhaft Anteil genommen hat. Herders Hauptwerk geht von der Überzeugung aus, daß auch die »Geschichte der Menschheit« eine Philosophie haben müsse. Was Herder in den *Ideen* leistet, ist die Entfaltung eines Weltbildes, das Natur und Geschichte als gesetzmäßige Einheit und Entwicklungszusammenhang umgreift. Die »Menschengeschichte« steht in enger und vielfältiger genetischer Beziehung zum Pflanzen- und Tierreich.

Diesen Ideen ist Goethes beginnende Naturforschung tief verpflichtet. Obwohl er sich schon in früheren Jahren mit naturwissenschaftlichen Fragen befaßt hat, beginnt seine systematische Forschung doch erst um 1780. Später, in der *Geschichte seiner botanischen Studien* (1817) hat er diese Tatsache auf seine amtliche Tätigkeit zurückgeführt; seine Beschäftigung mit Fragen des Bergbaus, des Forstwesens, der Holzkultur etc. habe den Anstoß gegeben zu vielfältiger Beschäftigung mit naturwissenschaftlichen Problemen. Die Forschung setzt zugleich auf mehreren Gebieten ein: Geologie und Mineralogie, Botanik und Osteologie. Bedeutendstes Dokument des geologischen Interesses ist der Aufsatz *Über den Granit* (1784), der eine Vorstudie für einen seit 1781 geplanten Roman *Über das Weltall* sein sollte. Der Granit ist für Goethe das Urgestein und daher die durch nichts, durch keine vulkanische Katastrophe zu erschütternde »Grundfeste unserer Erde«, deren Kruste sich durch Sedimentation von Kristallen des zurückströmenden Urmeeres gebildet habe. An dieser seinerzeit sogenannten »neptunistischen« Glauben hat er sein Leben lang festgehalten – in Opposition gegen die »vulkanistische« Theorie, welche die Erdformation auf Feuer, Vulkanausbrüche und Erdbeben zurückführte. Goethes Neptunismus korrespondiert – ausdrücklich – mit seiner Abneigung gegen revolutionäre Erklärungen und Tendenzen in der Geschichte.

Handzeichnung Goethes zur »Zwischenkieferdemonstration«

Vulkanismus und Revolution hat er seit 1789 immer wieder miteinander verglichen.

Die Beschäftigung mit Botanik und Osteologie verbindet Goethe besonders eng mit dem Verfasser der *Ideen.* Seine vermeintliche Entdeckung (in Wirklichkeit Wiederentdeckung) des Zwischenkieferknochens beim Menschen hat er ausdrücklich als Beitrag zur Herderschen Entwicklungslehre verstanden. Jener »famose Knochen«, das Os intermaxillare, das alle Wirbeltiere haben (so auch der Mensch, wenngleich es bei ihm nicht mehr abgesondert, sondern mit dem Oberkiefer verwachsen und daher kaum mehr erkennbar ist), wurde von den zeitgenössischen Anatomen dem Menschen abgesprochen. Man sah darin ein – theologisch interpretiertes – Stigma, durch das sich der Mensch vom Tier unterscheide, den Keil zwischen Bestialität und Vernunft.

Goethes Wiederentdeckung dieses Knochens, die, wie er in seinem Brief vom 27. März 1784 Herder gesteht, »in Verbindung mit deinem Ganzen« gedacht ist, bedeutet, daß man den »Unterschied des Menschen vom Tier« nur im »Ganzen«, jedoch »in nichts einzelnem« finden kann. »Vielmehr ist der Mensch aufs nächste mit den Tieren verwandt.« In physischer Hinsicht ist der Mensch nur »eine Schattierung einer großen Harmonie« (an Knebel, 17. November 1784) – entsprechend der Überzeugung Herders, »daß die Natur bei der unendlichen Varietät, die sie liebet, alle Lebendigen unserer Erde nach Einem Hauptplasma der Organisation gebildet zu haben scheint«. Der Mensch als Glied in der Kette der Naturerscheinungen, die Idee universeller genetischer und morphologischer Verwandtschaft der organischen Wesen: das scheint schon vorauszuweisen auf die Entwicklungslehre Darwins, und in der Tat hat dieser selbst Goethe als Wegbereiter der Evolutionslehre angesehen.

»Wohin er auch die Blicke kehrt und wendet,/ Je mehr erstaunt er über Kunst und Pracht,/ Mit Vorsatz scheint der Reichtum hier verschwendet,/ Es scheint, als habe sich nur alles selbst gemacht./ Soll er sich wundern, daß das Werk vollendet?/ Soll er sich wundern, daß es so erdacht?/ Ihn dünkt, als fang' er erst, mit himmlischem Entzücken,/ Zu leben an in diesen Augenblicken.«
Die Geheimnisse

Nicht nur die Naturforschung, auch die Dichtung Goethes ist in den achtziger Jahren durch Herder vielfach inspiriert worden; am deutlichsten sind dessen Spuren in dem fragmentarischen Epos *Die Geheimnisse* (1784/85) zu finden. Die vorliegende Stanzenreihe führt den Leser nach Goethes eigener späterer Erläuterung des Gedichts auf einen »ideellen Montserrat«, der zwölf Rittermönche beherbergt; diese repräsentieren jeweils eine bestimmte Religion, die ganz im Sinne der *Ideen* in ihrer klimatischen und nationalen Besonderheit erscheinen soll. Oberhaupt des Ordens ist der Bruder »Humanus«; er verkörpert die reine Idee der Humanität, an der die Ritter und die durch sie dargestellten Religionen auf ihre spezifische Weise teilhaben. Jede Religion erreicht nach Goethe in ihrer Art einen Punkt der Vollendung, in dem sie sich mit dem durch Humanus verkörperten Geist »vollkommen vereinigt«. Dieses Nebeneinander von spezifischer, durch die einzelnen Mönche repräsentierter, und allgemeiner, durch Humanus dargestellter, Humanität entspricht genau der Humanitätskonzeption Herders. Dieser war einerseits vom Eigenwert der verschiedenen Entwicklungsstufen der Menschheit, anderseits jedoch von ihrem

Fortschritt überzeugt. Die spezifischen Gestalten der Humanität in der Geschichte haben doch deren ganze Fülle nicht ausgeschöpft, auf die hin die Geschichte sich im Prozeß zunehmender Humanisierung entwickelt. Eine Grundvorstellung, welche Herder und Goethe in dieser Zeit teilen.

Die Geheimnisse sind nicht für die Öffentlichkeit bestimmt gewesen. Der – in Goethes Gesamtwerk einmalige – esoterische, hermetische Charakter der Dichtung dokumentiert den völligen Rückzug des Dichters Goethe aus dem öffentlichen Leben, dem er nur noch mit der äußeren Schale seines Wesens angehört. Die Trennung seiner ›amtlichen‹ von seiner eigentlichen, auf Dichtung und Naturforschung konzentrierten Person scheint hier an die äußerste Grenze getrieben. Ein Schritt weiter kann nur der gänzliche Bruch mit der bisherigen – unglaubwürdig gewordenen – Existenz sein. Die Einsicht in die fragwürdige Preisgabe seines »poetischen Talents« zugunsten der »Realität« – einer Realität, für die sich dieses Opfer nicht gelohnt hat, da die höheren Ziele seiner amtlichen Tätigkeit sich als unerreichbar herausgestellt haben –, sie ist das eigentliche Motiv für seine »Flucht nach Italien«. Er selbst hat sie so Eckermann gegenüber bezeichnet (10. Februar 1829) und durch das elementare Bedürfnis begründet, »sich zu poetischer Produktivität wiederherzustellen«.

»[Bei einer Ausarbeitung des Fragments wäre man] gewahr geworden, daß die verschiedensten Denk- und Empfindungsweisen, welche in dem Menschen durch Atmosphäre, Landstrich, Völkerschaft, Bedürfnis, Gewohnheit entwickelt oder ihm eingedrückt werden, sich hier am Orte in ausgezeichneten Individuen darzustellen und die Begier nach höchster Ausbildung, obgleich einzeln unvollkommen, durch Zusammenleben würdig auszusprechen berufen seien. [... Dies] sollte in jenen zwölf Repräsentanten verkörpert und fixiert erscheinen, so daß man jede Anerkennung Gottes und der Tugend [...] aller Ehren, aller Liebe würdig müßte gefunden haben. Und nun konnte nach langem Zusammenleben Humanus gar wohl von ihnen scheiden, weil sein Geist sich in allen verkörpert, allen angehörig, keines eigenen irdischen Gewandes mehr bedarf.« *Die Geheimnisse*, Fragment eines Aufsatzes

1786 Tod Friedrich II., König von Preußen. Nachfolger wird Friedrich Wilhelm II. Uraufführung von Mozarts *Figaros Hochzeit*.
1787 Aufstand der Österreichischen Niederlande.

Johann Heinrich Lips: Goethe-Porträt im Medaillon, 1791

»Den 3. September früh drei Uhr stahl ich mich aus dem Karlsbad weg, man hätte mich sonst nicht fortgelassen. Man merkte wohl, daß ich fort wollte. Ich ließ mich aber nicht hindern, denn es war Zeit.« Tagebuch, 3.9.1786

Italienweh

Italien war Goethe schon seit frühester Kindheit durch die Erzählungen des Vaters und die von seiner Italienreise mitgebrachten Kupferstiche von Rom wohlvertraut. Auf der Schweizer Reise im Frühjahr und Sommer 1775 hatte er vom St. Gotthart den von ihm gezeichneten »Scheide-Blick nach Italien« getan. Als die vom Herzog geschickte Kutsche, die ihn nach Weimar abholen sollte, nicht eintreffen wollte, machte er sich Ende Oktober schon kurzentschlossen auf den Weg in das Gelobte Land. Und in Mignons Lied »Kennst du das Land, wo die Zitronen blühn« aus *Wilhelm Meisters theatralische Sendung* hat er dem »Italienweh« der Zeit (Wilhelm Heinse) repräsentativen Ausdruck verliehen. »Das Ziel meiner innigsten Sehnsucht, deren Qual mein ganzes Inneres erfüllte, war Italien, dessen Bild und Gleichnis mir viele Jahre vergebens vorschwebte, bis ich endlich durch kühnen Entschluß die wirkliche Gegenwart zu fassen mich erdreistete.«

Nun war es so weit. Von einer Badereise nach Karlsbad bricht Goethe am Morgen des 3. September 1786 nach Absprache mit dem Herzog heimlich gen Italien auf – ein großes Paket mit seinen unvollendeten Werken im Gepäck. Verona, Vicenza und Venedig sind die Hauptstationen, bis er schließlich das eigentliche Ziel Rom erreicht. Vier Monate bleibt er hier. Dann – im Februar 1787 – entschließt er sich zur Reise in den Süden Italiens. Vier Wochen hält er sich in Neapel auf und besteigt mehrmals den Ve-

»Goethe am Fenster in seiner Wohnung in Rom«, Johann Heinrich Wilhelm Tischbein (1787)

suv. Ende März setzt er mit einem Schiff nach Sizilien über. Im Juni kehrt er für ein fast volles Jahr nach Rom zurück. Unter Tränen verläßt er die Stadt, in der er »das erste Mal unbedingt glücklich war«, wie er an Herder schreibt. Kurz nach Ostern 1788 tritt er über Siena, Florenz und Mailand die zweimonatige Rückreise nach Weimar an. Am 18. Juni trifft er dort wieder ein.

Goethe-Gedenktafel am Gardasee

»Gegenwart des klassischen Bodens«

»Ich darf wohl sagen: ich habe mich in dieser anderthalbjährigen Einsamkeit selbst wiedergefunden; aber als was? – Als Künstler!« So schreibt Goethe kurz vor seiner Rückkehr nach Weimar aus Rom an den Herzog (17./18. März 1788). Unmißverständlich gibt er ihm zu verstehen, daß seine neue Existenz in Weimar eine wesentlich andere Signatur tragen wird als die voritalienische. Hatte er den Künstler einst, bei der ersten Begegnung mit Carl August in Frankfurt, hinter dem aufs Praktisch-Nützliche ausgerichteten homo politicus bewußt versteckt, so heißt es nun gegen Ende der autobiographischen Schrift *Zweiter römischer Aufenthalt* (1829): »Täglich wird mir's deutlicher, daß ich eigentlich zur Dichtkunst geboren bin.« Oder einige Seiten später: »In Rom hab ich mich selbst zuerst gefunden, ich bin zuerst

»Ja, ich bin endlich in dieser Hauptstadt der Welt angelangt! [...] Nun bin ich hier und ruhig und, wie es scheint, auf mein ganzes Leben beruhigt. Denn es geht, man darf wohl sagen, ein neues Leben an, wenn man das Ganze mit Augen sieht, das man teilweise in- und auswendig kennt. Alle Träume meiner Jugend seh' ich nun lebendig; die ersten Kupferbilder, deren ich mich erinnere, seh' ich nun in Wahrheit, und alles, was ich in Gemälden und Zeichnungen, Kupfern und Holzschnitten, in Gips und Kork schon lange gekannt, steht nun beisammen vor mir; wohin ich gehe, finde ich eine Bekanntschaft in einer neuen Welt, es ist alles wie ich mir's dachte und alles neu.« *Italienische Reise*

Venedig, Handzeichnung Goethes

übereinstimmend mit mir selbst glücklich und vernünftig geworden.«

Dieses Finden, Wiederfinden seiner selbst ist der Grund seines freudigen Überschwangs, des elementaren Gefühls der Befreiung. Von der Lösung einer »langen Stockung«, einer »Reinigung der Seele und des Geistes« redet Goethe in seinen Aufzeichnungen über die Italienreise. Die Idee der »Wiedergeburt«, eines »neuen Lebens« ist geradezu *das* Leitmotiv des dreißig Jahre später entstandenen, auf Briefe und Tagebuchnotizen gestützten autobiographischen Berichts über die *Italienische Reise* (1816/17).

Anfänglich wollte er die »Lehren« der Kunst Italiens, zumindest der Baukunst, nur »wie die Regeln einer ausgestorbnen Sprache studieren«, um »die ehrwürdige und ewig abgeschiedne Existenz der vergangnen Zeitalter in einem stillen Gemüt zu verehren« (Reisetagebuch vom 10. Oktober 1786). Das ist gewissermaßen die Haltung, in der Goethe auf Tischbeins berühmtem Ölgemälde *Goethe in der Campagna* (1787) dargestellt ist – auf den Blöcken eines Obelisken ruhend, vor den Ruinen eines Tempels und bei einem efeuumrankten Relief mit einer Szene aus *Iphigenie auf Tauris*. »Auf denen Ruinen, wo vor diesem so große Taten geschahen, scheint ein lebendiger Mann erst recht groß«, hat Tischbein an Lavater geschrieben; in diesem Sinne habe er Goethes Porträt angefangen, »wie er auf denen Ruinen sitzet und über das Schicksal der menschlichen Werke nachdenket«.

»Goethe in der Campagna«, Ölgemälde von Johann Heinrich Wilhelm Tischbein, 1786/87

Je weiter Goethe reist, desto mehr wird das Gewesene für ihn indessen zu reiner Anwesenheit. »Von der »Gegenwart des klassischen Bodens«, der Gewißheit, »daß hier das Große war, ist und sein wird«, ist im *Zweiten römischen Aufenthalt* die Rede. Diese Äußerung mit ihrem programmatischen Klang stammt freilich nicht aus der Zeit der Italienreise selber, sondern steht im späteren autobiographischen »Bericht« (zum Dezember 1787), dem erst 1829 erschienenen dritten Teil der *Italienischen Reise*. Jene Äußerung stellt – aus dem Abstand von vier Jahrzehnten – eine Mythisierung des Italienerlebnisses dar, das nicht nur die persönliche »Wiedergeburt« des lange sich selbst entfremdeten Künstlers Goethe bedeutet, sondern auch in einem überindividuellen Sinne die »Renaissance« des Antiken als des zeitlos gültigen ästhetischen Paradigmas – eben des »Klassischen«, das nun dezidiert, wenn auch unausgesprochen, gegen die zeitgenössische romantische Bewegung ausgespielt wird.

»Italia und Germania«, Gemälde von Friedrich Overbeck, 1828

Überwindung des Subjektivismus

Trotz seiner erhöhten Lebensstimmung vermeidet Goethe in Italien alle subjektive Spiegelung der Dinge im eigenen Gemüt. Alles komme darauf an, »die Sachen um ihrer selbst willen zu sehen, ... das Gebildete und Hervorgebrachte nicht nach dem Effekt, den es auf uns macht, sondern nach seinem innern Werte zu beurteilen« (an Herzogin Louise, 23. Dezember 1786). Für dieses Vermögen, »alle Dinge wie sie sind zu sehen«, hat Goethe in der *Italienischen Reise* die schöne Formel gefunden, »das Auge licht sein zu lassen«. Heinrich Heine hat ganz zu Recht im dritten Teil der *Nordsee* (1827) bemerkt, Goethes *Italienische Reise* unterscheide sich von anderen Reiseberichten dadurch, daß er »nirgends die Dinge mit seiner Gemütsstim-

Muro Torto, Handzeichnung Goethes

mung koloriert und uns Land und Menschen schildert, in den wahren Umrissen und wahren Farben, womit sie Gott umkleidet«.

Die ›Dinge‹ sind aber nicht nur die Gegenstände der Kunst, sondern ebenso die Erscheinungen der Natur. Die Parallelität, ja Identität der Natur- und Kunstgesetze ist geradezu das Hauptthema der *Italienischen Reise*. »Nun ist mir Baukunst und Bildhauerkunst und Malerei wie Mineralogie, Botanik und Zoologie.« Solche und ähnliche Äußerungen kehren in den Briefen aus Italien regelmäßig wieder. Ihre großartigste Formulierung hat die ihnen zugrundeliegende Einsicht im *Zweiten römischen Aufenthalt* (6. September 1787) gefunden: »Diese hohen Kunstwerke sind zugleich als die höchsten Naturwerke von Menschen nach wahren und natürlichen Gesetzen hervorgebracht worden. Alles Willkürliche, Eingebildete fällt zusammen, da ist Notwendigkeit, da ist Gott.«

»Unterläßt ein solcher Künstler [der Manier], sich an die Natur zu halten und an die Natur zu denken, so wird er sich immer mehr von der Grundfeste der Kunst entfernen, seine Manier wird immer leerer und unbedeutender werden, je weiter sie sich von der einfachen Nachahmung und von dem Stil entfernt.«
Einfache Nachahmung der Natur, Manier, Stil

Die Berufung auf die Natur bedeutet mithin die entschiedene Absage an jeglichen Subjektivismus, das Offensein für die reine Offenbarung der Dinge in ihrer immanenten Gesetzlichkeit. Auf ihr beruht, was Goethe in seinem Aufsatz *Einfache Nachahmung der Natur, Manier, Stil*, den er 1789 in Wielands »Teutschem Merkur« als eine Art Konzentrat seiner in Ita-

Römische Landschaft, Handzeichnung Goethes

Andrea Palladio, Villa Almerico Capra (La Rotonda), 1566/67

lien gewonnenen Kunstanschauungen veröffentlichen wird, nunmehr »Stil« nennt – im Unterschied zur Subjektivität der »Manier« und zur »gleichsam im Vorhofe des Stils« arbeitenden »einfachen Nachahmung«. Die während der Italienischen Reise sich herausbildende Kunstanschauung Goethes ist unablösbar mit zwei Namen verbunden: Winckelmann – mit dem er zwar schon durch Oeser in Leipzig bekannt geworden ist, dessen Schriften er jedoch erst in Italien systematisch studiert – und Andrea Palladio, dessen klassizistische Baukunst das zentrale künstlerische Erlebnis seiner Italienreise ist.

»Goethe war mir durch Ihnen und seine anderen Freunde schon ziemlich bekannt, und habe ihn eben so gefunden, wie ich mir ihn dachte. Nur die große Gesetztheit und Ruhe hätte ich mir in dem lebhaften Empfinder nicht denken können. [... Beeindruckend ist] sein einfaches Leben. Er begehrte von mir ein klein Stübchen worin er schlafen und ungehindert arbeiten könnte, und ein ganz einfaches Essen, das ich ihm leicht verschaffen konnte, weil er mit so wenigem begnügt ist. Da sitzet er nun jetzo und arbeitet des Morgens um seine Iphigenia fertig zu machen, dann gehet er aus und siehet die großen hiesigen Kunstwerke.« Tischbein an Lavater, Dezember 1786

Das andere Italien

Obwohl Goethe in Italien vieles nicht sehen und würdigen wollte, was in seinen neuen ästhetischen Horizont nicht paßte, hat ihm doch die Faszination der Renaissancekunst, der reinen und bestimmten Form nicht grundsätzlich den Blick auf die Gegenwelten derselben verstellt – in der Kunst (das zeigt die Faszination durch die Tempel in Paestum und Michelangelos *Sixtinische Kapelle*) wie in der Realität. So wie er den Neapolitaner, der ständig in dem »ungeheuren Gegensatz« des »Schönen« der Landschaft und des »Schrecklichen« der Vulkanausbrüche leben muß, als einen Menschen charakterisiert, der »sich zwischen Gott und Satan eingeklemmt« fühlt, so hat auch Goethe durchaus die Spannung zwischen »Paradies« und »Hölle« auszuhalten versucht, wie das Leitmotiv des Vulkanischen in der *Italienischen Reise* spüren läßt.

Bereits in Rom ist immer wieder von der drohenden Gefahr des Vulkanausbruchs die Rede, welche ständig »die Wohnenden und Genießenden aufschreckt und irremacht« (16. Februar 1787), und mit der Beschreibung dieser Gefahr verbindet Goethe – »um auch

Vesuvausbruch, Aquarellzeichnung Goethes (1787)

Schatten in meine Gemälde zu bringen« – den Hinweis auf die Abgründe Roms und Italiens, die seine Kunstwelt unterminieren: Verbrechen, Mord, Unglück, Naturkatastrophen. (Auch an Winckelmanns Ermordung wird in diesem Zusammenhang ohne Beschönigung erinnert.) »Es ist in dem Augenblick, als wenn alle Kunstschätze Roms zunichte würden; die sämtlichen Fremden durchbrechen den Lauf ihrer Betrachtungen und eilen nach Neapel«, um den Lavafluß zu erleben (24. November / 2. Dezember 1787). Die grandiose Schilderung des nächtlichen Vulkanausbruchs wird eine der letzten Seiten der *Italienischen Reise* füllen.

Die Gewalt des Elementaren als Kontrapunkt der klassisch-geschlossenen Formenwelt kommt auch in der 1788 verfaßten Schilderung des *Römischen Karneval* zum Ausdruck. Der Karneval, der auf die »Saturnalien« zurückgeht, welche im alten Rom als Reminiszenz an das Goldene Zeitalter Saturns gefeiert wurden, gewährt den Römern für die Zeit seiner Dauer die »Privilegien« der Freiheit und Gleichheit, wie sie in jenem mythischen Zeitalter geherrscht haben sollen. »Der Unterschied zwischen Hohen und Niedern scheint einen Augenblick aufgehoben: alles nähert sich einander«; »fast alles« scheint »erlaubt«, außer körperlicher Gewalttätigkeit, in die der Rausch des Volkes freilich oft genug umzuschlagen droht. Goethe hat die mögliche Nähe von Gewalt und Katastrophe in diesem »modernen Saturnal«, dem »Fest allgemeiner Freiheit und Losgebundenheit«, mit einem gewissen Grauen empfunden. Wenn er am Ende bemerkt, »daß Freiheit und Gleichheit nur in dem Taumel des Wahnsinns genossen werden können«, so wirft – 1788 – die Französische Revolution ihre Schatten voraus.

Sizilien im Lichte Homers

Die »Schatten« in Goethes Italiengemälde lassen daran zweifeln, daß ihm die chaotischen und unerfreulichen Seiten des Landes wirklich entgangen sind, daß er zumal die katastrophale gesellschaftliche Realität Siziliens ganz einfach übersehen hat. Dennoch stehen das geschilderte Kampanien und Sizilien nur als antike Wunschlandschaften, als »Paradies« (16. April 1787) vor uns. Die ganze *Italienische Reise* wird ja durch ihr ursprüngliches Motto »Auch ich in Arkadien!« zu jener seit Vergil so genannten utopischen Glückslandschaft stilisiert, die den traditionellen Schauplatz der Hirtenidylle bildet. Goethe erlebt Sizilien, die »Insel der seligen Phäaken« (7. April 1787) als ein wiedergeborener Odysseus, inspiriert durch Reminiszenzen an Homer, von dem er sich in Palermo eine griechisch-lateinische Parallelausgabe kauft.

Sizilianische Landschaft, Handzeichnung Goethes

Der Plan der Fragment gebliebenen *Nausikaa*-Tragödie bildet bezeichnenderweise den Mittelpunkt des Sizilien-Kapitels. »Es war in dieser Komposition nichts«, schreibt Goethe »aus der Erinnerung« zum 8. Mai 1787, »was ich nicht aus eignen Erfahrungen nach der Natur hätte ausmalen können.« Er habe sich selbst als eine Art Odysseus gefühlt: wie dieser »auf der Reise«, immerzu in Gefahr, gefährliche Neigungen zu erregen, und in der Situation, die Gesellschaft mit seinen Reiseabenteuern zu unterhalten, dabei aber »von der Jugend für einen Halbgott, von gesetztern Personen für einen Aufschneider gehalten zu werden«. All das habe ihm ein starkes »Attachement« an den *Nausikaa*-Plan gegeben.

Folgende Seite: Heinrich Meyer, Zeichnung von J. Schmeller, ca. 1825; Karl Philip Moritz, Gemälde von F. Rehberg, 1790; Angelika Kauffmann, Selbstporträt, 1794; Philipp Hackert, Gemälde von A. Nicodemo, 1797

Freundschaften und literarische Arbeit

Goethe war in Italien kein Einzelgänger. Zumal der *Zweite Römische Aufenthalt* läßt den intensiven geistigen Austausch mit seinem italienischen Freundeskreis deutlich hervortreten. Dazu gehören u.a. der Komponist Philipp Christoph Kayser, die Maler Angelika Kauffmann, Philipp Hackert und Wilhelm Tischbein. Die beiden wohl wichtigsten und folgenreichsten römischen Begegnungen aber sind diejenigen mit dem Kunstschriftsteller Johann Heinrich Meyer, den Goethe 1792 als engsten künstlerischen Berater nach Weimar berufen wird, und Karl Philipp Moritz, dem Verfasser des autobiographischen Romans *Anton Reiser* (1785/90). Moritz hat durch seinen *Versuch einer deutschen Prosodie* (1786) Goethe nach dessen eigenem Geständnis erst den Mut gegeben, seine *Iphigenie* aus der »schlotternden Prosa« der Urfassung in Jamben zu übertragen. Das bedeutendste Zeugnis seiner Zusammenarbeit mit Moritz stellt dessen Traktat *Über die bildende Nachahmung des Schönen* (1788) dar, aus dem Goethe einen Auszug im *Zweiten römischen Aufenthalt* abgedruckt hat. Mit seiner Bestimmung des »Schönen« als »Vollendung in sich selbst« ist Moritz unmittelbar zum Vorläufer Kants geworden: der wohl erste Ästhetiker, der den Gedanken der Autonomie des Kunstwerks deutlich formuliert hat.

Goethes ästhetische Katharsis in Italien hat ihre schöpferischen-poetischen Folgen überwiegend erst einige Jahre nach der Rückkehr auf deutschen Boden gezeitigt. Die Fülle der Eindrücke der italienischen Landschaft, Zivilisation und Kunst sowie das Schwanken zwischen der Berufung zum Dichter oder zum bildenden Künstler (wie sehr er sich eine Zeitlang als solcher gefühlt hat, belegt eine Fülle von Skizzen und Zeichnungen aus Italien) hat Goethe nur wenig Zeit für poetisches Produzieren gelassen. Gänzlich Neues entsteht kaum. Das entspricht freilich seiner eigenen Intention: er betrachtet es als seine Hauptaufgabe, »meine älteren Sachen fertig« zu machen – im Sinne einer »Rekapitulation meines Lebens und meiner Kunst« an den Herzog, 11. August 1787).

Als Göschen die erste Gesamtausgabe von *Goethes Schriften* (Leipzig 1787–1790) plante, kam dem Autor zu Bewußtsein, wie viel er während seiner zehn Jahre in Weimar begonnen, wie wenig er fertiggestellt hatte, wie vieles noch in unvollkommener Form liegengeblieben war. Deshalb der Abschluß der Vers-*Iphigenie* und des *Egmont*, die Beinahe-Vollendung des *Tasso* und die Arbeit am *Faust*. Hinzu kommt (in Verbindung mit dem Komponisten Christoph Kayser) die metrische Neufassung der alten Frankfurter Singspiele *Erwin und Elmire* und *Claudine von Villa Bella* nach dem Modell der Opera buffa. Goethes Bemühungen um Singspiel und Oper während der Italienischen Reise stehen in Zusammenhang mit seinen lebhaften Eindrücken von der Musik Italiens. Zu kaum einer Zeit seines Lebens hat Goethe sich mehr mit Musik befaßt als während des zweiten römischen Winters.

Der »Abschied aus Rom« ist Goethe tief zu Herzen gegangen. In den letzten römischen Tagen soll er wiederholt in Tränen ausgebrochen sein. Die Abschiedsnacht gestaltet er am Ende des *Zweiten römischen Aufenthalts* – in ausdrücklicher Reminiszenz an Ovid, dessen Elegie den Schluß des autobiographischen Werks bildet – als Gang ins Exil. Auf der Rückreise nach Weimar und in den ersten Monaten seines neuen – verwaisten – Lebens dortselbst schreibt er bezeichnenderweise die Tragödie des verbannten Tasso zuende. Ovid hatte seine Heimat verlassen müssen, und er schrieb jene Elegie in der Verbannung »weit hinten am Schwarzen Meere«, wie Goethe bemerkt, während er selber im Gegenteil in die Heimat zurückkehrt. Aber eben diese Heimat wird ihm zum Exil, die Fremde zur verlorenen Heimat.

Karl Philipp Moritz über die ästhetische Autonomie

»Die Natur des Schönen besteht ja eben darin, daß sein innres Wesen außer den Grenzen der Denkkraft, in seiner Entstehung, in seinem eignen Werden liegt. Eben darum, weil die Denkkraft beim Schönen nicht mehr fragen kann, warum es schön sei ist es schön. – Denn es mangelt ja der Denkkraft völlig an einem Vergleichungspunkte, wornach sie das Schöne beurteilen und betrachten könnte. Was gibt es noch für einen Vergleichungspunkt für das echte Schöne, als mit dem Inbegriff aller harmonischen Verhältnisse des großen Ganzen der Natur, die keine Denkkraft umfassen kann? [...] Das Schöne kann daher nicht erkannt, es muß hervorgebracht – oder empfunden werden.«
Über die bildende Nachahmung des Schönen

Goethe und sein Freundeskreis, Johann Georg Schütz

Goethe lesend, im Hintergrund der Frauenplan, um 1790

IPHIGENIE:
Heraus in eure Schatten, rege Wipfel /
Des alten, heilgen, dichtbelaubten Haines, /
Wie in der Göttin stilles Heiligtum, /
Tret ich noch jetzt mit schauderndem Gefühl, /
Als wenn ich sie zum erstenmal beträte /
Und es gewöhnt sich nicht mein Geist hierher. /
[...]
Denn ach mich trennt das Meer von den Geliebten /
Und an den Ufern steh ich lange Tage, /
Das Land der Griechen mit der Seele suchend[.]
Iphigenie auf Tauris, 1. Aufzug

Iphigenie auf Tauris oder die Humanisierung des Mythos

Das wichtigste poetische Ergebnis der Italienischen Reise ist zweifellos der Abschluß der Versfassung von *Iphigenie auf Tauris* und die Vollendung des *Egmont* 1786 und 1787. Beide Dramen haben Goethe fast während des ganzen ersten Weimarer Jahrzehnts beschäftigt, und sie sind wohl dessen bedeutendstes künstlerisches, aber auch ethisches und politisches Vermächtnis. *Iphigenie* ist überschattet vom Bewußtsein, daß die Zeit des Schönen, nämlich die große Zeit Griechenlands, vorüber ist. Iphigenie wie Orest und Pylades fühlen sich als Repräsentanten einer Spätzeit, die sehnsüchtig-bewundernd zu den Heroen der Vergangenheit zurückblickt. Das ist der moderne, sentimentalisch-romantische Grundzug des Stücks, den zumal Schiller so stark empfunden hat. »Er bewies mir«, berichtet Goethe später Eckermann (21. März 1830), »daß ich selber wider Willen romantisch sei und meine *Iphigenie*, durch das Vorwalten der Empfindung, keineswegs so klassisch und im antiken Sinne sei, als man vielleicht glauben möchte.«

Dieses ›Vorwalten der Empfindung‹ drückt sich gleich in Iphigenies Eingangsmonolog aus, befindet sie sich doch im Exil – »das Land der Griechen mit der Seele suchend«. Diana hat sie einst nach Tauris entrückt, als sie im Hafen von Aulis der Göttin geopfert werden sollte, um diese für die Überfahrt der Griechen nach Troja günstig zu stimmen. Der Schauplatz des Dramas ist also die Fremde. Sie aber bedeutet für Iphigenie den Verlust »selbstbewußten Lebens«, der Selbstbestimmung ihrer Person. Die Situation des Exils wird für sie identisch mit der herkömmlichen Rolle der Frau, gegen die sie immer wieder aufbegehrt. »Ich bin so frei geboren als ein Mann.« Der Schutzwall ihrer Selbstbestimmung ist ihre Jungfräulichkeit. Sie verwirft die Ehe mit dem Taurerkönig Thoas, weil sie durch diese Bindung für immer von der Heimat ferngehalten würde und weil sie sich überhaupt gegen die Rolle der Frau im weithin glück- und ehrlosen Schatten

Iphigenie mit Orest und Pylades, Kreidezeichnung von Angelika Kauffmann (1787)

des Mannes sträubt. Die entschlossene Selbstbewahrung ihrer Person prägt ihr Verhältnis zu Göttern wie Menschen, hat ethische, religiöse wie politische Aspekte.

Über dem ganzen Drama lastet die Drohung des Menschenopfers. Vor diesem hat die Göttin Iphigenie einst durch ihre Entrückung nach Tauris gerettet. Aber hier soll ausgerechnet die Gerettete als Priesterin alle auf die Insel verschlagenen Fremden Diana zum Opfer bringen. Zwar hat sie Thoas dazu bewegen können, auf dieses grausame Ritual zu verzichten, doch droht seine Wiederkehr, wenn Iphigenie die Hand des Königs ausschlägt.

Iphigenie wähnt sich lange in gänzlichem Einvernehmen mit den Göttern, glaubt, daß diese ihre Familie, ihren Vater Agamemnon, ihre Mutter und Geschwister ebenso glücklich bewahrt haben, wie Diana sie selber gerettet hat. Zug um Zug wird indessen dieser optimistische Glaube zunichte gemacht. Sie muß durch ihren – aufgrund eines zweideutigen Orakels nach Tauris gelangten – Bruder Orest erfahren, daß der geliebte Vater durch die eigene Gattin ermordet, diese von ihrem Sohn erschlagen worden ist – ganz im Stile ihrer Vorfahren, der meuchelmörderischen Tantaliden. Und nun soll sie auch noch – so verlangt es Pylades, der Freund ihres Bruders Orest – König Thoas vorlügen, das Kultbild der Diana, der Schwester Apolls, müsse ans Meer gebracht werden, um dort kultisch gereinigt zu werden – in Wirklichkeit: damit die Griechen es rauben können. Die Entführung des Kultbilds ist nämlich die vermeintliche Bedingung der Rettung Orests vor den Erinnyen, den Rächerinnen des Muttermords,

Aufführung von Goethes *Iphigenie* (1779) mit Goethe in der Rolle des Orest. Gemälde von Georg Melchior Kraus

und seiner Heilung vom Wahnsinn. Als Iphigenie also durch die von ihr verlangte Lüge ebenfalls in den Zwangszusammenhang des Verbrechens ihrer Vorfahren hineingezogen zu werden droht, erwacht ihr Zweifel am sinnvollen Walten der Götter. In dieser Situation am Ende des vierten Aufzugs singt sie das dunkel-aufrührerische »Lied der Parzen« nach dem Sturz ihres Ahnherrn Tantalus.

Sollte die »taube Not« Iphigenie zum Verbrechen des Kultbildraubs und zum Betrug des Königs zwingen, dann wäre der Beweis für die Unentrinnbarkeit des Tantalidenfluchs, für die Vorherbestimmung auch Iphigenies zum Bösen erbracht. Dieser Fluch ist ein Symbol der Erbsünde, welche die Aufklärung als größtes theologisches Ärgernis empfunden hat, da sie eine Barriere ist, welche den Weg zur menschlichen Selbstbestimmung versperrt. Iphigenie sucht deshalb aus eigener Kraft, auf autonom menschlichem Wege den mythischen Erbzwang, die Kettenfolge des Verbrechens unter den Nachfahren des Tantalus aufzuheben. Das ist mit dem Begriff der »Entsühnung« des Tantalidenhauses gemeint. Auf diese Durchbrechung der Kettenfolge des Verbrechens beziehen sich zweifellos auch die Verse, die Goethe am 31. März 1827 dem Orest-Darsteller Krüger in ein Exemplar der *Iphigenie* geschrieben hat: »Alle menschlichen Gebrechen / Sühnet reine Menschlichkeit.«

Die Bedingung der ›Entsühnung‹ ist ›Reinheit‹. Deshalb würde die Lüge den Sinn der Existenz Iphigenies zerstören! Diese eminente Bedeutung des Wahrheitsproblems verbindet Iphigenie mit Immanuel Kants Schrift *Über ein vermeintes Recht, aus Menschenliebe lügen* (1797) und seinem Traktat *Zum ewigen Frieden* (1795). Im Gegensatz zur höfisch-absolutistischen Verstellung werden hier Wahrheit und Aufrichtigkeit als »beste Politik« postuliert. Sie allein ermöglichen den ewigen Frieden, während die Verstellung den Krieg ins Unendliche fortsetzt. Allein Wahrheit ist Friede! Das ist die gemeinsame Grundüberzeugung Kants und Goethes. Was *Iphigenie* über Kants Traktat *Zum ewigen Frieden* aber hinaushebt, ist die Begründung von Wahrheit und Friede im ›Ewig Weiblichen‹. »Gewalt und List, der Männer höchster Ruhm« – Machiavelli, der große politische Theoretiker der Renaissance, hat sie im Bilde von Löwe und Fuchs als die beiden wichtigsten Triebkräfte der Politik bezeichnet – »Wird durch die Wahrheit dieser hohen Seele / Beschämt«, heißt es am Schluß der letzten Rede Orests.

Seit Bachofens epochemachendem Buch über das *Mutterrecht* (1861) ist der Atridenmythos, so wie ihn die *Orestie* von Aischylos dargestellt hat, als Kampf der untergehenden mutterrechtlichen Ordnung – deren Schützerinnen die Erinnyen seien – mit dem in der Heroenzeit aufkommenden und endlich siegenden Vaterrecht gedeutet worden. Anders das mythologische Modell von Goethes *Iphigenie*: hier weichen die Erinnyen – die Bachofen zufolge bei Aischylos als »Eumeniden« in die neue vaterrechtliche Ordnung integriert werden – nicht einem männlichen, sondern einem weiblichen Recht: dem Recht der Schwesterlichkeit, in der wir das Goethesche Pendant zur aufklärerisch-revolutionären Brüderlichkeit sehen dürfen; diese wie jene lösen eine despotische Vaterordnung ab. Die Lösung des Konflikts und des dramatischen Knotens überhaupt bringt erst die – von Goethe erfundene – ›Aufklärung‹ des Orakelspruchs, demzufolge sich dieser nicht auf das Kultbild der Schwester Apolls, sondern auf die Schwester Orests bezieht. Durch diese Umdeutung des Orakels wird der Einklang des göttlichen Gebots mit den Maßstäben menschlicher Moralität endgültig hergestellt.

Goethe hat seine *Iphigenie* in späteren Jahren, nämlich in seinem Brief an Schiller vom 19. Februar 1802 als »ganz verteufelt human« bezeichnet. Aus diesem Wort spricht die Skepsis gegenüber der realen Chance

»[In Goethes *Iphigenie*] ist nach meiner Empfindung eine so genaue griechische Sitte, Tugend und Denkungsart drinne, daß ich mich erst einige Zeit wieder in dem alten Griechenlande aufhalten müßte, um den wahren Wert davon zu fühlen und darnach zu urteilen. Die Verbindung des Simpeln und Hohen, des Wahren und Großen, sowohl in den Taten als in den Gedanken, die Herr Goethe so glücklich getroffen hat, habe ich beim Durchlesen mächtig gefühlet [...] Ich zweifle indessen doch, daß die *Iphigenie* bei der Vorstellung unser deutsches Publikum rühren werde. Dieses ist zu sehr von jenen Zeiten entfernt und durch die französische Zärtlichkeit zu verwöhnt, um sich zu ihr hinaufempfinden zu können. Es scheint mir durchaus ein Stück für Kenner zu sein, und wie wenig gibt es derer?«
Brief Justus Mösers an seine Tochter Jenny von Voigts, 20.7.1782

der Wahrheit, sich in einer durch das Revolutionszeitalter tiefgreifend veränderten Welt durchzusetzen. Schiller freilich hat auf Goethes skeptischen Brief in seiner Antwort vom 20. Januar 1802 bekannt: »Das, was Sie das Humane darin nennen«, werde die »Probe« auf dem Theater »besonders gut aushalten, und davon rate ich, nichts wegzunehmen.« Die Wirkungsgeschichte der *Iphigenie* hat ihm recht gegeben.

Egmont – Vom Mythos zur Zeitgeschichte

In eine völlig andere stilistische Welt als *Iphigenie* führt *Egmont*. Dort Blankvers, hier Prosa, dort Konzentration von Raum, Zeit, Handlung und Personenstand nach dem Muster der drei klassizistischen ›Einheiten‹, hier epische (›Shakespearesche‹) Szenenvielfalt mit verschiedenen Handlungs- und Realitätsebenen. Goethe hat mit seinem *Egmont* eine Art Mischgattung zwischen Schauspiel und Oper schaffen wollen. Er sah nicht nur für die Liedstrophen Klärchens, der weiblichen Hauptgestalt, sondern auch für die Einleitung und die Zwischenakte Musik vor, ja er wollte das Drama ursprünglich zusammen mit der Partitur veröffentlichen. In diesem Plan, für den er vergeblich auf den befreundeten Komponisten Philipp Christoph Kayser setzte, spiegelt sich sein lebhaftes Engagement für Singspiel und Oper in der Zeit der Italienischen Reise wider.

Plakat zu einer *Egmont*-Inszenierung am Leipziger Schauspielhaus von 1984

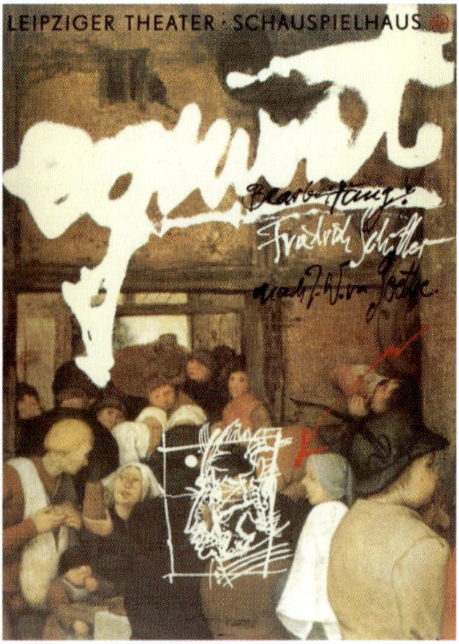

Schiller hat in seiner Rezension des Dramas von 1788 an dessen opernhaften Zügen Kritik geübt; das Schlußbild mit der Traumerscheinung Klärchens, Egmonts Geliebter, gar als »Salto mortale in eine Opernwelt« verworfen. In seiner Bühnenbearbeitung, die er auf Wunsch Goethes 1796 vorgenommen hat und in der das Stück lange gespielt wurde, hat er denn auch die meisten lyrischen Momente, die Lieder Klärchens und die melodramatische Traumvision am Ende eliminiert. In seinem Aufsatz *Über das deutsche Theater* (1815) hat Goethe Schillers »Redaktion« als »grausam« bezeichnet, an ihr jedoch trotz einiger Rückänderungen (so der Wiederherstellung der Traumvision) auch nach Schillers Tod festgehalten. Daß das 19. Jahrhundert mehr und mehr zur Originalfassung zurückkehrte, ist das Verdienst von Beethovens Musik zu *Egmont* op. 84 (1810). Daß gerade Beethoven die musikalische Tendenz des *Egmont* besonders tief nachempfinden konnte, zeigt die verwandte Kerkerszene seines *Fidelio* (1805/14). Florestan, der »in einer an Wahnsinn grenzenden, doch ruhigen Begeisterung« seine Gattin Leonore als »Engel« sieht, der ihn »zur Freiheit ins himmlische Reich« führt, wird zum Bruder Egmonts, dem im Gefängnis sein Klärchen ebenfalls in einer Vision als »Engel« erscheint, welcher ihn (nach dem Vorbild der Befreiung des Petrus in der *Apostelgeschichte* 5, 19) »durch die Nacht zur Freiheit führt«, ja dem sie sich in seinem allegorischen Traumbild in die Gestalt der »Freiheit in himmlischem Gewand« verwandelt.

Wilhelm Faßbender, Beethoven beim Komponieren im Studierzimmer

Die Entstehung des *Egmont* hat sich über zwölf Jahre hingezogen. So vermischen sich hier die divergierenden Stilelemente der Frankfurter Jahre (wie in den von Shakespeare inspirierten Volksszenen), der frühen Weimarer Zeit und der Italienischen Reise zu spannungsvoller Einheit. Bleiben die politischen Momente der *Iphigenie* weithin mythisch-symbolisch verschlüsselt, so treten sie im historischen Trauerspiel *Egmont* naturgemäß prononcierter hervor. Hier haben die politischen Erfahrungen Goethes während des ersten Weimarer Dezenniums ihren unmittelbaren poetischen Niederschlag gefunden. Im Gewand des geschichtlichen Schauspiels – Schiller hat den Stoff des 16. Jahrhunderts fast gleichzeitig in seiner *Geschichte des Ab-*

»Sie werden nächstens die Musik zu *Egmont* [...] erhalten, diesen herrlichen *Egmont*, den ich, indem ich ihn ebenso warm als ich ihn gelesen, wieder durch Sie gedacht, gefühlt und in Musik gegeben habe – ich wünsche sehr Ihr Urteil darüber zu wissen, auch der Tadel wird mir für mich und meine Kunst ersprießlich sein, und so gern wie das größte Lob aufgenommen werden – Euer Exzellenz Großer Verehrer Ludwig van Beethoven.«
Beethoven an Goethe, 12.4.1811

falls der vereinigten Niederlande von der spanischen Regierung (1788) als Historiker dargestellt – verbirgt sich ein Zeitstück von geradezu brennender Aktualität. Goethe selbst hat im *Zweiten Römischen Aufenthalt* auf die Parallele zwischen dem Abfall der Niederlande von der spanischen Monarchie im 16./17. Jahrhundert und den revolutionären Zeitereignissen in den Österreichischen Niederlanden hingewiesen. Noch Eckermann erfährt von Goethe am 10. Januar 1825, er habe in Rom in den Zeitungen gelesen, »daß die geschilderten revolutionären Szenen in den Niederlanden sich buchstäblich wiederholten. Ich sah daraus, ... daß meine Darstellung einiges Leben haben mußte«.

Kein Zweifel, daß Goethes Darstellung der Politik Philipp II. in den Niederlanden eine Kritik an der Expansionspolitik Joseph II. und an der bürokratisch-rationalistischen Staatsverwaltung des aufgeklärten Absolutismus enthält. Für seine überstürzten Reformen und machtpolitischen Anmaßungen erhielt der Kaiser nun in Brabant die Quittung. Das Scheitern der habsburgischen Politik vor allem in den Österreichischen Niederlanden bestätigte Goethe in seinem Urteil über den aufgeklärten Absolutismus, wie er es sich aufgrund seiner Lektüre der *Patriotischen Phantasien* von Justus Möser zueigen gemacht hatte, deren Einfluß gerade auf *Egmont* unverkennbar ist.

Goethe empfand seinen *Egmont* als eine Art poetischer Vorwegnahme der Ereignisse im Anschluß an die Reformen Joseph II. in den Österreichischen Niederlanden, die nach der Aufhebung der Belgischen Freiheiten in die Revolution von 1788 mündeten. Die Auseinandersetzung Egmonts mit Alba im vierten Aufzug greift die entscheidenden Streitpunkte zwischen dem alten wie neuen Kaiser und den belgischen Aufständischen auf. Nach Egmont »wünscht der Bürger seine alte Verfassung zu behalten, von seinen Landsleuten regiert zu werden« (Selbstverwaltung), während für Alba »nichts natürlicher [ist], als daß ein König durch sich zu herrschen gedenkt und denen seine Befehle am liebsten aufträgt, ... die seinen Willen unbedingt ausrichten« –

Egmonts Traumvision
[Egmont] entschläft; die Musik begleitet seinen Schlummer. Hinter seinem Lager scheint sich die Mauer zu öffnen, eine glänzende Erscheinung zeigt sich. Die Freiheit in himmlischem Gewande, von einer Klarheit umflossen, ruht auf einer Wolke. Sie hat die Züge von Klärchen und neigt sich gegen den schlafenden Helden. [...] Sie heißt ihn froh sein, und indem sie ihm andeutet, daß sein Tod den Provinzen die Freiheit verschaffen werde, erkennt sie ihn als Sieger und reicht ihm einen Lorbeerkranz. (*Egmont*, 5. Aufzug – Regieanweisung)

also einem zentralisierten Beamtenapparat, der freilich, so wiederum Egmont, »ohne Kenntnis des Landes und seiner Bedürfnisse nach Belieben schalten und walten« kann.

Es wäre gewiß verfehlt, Alba völlig zum Sprecher des aufgeklärten Absolutismus zu machen – in manchen Punkten verkörpert er dessen genaues Gegenteil –, aber kein Zweifel, daß Goethe ihm Worte in den Mund legt, die den Maximen Joseph II. genau entsprechen. Wenn Alba es als die »Absicht« des Königs bezeichnet, die Niederländer »zu ihrem eigenen Besten einzuschränken, ihr eigenes Heil, wenn's sein muß, ihnen aufzudringen«, wenn Egmont dieses Bestreben mit den Worten kommentiert: »Er will den inneren Kern ihrer Eigenheit verderben, gewiß in der Absicht, sie glücklicher zu machen«, damit sie »etwas werden, ein ander Etwas« – so liegt es fast näher, an den römischen Kaiser der Gegenwart als an den spanischen König der Vergangenheit zu denken.

Man hat sich oft gefragt, wie es zu erklären sei, daß Goethe in seinem 1787 abgeschlossenen *Egmont* die niederländische »Revolution« in einem durchaus vorteilhaften Licht erscheinen läßt, die Französische Revolution zwei Jahre später jedoch so schroff verurteilt. Kein Zweifel: Revolution und Revolution sind hier für Goethe zwei verschiedene Dinge. Der aus der Astronomie stammende Begriff ›Revolution‹ bedeutet ursprünglich den in sich zurückkehrenden kreisförmigen Umlauf der Gestirne und demgemäß die Wiederkehr der Zeiten: die Wiederherstellung des ›alten Rechts‹, eines durch Despotismus gestörten Rechtszustandes. Die Französische ›Revolution‹ hat diesem Begriff jedoch einen völlig neuen Sinn verliehen. Sie strebte danach, an die Stelle der komplizierten traditionellen Ordnung die einfachen, aus Naturrecht und reiner Vernunft abgeleiteten Gesetze treten zu lassen. Der Abfall der Niederlande ist demgegenüber eine Revolution im alteuropäischen Sinne: sie wird von ihren Führern verstanden als eine im Rahmen des konstitutionellen Widerstandsrechts verlaufende Erhebung gegen die zentralistisch-absolutistischen Bestrebungen des entstehenden neuzeitlichen Staates, im Namen der alten, nach historischem Recht gesicherten Lebensformen. In diesem Punkt hat Goethes Drama die geschichtliche Wahrheit vollkommen getroffen, so sehr er in der Zeichnung der Einzelcharaktere, zumal Egmonts, von der historischen Wahrheit abweicht. Auch der Unabhängigkeitskampf in den Österreichischen Niederlanden 1787/89 ist noch eine Revolution in der hergebrachten Bedeutung, mit der gleichzeitigen Französischen Revolution also keineswegs tendenzgleich.

ANTONIO:
Und wenn du ganz dich zu verlieren scheinst,/
Vergleiche dich! Erkenne was du bist!
TASSO:
Ja, du erinnerst mich zur rechten Zeit! –/
Hilft denn kein Beispiel der Geschichte mehr? / Stellt sich kein edler Mann mir vor die Augen, /
Der mehr gelitten als ich jemals litt, /
Damit ich mich mit ihm vergleichend fasse? /
Nein, *alles* ist dahin! – Nur *eines* bleibt: /
Die Träne hat uns die Natur verliehen, /
Den Schrei des Schmerzens, wenn der Mann zuletzt /
Es nicht mehr trägt – Und mir noch über alles – Sie ließ im Schmerz mir Melodie und Rede, /
Die tiefste Fülle meiner Not zu klagen: /
Und wenn der Mensch in seiner Qual verstummt, /
Gab mir ein Gott zu sagen, wie ich leide.
Torquato Tasso, 5. Aufzug

Torquato Tasso – Die Erfindung des Dichterdramas

Anders als *Iphigenie* und *Egmont* ist das dritte der großen Dramen, deren Konzeption noch ins erste Weimarer Dezennium fällt, erst nach der Rückkehr aus Italien vollendet worden: *Torquato Tasso*. Mit ihm kehrt Goethe in die Welt des klassisch-geschlossenen Dramas zurück. *Tasso* ist ein Kammerspiel für fünf Personen, sein einziger Schauplatz das Lustschloß Belriguardo. In seiner an der klassizistischen französischen Tragödie geschulten Formstrenge spiegelt sich jene ›vornehme‹ Disziplin des Gefühlslebens, die strenge Affektkontrolle der höfischen Zivilisation wider. Goethe hat hier zweifellos eigene Erfahrungen aus der ersten Weimarer Zeit zur Darstellung gebracht: die Kollision des ›Sturm und Drang‹, der sich gerade die Emanzipation des Gefühls von den Affektzwängen der höfischen Zivilisation zum Zweck gesetzt hatte, mit der »Musik« des »Hoflebens ..., wo jeder seine Takte und Pausen halten muß« (Goethe zu Eckermann, 16. August 1824).

Tasso ist das erste echte Künstler- und Dichterdrama der Weltliteratur. Die Handlung wird gewissermaßen am fiktiven Schnittpunkt zweier Zeitalter angesiedelt. Auf der einen Seite stehen die Repräsentationsansprüche der traditionellen höfischen Gesellschaft, auf der anderen die auf Autonomie pochende moderne Dichterexistenz. Tasso selber – der fiktive, nicht der historische Dichter – spiegelt authentisch die Existenzproblematik des höfisch-bürgerlichen Künstlers am Ausgang des Ancien Régime. Die »Disproportion des Talents mit dem Leben«, die Goethe Caroline von Herder gegenüber als den »eigentlichen Sinn« seines *Tasso* bezeichnet hat, ist – zumindest *auch* – eine Disproportion zwischen dem ästhetischen Anspruch des modernen Dichters und dem traditionellen sozialen Gefüge, in dem er sich bewegt.

Torquato Tasso, Kupferstich von Gustav Heinrich Naeke

Tassos Zerrissenheit ist freilich nicht nur sozial-, sondern ebensowohl individualpsychologisch zu begründen. Der historische Tasso galt schon lange vor Goethe als typischer Repräsentant der Künstlermelancholie. Bereits Montaigne hat ihn in diesem Sinne porträtiert. Auch das Psychogramm des Goetheschen Tasso zeigt eine Fülle von Symptomen, welche die Humoralpathologie von jeher dem melancholischen Temperament zurechnete. Dazu gehören sein Hang zur Einsamkeit, sein realitätsblinder Argwohn und Verfolgungswahn bis an den Rand der Misanthropie (die Nähe zu Molières *Misanthrope* ist nicht zu verkennen), die Selbstquälerei und das verzweifelte Nicht-fertig-werden-Können mit dem eigenen Werk, die hypochondrischen Grillen, die Zerstreutheit und Unfähigkeit, mit Geld und materiellen Dingen haushälterisch umzugehen, ja überhaupt sein Leben selbst zu besorgen usw. Das erste echte Dichterdrama der Weltliteratur ist also geradezu ein Kompendium der Künstlerpathologie.

1789 Beginn der Französischen Revolution: Versammlung der Generalstände, Verfassungsgebende Versammlung (bis 1791), Bastillesturm, Beseitigung der Feudalrechte, Erklärung der Menschenrechte.
1790 Frankreich: Einziehung des kirchlichen Besitzes, Zivilverfassung des Klerus, Abschaffung des Adels, Nivellierung der historischen Provinzen durch Departements, Zensuswahlrecht.
1791/1792 Frankreich: Gesetzgebende Verfassung, Erstürmung der Tuilerien, Septembermorde, Nationalkonvent mit jakobinischer Mehrheit (bis 1795), Absetzung des Königs (Erste Republik). Erster Koalitionskrieg Österreich und Preußens gegen Frankreich, Kanonade von Valmy, Besetzung des linken Rheinufers und Belgiens durch Revolutionsheere.
1793 Frankreich: Terror des Wohlfahrtsausschusses unter Robespierre, Hinrichtung Ludwigs XVI. und Marie Antoinettes; England, Holland und Spanien treten in Koalition gegen Frankreich ein.
1794 Frankreich: Ende der Schreckensherrschaft, Hinrichtung Robespierres.

Erotische Dichtungen

Goethe hat *Tasso* im Sommer 1789, im welterschütternden Moment des Ausbruchs der Französischen Revolution gerade noch abgeschlossen – »glücklicherweise«, denn alsdann, so schreibt er später in der *Campagne in Frankreich*, »nahm die weltgeschichtliche Gegenwart meinen Geist völlig ein«. Nach der Rückkehr aus Italien hat er bis in die Zeit der Freundschaft mit Schiller außer lyrischer Poesie und den um die Französische Revolution kreisenden Tendenzdramen keine neue Originaldichtung geschrieben. Was neben der ›weltgeschichtlichen Gegenwart‹ – als Gegenwelt zu ihr – seinen Geist und seine Zeit ganz ausfüllt, sind die Naturforschung sowie die Traktate, welche die Italienische Reise und die aus ihr gezogenen Lehren zum Gegenstand haben. Er, der sich in Italien als Dichter wiedergefunden zu haben glaubte, hört in fast noch größerem Maße als im ersten Weimarer Jahrzehnt auf, Poet zu sein.

Auch die bedeutendste Dichtung der ersten nachitalienischen Jahre ist erst 1795 in Schillers »Horen« der Öffentlichkeit bekannt geworden: seine »Erotica Romana« in Distichen, die später von ihm so betitelten *Römischen Elegien* (1788/90). Dieser erste Gedichtzyklus Goethes steht zusammen mit Einzelgedichten, welche an den deskriptiv-erzählenden Stil des in Italien entstandenen Gedichts *Amor als Landschaftsmaler* anknüpfen (*Der Besuch; Morgenklagen*, 1788), in Verbindung mit seiner Liebesbeziehung zu Christiane Vulpius, der Schwester des Romanschriftstellers Christian Au-

gust Vulpius, der als Verfasser des Räuberromans *Rinaldo Rinaldini* (1799) europäische Berühmtheit erlangen sollte.

Die unstandesgemäße freie Ehe mit der anfänglich recht hübschen, braungelockten, auf ihn »italiänisch« wirkenden dreiundzwanzigjährigen Christiane, die bis zu ihrer Begegnung mit Goethe in Bertuchs Fabrik Stoffblumen herstellte, ließ ihn die Entfremdung von Frau von Stein und das Gefühl zunehmender Vereinsamung in Weimar – deren Schatten auch den *Tasso* noch gestreift haben mögen – zu einem guten Teil verschmerzen. Freilich brachte ihn diese Beziehung nach einem zeitgenössischen Urteil in einen »Mißstand mit der ganzen Sozietät« – der adligen wie bürgerlichen. Über eine kleine Affäre hätte die Weimarer Klatschgesellschaft hinweggesehen, aber daß er einer derart einfältigen Person die Treue hielt, war der eigentliche Skandal. Vor allem die sich für bedeutend haltenden Damen vom Weimarer Hofzirkel bis zu den späteren romantischen Dichterfrauen konnten nicht begreifen und verzeihen, daß Goethe nicht ihnen, sondern jener unbedeutenden und zudem immer mehr in die Breite gehenden ›Kreatur‹ vor ihnen den erotischen Vorzug gab.

Wie jene Liaison, so hat die Gesellschaft Goethe auch die Freizügigkeit seiner »Erotica« verübelt, ganz besonders natürlich Charlotte von Stein, die das platonische Liebesideal der ersten Weimarer Jahre Goethes hier verraten sehen mußte. »Alle ehrbaren Frauen sind empört über die bordellmäßige Nacktheit«, die sich in den Elegien zeige, und Herder habe geäußert, Schiller müßte seine »Horen« nun Huren nennen, berichtet Carl August Böttiger (an Schulz, 27. Juli 1795).

Gegenstand der Elegien, in denen das Christiane-Erlebnis in das Gewand römischer Erinnerungen und Allusionen an die antike Mythologie gekleidet wird, ist die sinnlich erfüllte Liebe zu einer jungen Römerin namens Faustina, deren Züge mit dem seiner Weimarer Geliebten unverkennbar verschmelzen. Durch die bewußte Anknüpfung an die erotische Elegie der Spätan-

Büste von Martin Gottlob Klauer, Goethe um 1790.

»Oftmals hab' ich auch schon in ihren Armen gedichtet /
Und des Hexameters Maß leise mit fingernder Hand /
Ihr auf den Rücken gezählt. Sie atmet in lieblichem Schlummer, /
Und es durchglühet ihr Hauch mir bis ins Tiefste die Brust.«
Römische Elegien

Gegenüberliegende Seite: Handzeichnung Goethes, Christiane schlafend. »Ich bin verheiratet, nur nicht mit Zeremonie.«

Erotica, Priap als »Wächter des Gartens«

tike, den Wetteifer mit den »triumviri amoris« Catull, Tibull und Properz – hinzu kommt Ovid – wird das erotische Erlebnis über alle faktische Realität in eine fiktive Kunstsphäre erhoben, die den Eindruck des Lasziven vor allem in den veröffentlichten Teilen niemals aufkommen läßt. August Wilhelm Schlegel hat diese Einbettung des Individuellen in Formen und motivische Modelle der antiken erotischen Dichtung treffend mit den Worten gekennzeichnet, die Elegien seien »originell und dennoch echt antik. Der Genius, der in ihnen waltet, begrüßt die Alten mit freier Huldigung«.

Konnte Goethe in den *Römischen Elegien* das Italienerlebnis noch einmal in einer für ihn sich mehr und mehr verdüsternden gesellschaftlichen Umwelt freudig nachklingen lassen, so wird in den ersten 1795 publizierten *Venetianischen Epigrammen*, dem Produkt einer unfreiwilligen zweiten Italien (Venedig)-Reise im Jahre 1790 (er hatte der von ihrer Italienreise zurückkehrenden Herzogin Anna Amalia entgegenzureisen), auch die Erinnerung an jenes schöpferische Erlebnis empfindlich getrübt. (»Das ist Italien nicht mehr, das ich mit Schmerzen verließ.«) Die politisch-sozialen Mißstände Italiens, die Schattenseiten seiner Zivilisation, die Goethe bei der ersten Reise gern in ein idealisierendes Licht getaucht hatte, werden nun von einem zum Teil bitter satirischen Blick entlarvt. Zudem läßt die ›weltgeschichtliche Gegenwart‹ den ruhigen Genuß des Schönen kaum zu: Die Epigramme enthalten die frühesten und gleich polemisch verwerfenden Äußerungen über die Französische Revolution, nicht minder scharfe Seitenhiebe aber auch auf die Repräsentanten des Ancien Régime in Deutschland und Frankreich.

Freilich enthalten die Epigramme auch Stücke, in denen der unbeschwerte Ton der *Römischen Elegien* noch einmal wiederkehrt. Noch mehr als diese haben sie die ästhetisch-moralische Toleranzgrenze der Zeit überschritten. Hier wie dort ließ Goethe sich bereden, die anstößigsten Stücke geheimzuhalten. Dazu gehören zwei Gedichte auf den »letzten der Götter«, den hellenistischen Vegetationsdämon Priapos, welche die *Römischen Elegien* ursprünglich einleiten und abschließen sollten, deren Abdruck Goethe aber schließlich für undenkbar hielt.

Goethe hat im Alter die Geheimhaltung seiner zahlreichen Erotica und Priapea – bis hin zu der späten Verserzählung *Das Tagebuch* (1810), die das in der Literatur weitverbreitete Motiv der vorübergehenden Impotenz zum Gegenstand hat – Eckermann gegenüber am 25. Februar 1824 folgendermaßen begründet: »Könnten Geist und höhere Bildung ein Gemeingut werden, so hätte der Dichter ein gutes Spiel; er könnte immer durchaus wahr sein und brauchte sich nicht zu scheuen, das Beste zu sagen.« In einer »gemischten Welt« aus Gebildeten und Ungebildeten aber sei er an Rücksichten gebunden. Überdies: »Was den alten Griechen zu sagen erlaubt war, will uns zu sagen nicht mehr anstehen, und was Shakespeares kräftigen Mitmenschen durchaus anmutete, kann der Engländer von 1820 nicht mehr ertragen, so daß in der neuesten Zeit ein Family-Shakespeare ein gefühltes Bedürfnis wird.« Wenn Goethe mit dieser Begründung an seinen eigenen Werken Selbstzensur übt, könnte man ihm freilich vorhalten, daß er sich selbst zum Family-Goethe gemacht hat. Kein Zweifel aber, daß er auf eine Zeit hofft, in der, mit Schiller zu reden, nur noch die Norm der »wahren und natürlichen Dezenz« gilt und keine »konventionelle Dezenz« dem Künstler mehr die offene Darstellung eines Bereichs verwehrt, ohne welche dem dichterischen Bild des Menschen eine wesentliche Dimension fehlt.

Herme mit erigiertem Phallus, Handzeichnung Goethes

»Es mag nun die Pflanze sprossen blühen oder Früchte bringen, so sind es doch nur immer dieselbigen Organe, welche, in vielfältigen Bestimmungen und unter oft veränderten Gestalten, die Vorschrift der Natur erfüllen. Dasselbe Organ, welches am Stengel als Blatt sich ausgedehnt und eine höchst mannigfaltige Gestalt angenommen hat, zieht sich nun im Kelche zusammen, dehnt sich im Blumenblatte wieder aus, zieht sich in den Geschlechtswerkzeugen zusammen, um sich als Frucht zum letztenmal auszudehnen.«
Die Metamorphose der Pflanzen

Oben rechts: Goethes handschriftliche Fassung des Gedichts »Ginkgo Biloba« vom 15.9.1815

Nachitalienische Naturforschung

Wird Goethes Italienische Reise ihre dichterischen Früchte zum größten Teil erst wesentlich später zeitigen, so schlägt sich die Erweiterung seines naturwissenschaftlichen Horizonts sofort in einer Reihe von Schriften sowohl grundsätzlich-methodischer Art (z.B. *Der Versuch als Vermittler von Objekt und Subjekt*, 1792) als auch zu Einzeldisziplinen – Morphologie und Optik – nieder. Daß Goethe, »unwiederbringlich aus dem herrlichen Kunstelement« Italiens verstoßen und »der Verzweiflung übergeben«, im »Naturelement« die Heilung des verletzten Gemüts sucht, erklärt seine eminente naturwissenschaftliche Produktivität in den folgenden Jahren.

Aus der Fülle seiner botanischen und zoologischen Untersuchungen zur Morphologie ragt der *Versuch die Metamorphose der Pflanzen zu erklären* (1790) als die bedeutendste naturwissenschaftliche Leistung Goethes hervor. Bereits während der Italienischen Reise hat er sich intensiv mit der Morphologie der Pflanze befaßt. Seine Überlegungen kreisen lange um die »Grille« der realen Existenz einer »Urpflanze«; denn wie wäre ohne die Annahme einer solchen erkennbar, »daß dieses oder jenes Gebilde eine Pflanze sei, wenn sie nicht alle nach einem Muster gebildet wären?« Der Urpflanze entspricht in der Osteologie der »Typus«, das »Urtier« (*Versuch über die Gestalt der Tiere*, 1790).

In der *Metamorphose der Pflanzen* ist der Gedanke der Umbildung der Urpflanze zu den mannigfaltigen Pflanzengestalten abgelöst worden von einem anderen, der Goethe ebenfalls schon in Italien gekommen ist: »daß in demjenigen Organ der Pflanze, welches wir als Blatt gewöhnlich anzusprechen pflegen, der wahre Proteus verborgen liege, der sich in allen Gestaltungen verstecken und offenbaren könne« (Rom, 17. Mai 1787). Es geht in der *Metamorphose* also um die in jeder Pflanze sich vollziehende Umgestaltung des als »Blatt« bezeichneten Urorgans, als des Identischen aller Teile der Pflanze, in Stengel, Kelch, Blüte, Frucht und Samen. (Im gleichen Sinne hat Goethe den Schädel durch die Umgestaltung eines einzigen Urorgans, des Wirbels, zu erklären versucht.) Goethe sucht in der Natur überall im Mannigfaltigen das Eine – ob er es »Urbild«, »Typus«, »Idee« oder »Urphänomen« nennt – und das Eine im Mannigfaltigen, im »Symbol« des einzelnen Phänomens. Diese ›symbolische‹ Anschauung prägt nicht nur Goethes Denken, sondern auch seine poetische Bildwelt.

Das »Urphänomen« im Bereich der optischen Phänomene – denen Goethe seit 1791 seine unter dem Titel *Beiträge zur Optik* zusammengefaßten chromatischen Untersuchungen widmet, die schließlich in dem monumentalen dreibändigen Opus *Zur Farbenlehre* (1810) gipfeln – ist der »uranfängliche ungeheure Gegensatz von Licht und Finsternis« sowie das »Trübe« als »Vermittlung« zwischen diesen Elementen. Die Initialzündung der Farbenlehre war 1790 der Blick durch die Prismen des Hofrats Büttner: irrigerweise glaubte Goethe, er müßte nun nach Newtons Theorie das weiße Licht in Farben zerlegt sehen; da diese sich aber nur an Rändern, beim Übergang vom Hellen zum Dunklen zeigten (was der Newtonschen Lehre durchaus nicht widerspricht, da sich auf einer völlig weißen Fläche die durch Brechung entstandenen Farben wieder zu reinem Weiß überdekken), glaubte Goethe, »die Newtonsche Hypothese sei falsch und nicht zu halten« (*Tag- und Jahreshefte* zu 1790).

Damit beginnt die in Goethes Leben beispiellose Reihe von abwegigen, sich immer mehr in eine fixe Idee hineinsteigernden polemischen Attacken auf Werk und Person Newtons. Seine Farbenlehre gewinnt – da für ihn das Licht das Göttlich-Eine ist – förmlich den Charakter einer Religionslehre. »Es geht mir mit meiner Farbenlehre«, bemerkt er am 19. Februar 1829 ironisch Eckermann gegenüber, der sich einen kritischen Einwand erlaubt hatte, »wie mit der christlichen

»Um Epoche in der Welt zu machen [...], dazu gehören bekanntlich zwei Dinge: erstens daß man ein guter Kopf sei, und zweitens daß man eine große Erbschaft thue. Napoleon erbte die französische Revolution, Friedrich der Große den schlesischen Krieg, Luther die Finsterniß der Pfaffen, und mir ist der Irrthum der Newton'schen Lehre zutheil geworden. Die gegenwärtige Generation hat zwar keine Ahnung, was hierin von mir geleistet worden; doch künftige Zeiten werden gestehen, daß mir keineswegs eine schlechte Erbschaft zugefallen.«
Gespräch mit Eckermann, 2.5.1824

Religion. Man glaubt eine Weile treue Schüler zu haben, und ehe man es sich versieht, weichen sie ab und bilden eine Sekte. Sie sind ein Ketzer wie die anderen auch, denn Sie sind der erste nicht, der von mir abgewichen ist.« Derartige Parallelen kehren in seinen Äußerungen zur Farbenlehre immer wieder. Schon Eckermann hat sich darüber gewundert, daß Goethe, der sich, was die Kritik an seinen poetischen Werken betraf, durch große Konzilianz auszeichnete, »in seiner Farbenlehre nicht gut Widersprüche vertragen konnte«, wie Eckermann selber in jenem Gespräch erfahren mußte. Und er zitiert Goethes Äußerung, er gebe wenig auf seine Rolle in der Geschichte der Poesie; daß er aber in der Farbenlehre »der Einzige« sei, der »das Rechte« wisse, darauf gründe sich das Bewußtsein der »Superiorität« über seine Zeit.

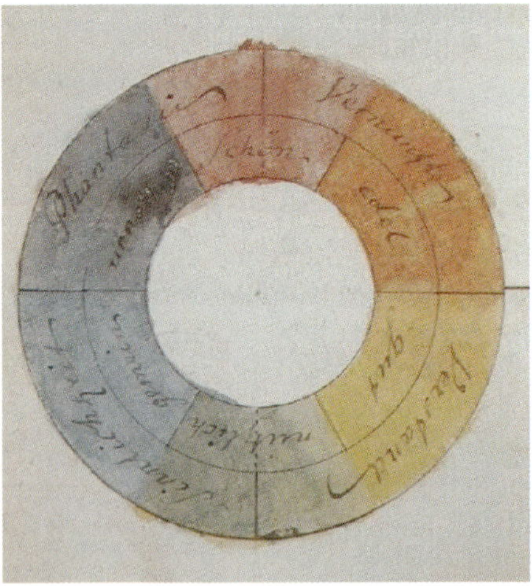

Goethes Farbenkreis zur Symbolisierung des menschlichen Geistes- und Seelenlebens, 1809

Die Grundthese Goethes ist, daß die Farben nicht Bestandteil des Lichts sind, sondern durch Gegensatz und Zusammenwirken von Licht und Finsternis, durch die Mischung von Hell und Dunkel entstehen. Die unmittelbare Mischung dieser Grundelemente würde freilich nur Grau ergeben, die Farben entstehen mithin erst im Durchgang des Lichts durch ein »trübes« Medium (z.B. der Sonnenstrahlen durch die dunstige Atmosphäre). Auch die Farbenlehre ist bestimmt von den beiden Grundbegriffen der Goetheschen Natur- und Lebensanschauung; den »zwei großen Triebrädern aller Natur: dem Begriff von Polarität und Steigerung« (an Kanzler von Müller, 24. Mai 1828) – jene zu verstehen als Gegensätzlichkeit mit der Tendenz der Vereinigung, als Prozeß »immerwährenden Anziehens und Abstoßens« (Magnetismus), diese als Fortschreiten nach dem Vollkommenen hin.

Ist Newtons Optik gewissermaßen eine Farbenlehre für Blinde, da die Farben ja eine vom Auge unabhängige, objektiv dem Licht zugehörende Realität sind, so ist die Farbe für Goethe in erster Linie eine gesehene! Die Farben im Zusammenspiel von Subjekt und Objekt sind der Gegenstand seiner *Farbenlehre*. Deshalb beginnt ihr erster Teil, der »didaktische« – dem ein gegen die Newtonsche Schule gerichteter »polemischer« und ein »historischer«: die »Materialien zur Geschichte der Farbenlehre« folgen –, in betontem Gegensatz zu Newton, aber auch in deutlicher Anlehnung an Kants Verankerung der Gesetze der Gegenständlichkeit im Subjekt, mit den »subjektiven« Farben, d.h. den »physiologischen, welche dem Organ des Auges vorzüglich zugehören«. Für Goethe, der von Meßinstrumenten und physikalischen Versuchsapparaturen nichts wissen will, da sie den unmittelbaren Sinneseindruck verfälschen, ist der Mensch, sind seine »gesunden Sinne« der geeignetste »physikalische Apparat«. Im Sinne einer an Kant anknüpfendenden Wissenschaftsmethodik sucht Goethe das Physisch-Reale mittels einer Kritik der subjektiven Farbwahrnehmung zu erfassen. Eben dies will die Analyse der »physiologischen« Farben leisten. Ihr folgt die Untersuchung der »physischen« Farben, die sich »objektiv wie subjektiv« zeigen, indem sie sowohl »Gegenstände« als auch »dem Auge zugehörig« sind, schließlich die Untersuchung der »chemischen« Farben, welche »wir uns nun objektiv als den Gegenständen angehörig denken« (zitiert nach Goethes Selbstanzeige der *Farbenlehre* in Cottas »Morgenblatt«, 1810).

Ist Goethes Analyse der physischen und chemischen Farben aufgrund ihrer verfehlten Prämissen nicht mehr diskutabel, so stellt die Bestimmung der subjektiven Farben eine gültige wissenschaftliche Leistung dar, welche die Physiologie des Sehens bis in unsere Gegenwart befruchtet hat. Während mit Ausnahme der Physiologen (Johannes Müller) die Naturwissenschaftler Goethes Farbenlehre von vornherein verworfen, wurde sie bezeichnenderweise von den naturmystisch

Steigerung
»[Man mag] der entoptischen Erscheinungen gedenken, welche [...] von Spiegel zu Spiegel nicht etwa verbleichen, sondern sich erst recht entzünden, und man wird ein Symbol gewinnen dessen, was in der Geschichte der Künste und Wissenschaften, der Kirche, auch wohl der politischen Welt sich mehrmals wiederholt hat und noch täglich wiederholt.«
Wiederholte Spiegelungen

Polarität
»[Es zeigt sich der] stille Widerspruch [des Verlangens des Organs nach Hell und Dunkel], den jedes Lebendige zu äußern gedrungen ist, wenn ihm irgendein bestimmter Zustand dargeboten wird. So setzt das Einatmen schon das Ausatmen voraus und umgekehrt, so jede Systole ihre Diastole. Es ist die ewige Formel des Lebens, die sich auch hier äußert.«
Zur Farbenlehre

»Zur Naturwissenschaft im Allgemeinen«, Kupferstich von Moritz Retzsch

inspirierten romantischen Poeten (Novalis nennt Goethe im Hinblick auf seine *Beiträge zur Optik* den »ersten Physiker seiner Zeit«), aber auch von den idealistischen Philosophen (Schiller, Schelling, Hegel) überwiegend positiv gewürdigt. Ihren wesentlichsten Einfluß – abgesehen von ihrer ungeheuren Bedeutung für das Goethesche Alterswerk, namentlich die Lyrik – hat die Farbenlehre jedoch auf die Maler der Zeit ausgeübt, zumal auf Philipp Otto Runge.

Goethe hat sich bis zum »Bund« mit Schiller in einem Maße auf die Naturforschung zurückgezogen, daß die dichterische Produktion dadurch in Gefahr geriet. Daß die von Schiller vor Beginn der Freundschaft so heftig kritisierte »Vorstellungsart« Goethes – sie sei »zu sinnlich und betastet mir zu viel« (an Körner, 1. November 1790) – dem Naturforscher von Vorteil, dem Dichter aber nachteilig sei, hat Goethe selbst später zugegeben. In seinem Brief an Schiller vom 6. Januar 1798 schreibt er, der Freund habe ihn »von der allzu strengen Beobachtung der äußern Dinge und ihrer Verhältnisse auf mich selbst zurückgeführt«, und es folgt das bewegende Bekenntnis: »Sie haben mir eine zweite Jugend verschafft und mich wieder zum Dichter gemacht, welches zu sein ich so gut wie aufgehört hatte.« Ein angesichts des nüchternen Grundtons, den Goethe in seinem Briefwechsel ansonsten anschlägt, erstaunlich emphatisches Bekenntnis.

Der Groß-Cophta

Der gewisse Stillstand in Goethes poetischer Produktion bis in die Zeit der Freundschaft mit Schiller ist nicht nur auf den ›Kulturschock‹ nach der Rückkehr aus Italien, die Entfremdung vom Weimarer Milieu und das mit Neid vermischte Desinteresse seines einstigen Freundeskreises an seinen beglückenden italienischen Erfahrungen zurückzuführen, das ihn mehr und mehr vereinsamen ließ, sondern jener Stillstand ist noch mehr durch einen anderen Schock bedingt: die Französische Revolution, die ein gutes Jahr nach seiner Rückkehr auf deutschen Boden mit dem Sturm auf die Bastille am 20. Juli 1789 beginnt.

Frühestes dichterisches Zeugnis der Auseinandersetzung Goethes mit der Revolution sind die auf der zweiten Italienreise geschriebenen *Venetianischen Epigramme.* In den nächsten Jahren entstand eine Reihe weiterer satirischer Dichtungen über die französischen Ereignisse und ihre Folgen. Vor allem ist es die Gattung der Komödie, die Goethe zum Instrument seiner antirevolutionären, aber auch antiabsolutistischen Polemik macht. In dem Lustspiel *Der Groß-Cophta* (1791), das an die Stelle einer in Italien geplanten Oper über den Scharlatan Cagliostro (*Die Mystifizierten*) getreten ist, dessen Familie Goethe gar in Palermo aufgesucht und später an den Einkünften aus seinem *Groß-Cophta* beteiligt hat, wirft die Revolution erst ihre Schatten voraus.

Goethe hat schon lange vor der Revolution das Auftreten von Spiritisten und Magiern, die sich durch ihre obskuren Machenschaften Zugang zu den höchsten Gesellschaftskreisen, ja zu den Fürsten zu verschaffen wußten (noch die Anfälligkeit des Kaisers in *Faust II* für die Zauberei Mephistos spielt darauf an), als gefährliches Krisensymptom des Ancien Régime, als Vorzeichen eines Umsturzes der ganzen politischen Ordnung empfunden. In einem Brief an den Cagliostro-Anhänger Lavater vom 22. Juni 1781 warnt Goethe vor der »großen Masse Lügen, die im Finstern schleicht« und durch die »unsere moralische und politische Welt ... mit unterirdischen Gängen, Kellern und Kloaken minieret« ist.

Als sich 1785 die Verwicklung Cagliostros in die Halsbandaffäre herausstellte, welche eine Staatskrise in Frankreich auslöste, durfte Goethe sich in seinen Ahnungen bestätigt fühlen. Jene Betrugsaffäre um ein unermeßlich teueres Collier, in deren Mittelpunkt – ohne echtes Verschulden von ihrer Seite – Königin Marie Antoinette geriet, war für Goethe »düstere Vorbedeutung«,

»Auch war ich vollkommen überzeugt, daß irgend eine große Revolution nie Schuld des Volkes ist, sondern der Regierung. Revolutionen sind ganz unmöglich, sobald die Regierungen fortwährend gerecht und fortwährend wach sind, so daß sie ihnen durch zeitgemäße Verbesserung entgegenkommen, und sich nicht so lange sträuben, bis das Notwendige von unten her erzwungen wird.«
Gespräch mit Eckermann, 4.1.1824

die in der Revolution »gräßlichste Erfüllung« fand; sie erschütterte »die Grundfesten des Staates, vernichtete die Achtung gegen die Königin und gegen die obern Stände überhaupt«, denn sie machte »das greuliche Verderben deutlich, worin der Hof und die Vornehmern befangen lagen« (*Campagne in Frankreich*).

Im *Groß-Cophta* verlegt Goethe den Schauplatz der Halsbandaffäre in ein deutsches Duodezfürstentum, verkleinert damit freilich die politischen Dimensionen des Falls. Im Bilde eines demoralisierten Gesellschaftskreises am Rande des Staates wird gleichwohl eine schonungslose Kritik an den höheren Ständen geübt, an einem Adel, der sich durch die innere Aushöhlung seines traditionellen Wertsystems längst selbst zugrundegerichtet hat, ehe er durch aufgeklärte Zyniker ruiniert wird, die sich seine Schwächen und seine Anfälligkeit für okkultistische Manipulationen virtuos zunutze machen.

Die Aufgeregten

Erscheint die Französische Revolution im *Groß-Cophta* erst als ›düstere Vorbedeutung‹, so werden in dem einaktigen Lustspiel *Der Bürgergeneral* und dem Fragment *Die Aufgeregten* (1793) bereits ihre Folgen dargestellt. Goethe geht es hier weniger um die Französische Revolution selber als um ihre voreilige und provinzielle Nachahmung in Deutschland. Er habe »nicht gleichgültig dabei sein« können, gesteht er Eckermann am

»Auffahrende Artillerie«, Gemälde von Théodore Géricault, 1814

4. Januar 1824, »daß man in Deutschland künstlicherweise ähnliche Szenen herbeizuführen trachtete, die in Frankreich Folge einer großen Notwendigkeit waren«.

In den *Aufgeregten* zetteln ein Barbier und ein Hofmeister, das typische Gespann von »Pfuscher« und »Schwärmer«, das Goethe in allen revolutionären Umtrieben am Werke sieht, wegen eines nicht eingehaltenen Vertrags einen Aufstand der Bauern gegen ihre Gutsherrin an. Entlarvt Goethe die Wortführer des Aufstandes und ihre pathetischen politischen Phrasen fast nur durch ihre Charaktermängel, so hat er sich bemüht, den Aufstand selber – zu dessen Darstellung er zumal durch Bauernunruhen auf sachsen-weimarischem Gebiet angeregt wurde – objektiver zu begründen. Prozesse von Gemeinden gegen Gutsherrschaften und die Verschleppung dieser Prozesse beim Reichskammergericht in Wetzlar über Jahrzehnte hinweg – derlei war Goethe aufgrund seiner Tätigkeit an dem personell hoffnungslos unterbesetzten obersten Gericht im Jahre 1772 nur allzu geläufig.

J. P. Eckermann, Johann Joseph Schmeller, um 1825

Den rebellierenden Bauern und Kleinbürgern stehen als vernünftiger Widerpart auf der Herrschaftsseite die Gräfin und ein Hofrat gegenüber. Sie haben aus der Französischen Revolution die Konsequenzen gezogen, welche auch Goethes eigene sind. Die Gräfin kommt soeben mit ihrer Tochter von einer Reise nach Paris zurück, wo sie sich an Ort und Stelle ein Bild von der Revolution zu machen versucht hat. Sie gehört also zu den vielen politisch Engagierten oder Neugierigen aus allen Ständen, die sich während der ersten Phase der Revolution auf die Reise nach Paris machten – von regelrechtem Revolutionstourismus hat man gesprochen – und den erstaunten Lesern zu Hause Augenzeugenberichte lieferten.

Aus ihren Revolutionseindrücken folgert die Gräfin, daß man sozialer Unzufriedenheit durch zeitige gerechte Maßnahmen zuvorkommen muß. Mit dieser Einstellung kann sie auch die »aufgeregte Schar« am Ende beruhigen. Der von Goethe nur skizzierte Höhepunkt des Stücks sollte eine Szene auf dem Schloß werden, in der alle Personen die französische Nationalversammlung spielen, wobei Theater und Wirklichkeit, Sein und Schein sich vermischen. In der Gräfin seines Stücks hat Goethe eine ideale Repräsentantin ihres Standes, wie in dem Hofrat eine vorbildliche Verkörperung des Bürgertums darzustellen versucht.

Die Gräfin bekennt sich als Schülerin der Aufklärungsphilosophen, »die uns durch ihre Schriften in Freiheit gesetzt haben« und verkündet: »Zu keiner Ungerechtigkeit will ich mehr schweigen, keine Kleinheit unter einem großen Scheine ertragen, und wenn ich auch unter dem verhaßten Namen einer Demokratin verschrieen werden sollte.« Die Gräfin artikuliert durchaus die Gesinnung eines Teils der deutschen Aristokratie, des aufgeklärten Reformadels, den Goethe einige Jahre später in der Turmgesellschaft des *Wilhelm Meister* porträtieren wird. Auf der anderen Seite wehrt sich der Hofrat gegen die egalisierenden und nivellierenden Tendenzen seines Standes, gegen den Neid gegenüber ererbten »Vorzügen« und erkennt »das große Gewicht des höheren Standes im Staate« an, »und wenn man mir auch den verhaßten Namen eines Aristokraten zueignete«. Die Selbstkritik des Adels wie des Bürgertums zielt auf eine ständische und politische Allianz, die man als Goethes ›Idee von Weimar‹ bezeichnen könnte.

In seinem Gespräch mit Eckermann am 4. Januar 1824, seiner wichtigsten und umfassendsten Äußerung über die Revolution, hat Goethe die *Aufgeregten* als sein »politisches Glaubensbekenntnis« bezeichnet und namentlich die Gesinnung der Gräfin als die seinige ausgegeben. Für ihn sind Revolutionen »ganz unmöglich, sobald die Regierungen … ihnen durch zeitgemäße Verbesserungen entgegenkommen und sich nicht so lange sträuben, bis das Notwendige von unten her erzwungen wird.«

Hermann und Dorothea

Von der ›Notwendigkeit‹ der Französischen Revolution aufgrund der uneinsichtigen Politik der Regierung, ihren positiven Folgen trotz ihres abstoßenden Verlaufs hat Goethe sich im Alter immer mehr überzeugen lassen. Bereits in seinem bürgerlichen Epos *Hermann und Dorothea* (1797) scheint sein Urteil zumindest über die erste Phase der Revolution gemildert. So läßt er in den Worten des Richters im 6. Gesang die Begeisterung von 1789, sogar den Jubel über den Einmarsch der französischen Truppen in den linksrheinischen Gebieten als Ausdruck einer begreiflichen, freilich bald entlarvten Illusion erscheinen.

Den Umschlag von Begeisterung in Enttäuschung über den Verlauf der Revolution hat Goethe in *Hermann und Dorothea* im Schicksal der linksrheinischen Deutschen gespiegelt, die zunächst die Freiheitsbäume umtanzen, dann aber, als der missionarische Eifer der Franzosen in Eigennutz und Erobererallüre umschlägt, zur Flucht über den Rhein gezwungen sind. Das Schicksal der deutschen Emigranten hat Goethe bereits in der Rahmenerzählung seiner *Unterhaltungen deutscher Ausgewanderten* (1795) dargestellt. Sie handelt von einer »edlen Familie«, die sich vor der französischen Revolutionsarmee auf eines ihrer rechtsrheinischen Güter geflüchtet hat.

Kunstpostkarte: Hermann und Dorothea auf dem Heimweg

Spielen die *Unterhaltungen* im adligen Milieu, so *Hermann und Dorothea* im bürgerlichen. Am Beispiel von Dorotheas erstem Bräutigam stellt Goethe den Stimmungsumschlag der Liberalen angesichts der Erfahrungen mit der Französischen Revolution in den linksrheinischen Gebieten dar. Um dem Schauplatz der Revolution näher zu sein, geht jener nach Paris und erleidet, durch den Despotismus ihrer Führer zu ihrem Gegner geworden, den Tod auf dem Schafott. Dorothea ist durch die revolutionären Ereignisse ein Bräutigam geraubt und ein Bräutigam geschenkt worden: der Protagonist Hermann. Der Tote und der Lebende verkörpern zwei gegensätzliche Haltungen des deutschen Bürgertums angesichts der Revolution: jener eine als tragische Illusion enthüllte politische Begeisterung, dieser eine im Kreis des Hauses und der Familie sich vollendende Bürgerlichkeit.

Der listige
Reineke Fuchs.
Das ist:
Ein sehr Nutzliches
Lust- und Sinn-reiches
Büchlein,
Darinnen auf verblümte, jedoch löbliche Schreib-Art, unter den Namen des
Löwen, Bären, Fuchses, Wolffes, rc.
Das Hof- wie auch aller Stände der Welt Leben und Wesen,
sowohl
Nach ihren Tugenden, als auch insonderheit nach denen darinn vorfallenden Lastern, merklich beschrieben, und gleichsam mit lebendigen Farben bezeichnet wird.
Zuvor niemals also gedruckt. (22.)

Reineke Fuchs, Holzschnitt von Jost Amman, um 1720

Goethe greift in *Hermann und Dorothea* auf die Form des idyllischen Hexameter-Epos zurück, wie sie schon der klassische Homer-Übersetzer Johann Heinrich Voß in seiner *Luise* (1781) erprobt hat. Der Hexameter war Goethe bereits seit *Reineke Fuchs* (1794) vertraut, einer Übertragung des niederdeutschen *Reinke de vos* (1498), die er unter dem Eindruck des kläglich beendeten Frankreichfeldzuges begonnen und im Heerlager vor Mainz durchgefeilt hat, ein Zeichen, daß er hinter dem spätmittelalterlichen Kostüm dieses »Hof- und Regentenspiegels« Analogien zu zeitgenössischen Verhältnissen, namentlich in der absolutistischen Hofhaltung und Staatsführung entdeckte. Die Übertragung in das antike Versmaß sollte solche Analogien verdeutlichen, die mittelalterlichen Vorgänge ins überzeitlich Typische verwandeln.

Nach einer derartigen Typisierung des Geschehens strebt Goethe auch in *Hermann und Dorothea* durch die Anknüpfung an die homerische Epopöe: Verwendung des Hexameters, Einteilung des Werks in neun, nach den antiken Musen benannte Gesänge, ornamentale Stilfiguren, typisierende Kennzeichnungen der Personen und Dinge (die »kluge, verständige Hausfrau«, der »treffliche Pfarrer«, das »reichliche Obst«) usw. Auf diese Weise sollten die Grundverhältnisse der häuslich-bürgerlichen Welt ins Allgemeingültige erhoben werden. Man solle, so meinte Goethe selber, »unter dem modernen Kostüm die wahren, echten Menschenproportionen und Gliederformen« erkennen (an Meyer, 28. April 1797). Freilich geht das Bürgerliche in solcher Idealisierung nicht auf, sondern Goethe weist immer wieder mit liebenswürdiger Ironie gerade durch den Kontrast der antiken Form auch auf seine Grenzen, seine Beschränktheit und Flachheit hin.

Die natürliche Tochter

Der »heilge Kreis«, die Friedenssphäre des Hauses, das »Glück ..., das im Kreise / Des Bürgerstandes hold genügsam weilt« erscheint auch – wenngleich nur vorübergehend – in Goethes Trauerspiel *Die natürliche Tochter* (1803) als ungefährdeter Bezirk reiner Menschlichkeit vor dem dunklen Hintergrund einer auf das Chaos zutreibenden Welt. Dieses Trauerspiel ist der einzig abgeschlossenen Teil einer Trilogie, die Goethe Ende 1799 auf der Quellenbasis der *Mémoires historiques* von Stéphanie-Louise de Bourbon-Conti (1798) plante. »In dem Plane bereitete ich mir ein Gefäß«, schreibt Goethe in den *Tag- und Jahresheften* zu 1799, »worin ich alles, was ich so manches Jahr über die Französische Revolution und deren Folgen geschrieben und gedacht, mit geziemendem Ernste niederzulegen hoffte.«

»Die vieljährige Richtung meines Geistes gegen die Französische Revolution [... erklärt] die grenzenlose Bemühung dieses schrecklichste aller Ereignisse in seinen Ursachen und Folgen dichterisch zu gewältigen. [...] Jener Eindruck [hatte] so tief bei mir gewurzelt, daß ich nicht leugnen kann, wie ich noch immer an die Fortsetzung der *Natürlichen Tochter* denke, dieses wunderbare Erzeugnis in Gedanken ausbilde, ohne den Mut mich im einzelnen der Ausführung zu widmen.« (»Bedeutende Fördernis durch ein einziges geistreiches Wort«)

In Goethes Quelle beschreibt die vermeintliche außereheliche Tochter des mit dem Königshaus verwandten Prinzen von Bourbon-Conti ihr trostloses Schicksal. Angeblich wurde sie – unmittelbar vor dem Fest ihrer Legitimation durch Ludwig XV. – auf Betreiben ihrer Mutter und ihres Halbbruders, der um sein Erbe fürchtete, entführt, doch gelang ihr nach mehreren gescheiterten Fluchtversuchen schließlich die Rückkehr nach Paris. Doch die Revolution machte ihre aufblühenden Hoffnungen auf eine Legitimierung zunichte. In Goethes Trauerspiel zeichnet sich die Revolution erst als Folge korrupter Staatsverhältnisse am Horizont der Handlung ab. Dem Aufstand der Massen geht die Fronde der Aristokratie gegen einen schwachen und dem Intrigenspiel der feindlichen Adelsparteien charakterlos ausgelieferten König voraus.

Die drei großen politischen Mächte des Handlungskomplexes: Ancien Régime, Adelsfronde und drohende Revolution der Massen sind durch den Ungeist verbunden, der Rechtlosigkeit, Willkür, Gewalt, Parteilichkeit heißt. Der »Bürgerstand«, das besitzende Bürgertum, dessen Haltung Goethe weithin teilt, findet zwar in der Person des Gerichtsrats, der Eugenie, der »natürlichen Tochter« die Ehe anbietet, eine Stimme, aber er grenzt sich noch rein moralisch von der adlig-geistlichen Oberschicht wie vom ›Pöbel‹ ab – als rechtliche Mitte zwischen der rechtlosen Gewalt von oben und unten. In der geplanten Fortsetzung sollte dann freilich der Gerichtsrat zum Führer eines revolutionären Bundes werden, Moral in Politik umschlagen.

Zwischen die Gewalt der Großen und die Gewalt der Massen hat Goethe in der geplanten Trilogie das exemplarische tragische Schicksal Eugenies gestellt. Am Ende des ausgeführten ersten Dramas vergönnt Goethe Eugenie noch Ruhe auf einer Insel der Entsagung zwischen jenen Elementen der Gewalt, doch bald wird diese Insel von den über ihr zusammenschlagenden Elementen hinweggespült werden. Eugenie erfährt zu ihrer Bestürzung, daß der Gerichtsrat der revolutionären Partei angehört und trennt sich von ihm, um nach Paris zu eilen und dem König beizustehen. Im weiteren Verlauf wären vermutlich sowohl Eugenie als auch der Gerichtsrat zu Opfern der sich radikalisierenden Revolution geworden. Goethe hat den Gang der Ereignisse in einem Schema der Fortsetzung mit fast nihilistisch anmutender Resignation beschrieben: »Die Masse wird absolut. Vertreibt die Schwankenden. Erdrückt die Widerstrebenden. Erniedrigt das Hohe. Erhöhet das Niedrige. Um es wieder zu erniedrigen.«

Campagne in Frankreich und *Belagerung von Mainz*

Im Alter hat Goethe die Revolution mit größerer Gelassenheit beurteilt als ihm das unter dem unmittelbaren Druck der Zeitereignisse möglich war. Das demonstrieren die beiden autobiographischen Berichte *Campagne in Frankreich* zum gescheiterten gegenrevolutionären

Feldzug der preußisch-österreichischen Koalitionsarmee 1792 und die *Belagerung von Mainz* um das Ende der revolutionären Mainzer Republik. An beiden Ereignissen nahm Goethe im Auftrag seines Herzogs teil. Obwohl Goethe aus seiner antirevolutionären Überzeugung kein Hehl macht, schildert und wertet er doch nie parteiisch. So manches Beispiel revolutionären Heldenmuts und revolutionärer Tragik führt Goethe dem Leser vor Augen, während das Invasionsheer, in dem er selber mitzieht, alles andere als schmeichelhaft geschildert wird. »Der Dichter«, so schreibt Goethe am Schluß der *Campagne*, »der seiner Natur nach unparteiisch sein und bleiben muß, sucht sich von den Zuständen beider kämpfender Teile zu durchdringen, wo er denn, wenn Vermittlung unmöglich wird, sich entschließen muß, tragisch zu endigen.« Genau das aber ist auch die Grundtendenz der *Campagne* und der *Belagerung*.

Belagerung von Mainz, Kupferstich von Johann Heinrich Ramberg

Einmal rettet Goethe gar im Namen des Herzogs von Weimar einen Mainzer Revolutionär vor der Lynchjustiz. Sein Eingreifen verteidigt er durch eine Maxime, die immer wieder, aus dem Zusammenhang herausgelöst, als Beispiel für sein konservatives Ordnungsdenken angeführt wird: »ich will lieber eine Ungerechtigkeit begehen als Unordnung ertragen. Damit will er indessen nichts anderes zum Ausdruck bringen als einen Grundsatz des modernen Rechtsstaats: die Monopolisierung der Gewalt – und immerhin hat er mit dieser ›konservativen‹ Maxime und seiner Verhinderung der Selbstjustiz einem aktiven Revolutionär das Leben gerettet!

1795–1799 Frankreich: Regierung des Direktoriums.
1795 Durch Anschluß Sachsen-Weimars an den Baseler Friedensvertrag Preußens mit Frankreich »Friede des klassischen Weimar« bis 1806.
1799 Frankreich: Napoleon stürzt Direktorium und wird Konsul.
1802 Napoleon Konsul auf Lebenszeit.
1804 Napoleon wird Kaiser. *Code civile.*
1805 Tod Schillers.

Ästhetische Koalition vor dem Hintergrund der Revolution

Die sogenannte *Weimarer Klassik* wäre nie zustande gekommen, hätte es 1794 nicht den Freundschaftsbund zwischen Goethe und Friedrich Schiller (1759–1805) gegeben. Dieser Bund aber hat seinen zeitgeschichtlichen Hintergrund in der Französischen Revolution, der rigorosen Distanz beider Autoren zu ihr und in der politischen Situation Weimars. Unter dem Eindruck von Schillers großem Brief zu Goethes 45. Geburtstag, der die lange schwankende Brücke zwischen beiden Dichtern endgültig gefestigt hat, schreibt Goethe an eben diesem Geburtstag des Jahres 1794 einen Brief an seinen Zögling Fritz von Stein (einen Sohn von Charlotte von Stein), in dem er unter Anspielung auf die Französische Revolution die Hoffnung ausdrückt, mit Schiller »gemeinschaftlich zu arbeiten, zu einer Zeit, wo die leidige Politik und der unselige körperlose Parteigeist alle freundschaftliche Verhältnisse ... zu zerstören droht.«

Die Weimarer Klassik im engeren Sinne beginnt mit Goethes Italienischer Reise 1786–1788, strenggenommen endet sie 1805 mit dem Tod Schillers, wirkt jedoch lange nach. Bereits Zeitgenossen wie Jean Paul und Hölderlin, aber auch der späte Goethe entziehen sich der Einordnung. Kennzeichen: Überwindung des schwärmerischen Natur- und Gefühlskults des Sturm und Drang. Gegenüber der Romantik fällt die geschlossene Form auf, ›Vollendung‹ im Gegensatz zu fragmentarischer ›Unendlichkeit‹ der romantischen Universalpoesie. Statik des in sich ruhenden Menschen (das Gute, Wahre, Schöne), harmonische Übereinstimmung von Vernunft und Sinnlichkeit, Humanität. Antikisierende Kunstauffassung, ›großer Stil‹, Persönlichkeitsbildung, ästhetische Autonomie.

»Weimars goldne Tage«, Gemälde von Th. R. Freiherr v. Oer, 1860

Gegenüberliegende Seite: Friedrich Schiller, Kupferstich nach einem Gemälde von Anton Graff, 1794

Damit ist die Signatur seines Wirkens und Zusammenwirkens mit Schiller im kommenden Jahrzehnt deutlich bezeichnet. Die ›gemeinschaftliche Arbeit‹ stellt sich als eine ästhetische Koalition vor dem Hintergrund der Französischen Revolution, wider Politik und Parteigeist dar. Politische Parteilichkeit und künstlerische Wirksamkeit schließen sich für Goethe aus. »Sowie ein Dichter politisch wirken will, muß er sich einer Partei hingeben; und sowie er dieses tut, ist er als Poet verloren« wird er später Eckermann bekennen (März 1832). Daß Schiller in dieser Hinsicht nicht anders gedacht hat, zeigt das Vorzeichen politischer Neutralität, das er seiner Zeitschrift »Die Horen« programmatisch verleiht. Die Planung dieser Zeitschrift ist der Ausgangspunkt und die Arbeitsgrundlage seiner engeren Verbindung mit Goethe. »Einer heitern und leidenschaftfreien Unterhaltung soll sie gewidmet sein«, mithin dem Ideal einer vom »guten Ton« bestimmten Konversation. »Mitten in diesem politischen Tumult soll sie für Musen und Charitinnen einen engen vertraulichen Zirkel schließen, aus welchem alles verbannt sein wird, was mit einem unreinen Parteigeist gestempelt ist.« Geleitet von dem über alles Zeitbedingte erhabenen »rein menschlichen« Interesse soll sie eine Insel der Neutralität inmitten der »politisch geteilten Welt« bilden.

Daß Schillers Zeitschrift, ja die Kultur von Weimar überhaupt in der Tat eine solche glückliche Insel im erschütterten Europa sein konnte, ist kaum ohne den geschichtlichen Rahmen der zehn Friedensjahre begreiflich, welche Weimar durch den Vertrag von Basel 1795 vergönnt waren. Dieser Vertrag garantierte dem Großherzogtum auf einige Jahre einen neutralen Status. Carl August war der erste weltliche Fürst, der sich für den Anschluß der deutschen Klein- und Mittelstaaten an den politisch und moralisch umstrittenen Sonderfrieden von Basel einsetzte, den Preußen am 5. April 1795

»Wie lebhaft auch immer mein Verlangen war, in ein näheres Verhältnis mit Ihnen zu treten, […] so begreife ich doch nunmehr vollkommen, daß die so sehr verschiedenen Bahnen, auf denen Sie und ich wandelten, uns nicht wohl früher, als gerade jetzt, mit Nutzen zusammenführen konnten. Nun kann ich aber hoffen, daß wir, soviel von dem Wege noch übrig sein mag, in Gemeinschaft durchwandeln werden, und mit um so größerm Gewinn, da die letzten Gefährten auf einer langen Reise sich immer am meisten zu sagen haben.« Brief Schillers an Goethe, 31.8.1794

mit dem revolutionären Frankreich geschlossen hatte. In einem beschwörenden Brief an den Kurfürsten von Sachsen vom 22. Februar 1796 drückt er seine Überzeugung aus, daß der »Norden Deutschlands« alles daran setzen müsse, in vollkommener Neutralität das Kriegstheater von seinen Staaten »fernzuhalten ..., um durch Festigkeit Eindruck machen und schließlich den entscheidenden Anstoß zur Wiederherstellung des allgemeinen Friedens geben zu können«.

Goethe und Schiller haben an den Friedensbemühungen Carl Augusts lebhaft Anteil genommen, war ihnen doch klar, daß die von ihnen erstrebte ästhetische Neutralität mit der politischen des Herzogtums Sachsen-Weimar eng verbunden war. Durch den Beitritt Kursachsens und seiner Verbündeten zu dem preußisch-französischen Abkommen Ende 1796 wurde der »Friede des klassischen Weimar« (Hans Tümmler) bis 1806 gesichert. Genau in diese Zeit fällt der »Bund« Goethes und Schillers!

»›Kommt her, ihr Kinder!‹, rief die Baronesse, ›wir haben eine ernsthafte Unterredung gehabt, die, wie ich hoffe, Friede und Einigkeit unter uns herstellen und den guten Ton, den wir eine Zeitlang vermissen, wieder unter uns einführen soll; vielleicht haben wir nie nötiger gehabt, uns aneinander zu schließen und, wäre es auch nur wenige Stunden des Tages, uns zu zerstreuen. Laßt uns dahin übereinkommen, daß wir, wenn wir beisammen sind, gänzlich alle Unterhaltung über das Interesse des Tages verbannen!‹« *Unterhaltungen deutscher Ausgewanderten*

Es ist kein Zufall, daß der erste Band der »Horen« 1795 durch Goethes Novellendichtung *Unterhaltungen deutscher Ausgewanderten* eingeleitet wurde. In ihrer Rahmenerzählung begegnen wir fast denselben Gedanken wie in Schillers »Horen«-Ankündigung. Auch dort droht politischer Streit die gesellige Harmonie zu zerstören – bis es der Baronesse von C. gelingt, im Namen des »guten Tons« jene Harmonie wiederherzustellen. »Unterhaltungen« und Erzählungen sollen den politischen Parteigeist verdrängen. Wie es der von Boccaccio (1313–1375) begründeten Tradition romanischer Novellistik entspricht, gilt es Geschichten zu erzählen, die von dem bedrohlichen Zeithintergrund – in Boccaccios *Decamerone* ist es die Pest von 1348, vor der die Florentiner aus der Stadt fliehen, bei Goethe die Revolution – ablenken sollen.

In Goethes *Unterhaltungen* steigern sich die Erzählungen von Gespenster- und Liebesgeschichten am ersten Abend über »moralische Erzählungen« am nächsten Vormittag bis zur rein symbolischen Erzählung des *Märchens* am zweiten Abend. Das *Märchen* ist eine

Gegendichtung Goethes zur Französischen Revolution, deren Schrecklichkeit für ihn eben in der Trennung, der feindlichen Entgegensetzung aller gesellschaftlichen Elemente bestand. Auch der Bund mit Schiller, ihr »Commercium«, wie dieser wiederholt sagt, ist ausdrücklich eine Allianz gegen die feindseligen Dissonanzen, welche die Revolution in die Gesellschaft getragen hat.

Popularisierung der Dichter und Denker: Sammelkarte aus der »Liebig Company's Fleisch-Extract«-Werbekampagne, um 1900

Goethes und Schillers wechselseitige Annäherung

Sieben Jahre lebte Schiller bereits in Weimar und – nach seiner Berufung an die Universität im Jahre 1789 – in Jena, ohne daß es über sporadische Begegnungen hinaus zu einer engeren Verbindung mit Goethe kam. Dieser selbst hat die jahrelange Fremdheit zwischen ihm und Schiller auf die Aversion gegen den Autor der *Räuber* (1781) zurückgeführt, deren Tendenzen seiner eigenen Kunstanschauung nach der Rückkehr aus Italien diametral entgegengesetzt waren. Er, der sich in Italien »zu größerer Bestimmtheit und Reinheit in allen Kunstfächern auszubilden gesucht hatte«, sah sich nun mit dem rauschenden Publikumserfolg von Werken konfrontiert, die ihn in ihrer ästhetischen Verwilderung »äußerst anwiderten«. Zu ihnen gehörten zumal Schillers *Räuber*, hatte da doch »ein kraftvolles, aber unreifes Talent gerade die ethischen und theatralischen Paradoxen, von denen ich mich zu reinigen gestrebt, recht im vollen hinreißenden Strome über das Vaterland ausgegossen« (*Glückliches Ereignis*, 1817). Daß Schiller sich zu diesem Zeitpunkt längst auf einem ganz anderen Weg befand, der mit Goethes eigenem allmählich konvergierte, scheint

Titelseite zu Friedrich Schillers *Die Räuber*

So stellten sich spätere Zeichner das Verhältnis der Weimarer Klassiker vor: Goethe und Schiller.

diesem kaum bewußt geworden zu sein. Auch *Don Carlos* (1787), erst recht aber die philosophischen Studien konnten ihm Schiller nicht näher bringen. Dessen Traktat *Über Anmut und Würde* (1793), in dem Goethe an einigen Stellen zu Unrecht eine Polemik gegen sich argwöhnte, machte ihm die »ungeheure Kluft zwischen unsern Denkweisen« nur allzu deutlich (*Glückliches Ereignis*, 1817).

Diese Kluft hat Schiller nicht weniger empfunden. »Öfters um Goethe zu sein, würde mich unglücklich machen«, schreibt er fünf Jahre vor ihrem epochalen »Bund« in einem Brief an Gottfried Körner vom 2. Februar 1789; Goethe sei offenbar »ein Egoist in ungewöhnlichem Grade«. Und weiter: »Ein solches Wesen sollten die Menschen nicht um sich herum aufkommen lassen. ... Ich betrachte ihn wie eine stolze Prüde, der man ein Kind machen muß, um sie vor der Welt zu demütigen. – Eine ganz sonderbare Mischung von Liebe und Haß ist es, die er in mir erweckt hat, eine Empfindung, die derjenigen nicht ganz unähnlich ist, die Brutus und Cassius gegen Cäsar gehabt haben müssen; ich könnte seinen Geist umbringen und ihn wieder von Herzen lieben.« Schiller als potentieller Vatermörder aus Haßliebe oder Liebeshaß! Man denkt an Karl Moors Zwiegesang im vierten Akt der *Räuber*: »Wo ein Brutus lebt, muß Cäsar sterben, / Geh du linkswärts, laß mich rechtswärts gehn.«

Dieser Vers mag Schiller seit seinem ersten Aufenthalt in Weimar im Jahre 1787 öfter durch den Kopf gegangen sein. Goethe war zu dieser Zeit noch in Italien, und doch blieb er – wie ein gerade abwesender Herrscher – in Weimar gegenwärtig. Schiller bekam das überdeutlich zu spüren, als er am 28. August Goethes Geburtstag im Gartenhaus an der Ilm mit dessen

Freundeskreis (oder »Sekte«, wie Schiller sich ausdrückt) feierte. Nicht ohne aggressiven Humor bemerkt er: »Wir fraßen herzhaft, und Goethes Gesundheit wurde von mir in Rheinwein getrunken« (an Körner, 29. August 1787). Deutlich spürt man hier wie in zahllosen anderen Äußerungen Schillers das Unbehagen, überall dem Schatten Goethes zu begegnen.

Seine zwiespältige Empfindungen ihm gegenüber sind nicht nur auf ihre unterschiedlichen Vorstellungs- und Denkweise zurückzuführen, sondern nicht weniger auf die Bitterkeit eines Autors, der sich aus bedrükkenden sozialen Verhältnissen emporringen mußte, angesichts eines durch Geburt und Schicksal begünstigten Talents. »Dieser Mensch, dieser Goethe ist mir einmal im Wege, und er erinnert mich so oft, daß das Schicksal mich hart behandelt hat. Wie leicht ward *sein* Genie von seinem Schicksal getragen, und wie muß *ich* bis auf diese Minute noch kämpfen!« (an Körner, 9. März 1789) Später wird Schiller in einem seiner bedeutendsten Gedichte, der Elegie *Das Glück* (1798), dem Genius, »welchen die Götter, die gnädigen, vor der Geburt schon liebten«, eine nunmehr von keinerlei Bitterkeit und Mißgunst mehr geprägte Huldigung darbringen. Als ein »Liebesgedicht des Geistes, des Willens, der ›Mühe‹, der Tugend ans verdienstlos Göttliche« hat Thomas Mann diese Elegie in seinem *Versuch über Schiller* (1955) gerühmt.

Das Haus an der »Esplanade« – der heutigen Schillerstraße – wurde 1802 von Friedrich Schiller erworben und von ihm bis zu seinem Tode 1805 bewohnt.

Was Goethe Schiller fremd machte, war vor allem seine vermeintliche Verabsolutierung der sinnlichen Erkenntnis. Über ein Gespräch mit Goethes »Urfreund« Knebel bemerkt Schiller einmal, jener habe den Geist der Menschen seines »Zirkels« durch seine naturwissenschaftlichen Interessen und die Verachtung philosophischer Spekulation »mit einem bis zur Affektation getriebenen Attachement an die Natur und einer Resignation in die fünf Sinne« ganz und gar in seinem Sinne »gemodelt« (an Körner, 12. August 1787). Diese Resignation muß Schiller zu dieser Zeit um so ferner liegen, als gerade jetzt der übermächtige Einfluß Kants auf ihn beginnt. Goethes Philosophie, schreibt er am 1. November 1790 an Körner, »holt zu viel aus der Sinnenwelt, wo ich aus der Seele hole. Überhaupt ist seine Vorstellungsart zu sinnlich und *betastet* mir zu viel.«

Selbst noch das so folgenreiche Gespräch zwischen Goethe und Schiller über die »Urpflanze« nach einer Sitzung der »Naturforschenden Gesellschaft« zu Jena am 20. Juli 1794 – die Initialzündung ihrer Allianz – beginnt kaum verheißungsvoll. Goethe muß sich von seinem philosophisch kompetenteren Gesprächspartner darüber belehren lassen, daß seine Urpflanze eine »Idee« und keine »Erfahrung« sei. Ohne die Annahme einer Urpflanze, meint Goethe, sei doch nicht erkennbar, »daß dieses oder jenes Gebilde eine Pflanze sei«. Das bestreitet Schiller nicht. Als »gebildeter Kantianer« (Goethe) wehrt er sich nur gegen Goethes Ansicht, diese Urpflanze sei sichtbar darzustellen. Schiller argumentiert in seinem Gespräch ganz im Sinne Kants: Eine Idee sei ein Vernunftbegriff, dem man in der Erfahrung niemals begegnen könne. Überdies ist für den kritischen Philosophen Schiller die Idee ein Entwurf

Zu Goethes Geburtstag 1794 schreibt Schiller den großen Brief vom 23. August, der das Gründungsdokument ihrer ästhetischen Koalition bildet und auf Schillers Abhandlung *Über naive und sentimentalische Dichtung* vorausweist. In dem Brief vergleicht Schiller sein eigenes poetisches Verfahren des »spekulativen Geistes«, das von der »Einheit« ausgeht, mit dem »intuitiven« Verfahren Goethes, das sich an der »Mannigfaltigkeit« der Dinge orientiert. Spekulativer und intuitiver Geist – »Subjekt« und »Objekt« – treffen sich freilich »auf halbem Wege«, da der erstere auf der Suche nach der »Erfahrung«, der letztere aber auf der Suche nach dem »Gesetz« ist. Auf ästhetischem Gebiet begegnen beide sich im Ideal des »großen Stils«. Er wird tatsächlich der gemeinsame Nenner sein, auf den ihre literarische Bestrebungen bei allen Differenzen zu bringen sind, der Sockel, auf dem sie stehen, mag ihr Blick auch in gänzlich verschiedene Richtungen schweifen.

Das wohl bekannteste Goethe-und-Schiller-Denkmal steht in Weimar, es stammt von dem Dresdner Bildhauer Ernst Rietschel, 1857

der menschlichen Subjektivität, während Goethe in der Urpflanze ein objektives Grundmuster sieht.

Der philosophische Dissens zwischen Goethe und Schiller ist seit diesem Gespräch jedoch durch Sympathie und wechselseitige Faszination überbrückt – »und so besiegelten wir, durch den größten, vielleicht nie ganz zu schlichtenden Wettkampf zwischen Objekt und Subjekt, einen Bund, der ununterbrochen gedauert und manches Gute gewirkt hat« (*Glückliches Ereignis*). Das war freilich nur möglich, da »Objekt« und »Subjekt« in den kunsttheoretischen Gesprächen der nächsten Zeit zu »unerwarteter Übereinstimmung« gelangten, wie Schiller Körner mitteilt.

Diese Überreinstimmung bestand – schon vor der freundschaftlichen Verbindung beider Autoren – zumal in der gemeinsamen Hinwendung zur Antike. Das höchste künstlerische Ideal bildete für den Weimaraner Schiller mehr und mehr eine an der griechischen Dichtung geschulte »Simplizität« und »Klassizität«, wie er wiederholt im Briefwechsel mit seinem Freund Körner betont. Wichtigstes Vorbild in Hinblick auf die poetische Form und die glückliche Verbindung antiken Geistes mit der »schöneren Humanität unsrer neuern Sitten« wurde ihm Goethes *Iphigenie*, der er 1788 eine erste Besprechung gewidmet hatte.

Immer wieder kreisen Schillers Gedanken um die Idee des »großen Stils« als der Bedingung der »eigentlich schönen Kunst« (*Über Matthissons Gedichte*, 1794). Mit dieser Idee steht er schon ganz auf der ästhetischen Seite Goethes, und so ist es kein Zufall, daß er in den Kallias-Briefen an Körner (1793) ebenso wie Goethe wenige Jahre zuvor in seinem Aufsatz *Einfache Nachahmung der Natur, Manier, Stil* (1789) eine Theorie entwickelt, welche der subjektiven »Manier« den »Stil« gegenüberstellt, der »eine völlige Erhebung über das Zufällige zum Allgemeinen und Notwendigen« bedeutet. Als solcher entspricht der Stil aber dem Wesen jener an den Griechen geschulten »Klassizität«, die Schiller seiner Dichtung zum Ziel setzt. Hier ist die Brücke zu Goethe geschlagen!

»Lange schon habe ich […] dem Gang Ihres Geistes zugesehen und den Weg, den Sie Sich vorgezeichnet haben, mit immer erneuerter Bewunderung bemerkt. Sie suchen das Nothwendige der Natur, aber Sie suchen es auf dem schwersten Wege, vor welchem jede schwächere Kraft sich wohl hüten wird. Sie nehmen die ganze Natur zusammen, um über das Einzelne Licht zu bekommen. Von der einfachen Organisation steigen Sie, Schritt vor Schritt zu den mehr verwickelten hinauf um endlich die verwickeltste von allen, den Menschen, genetisch aus den Materialien des ganzen Naturgebäudes zu erbauen. Dadurch, daß Sie ihn der Natur gleichsam nacherschaffen, suchen Sie in seine verborgene Technik einzudringen. Eine große und wahrhaft heldenmäßige Idee, die zur Genüge zeigt wie sehr Ihr Geist das reiche Ganze seiner Vorstellungen in einer schönen Einheit zusammenhält. […] So ungefähr beurteile ich den Gang Ihres Geistes, und ob ich recht habe, werden Sie selbst am besten wissen.«
Geburtstagsbrief Schillers, 23.8.1794

Wilhelm Meisters Lehrjahre – und Schillers »antizipierende Kritik«

In seinem Geburtstagsbrief an Goethe hat Schiller Grundgedanken seines Traktats *Über naive und sentimentalische Dichtung* vorweggenommen, in dem wir die zentrale dichtungstheoretische Stellungnahme und Selbstdefinition der Weimarer Klassik sehen dürfen. Hintergrund des Traktats ist die Begegnung mit Goethe, der Versuch Schillers, sein eigenes gegenüber dem künstlerischen Verfahren Goethes zu rechtfertigen, doch geht er weit über diesen Versuch hinaus. Die große Prämisse der Abhandlung ist die Bestimmung des Dichters als des »Bewahrers der Natur«. Der Dichter kann entweder Natur »sein« oder die verlorene Natur »suchen«. Der »natürlich empfindende« Dichter ist der naive, der »das Natürliche empfindende« (dieses also anders als der naive aus der Distanz des Verlusts betrachtende und suchende) hingegen ist der sentimentalische Dichter.

Schiller ist freilich weit davon entfernt, Goethe einfach als naiv, sich selber aber als sentimentalisch zu sehen. Beide Dichter- und Dichtungstypen sind nicht vordergründig biographisch dingfest zu machen, und Schiller hat gerade an Goethe auch viele sentimentalische Züge entdeckt, ja er suchte ihn in mancher Hinsicht aufs sentimentalische Gebiet hinüberzuziehen. Ein Musterbeispiel dafür ist seine Anteilnahme an Goethes Roman *Wilhelm Meisters Lehrjahre*. In den zehn Jahren ihres »Commerciums« haben Goethe und Schiller nicht nur eine gemeinsame Poetik entwickelt, gemeinsame Pläne geschmiedet, ja gemeinsam gedichtet, sondern immer wieder in die Werke des jeweils anderen ›hineinregiert‹. Die bedeutendsten Beispiele dafür sind die wechselseitigen Einflüsse auf ihre beiden Hauptwerke in dieser Periode: Goethes Wirkung auf Schillers *Wallenstein*, mit dem dieser auf das ›naive‹ Gebiet hinüberstrebte, und eben Schillers »sentimentalische Foderungen« (das Wort schrieb er stets ohne -r- in der ersten Silbe) an *Wilhelm Meisters Lehrjahre* (erschienen 1795/96 in vier Bänden).

Die Zusammenarbeit Goethes mit Schiller bei der Entstehung von Goethes neuem Roman sollte das dauerhafte Fundament ihrer Koalition sein, und sie bildet zweifellos den bedeutendsten Teil ihres Briefwechsels. Nie vorher und nachher hat Goethe einem anderen Autor einen derart intensiven schöpferischen Anteil an der Konzeption eines eigenen dichterischen Werks gegönnt. Hatte Schiller bei seiner ersten Lektüre des Romans noch dessen Abstinenz von aller metaphysischen Abstraktion, seinen antik-naiven, realistischen Charakter als so wohltuend empfunden, daß es ihm gar »peinlich« wurde, »von einem Produkt dieser Art in das philosophische Wesen hineinzusehen« (7. Januar 1795), so wird im Verlauf des Briefwechsels doch immer nachdrücklicher Kritik am gänzlichen Verzicht auf Spekulation in Goethes Roman laut. Die »leitenden Ideen« sind Schiller »zu leise angedeutet« (17. August 1795), er erwartet die deutlichere »Beziehung aller einzelnen Glieder des Romans« auf den »philosophischen Begriff« der Lehrjahre und Meisterschaft (8. Juli 1796), ja er tadelt, daß in einem Werk, dessen Held ein durchaus »sentimentalischer Charakter« sei, die »Metaphysik« eine derart geringe Rolle spiele (9. Juli 1796).

Johann Wolfgang von Goethe, Zeichnung von Friedrich Bury, 1800

Seine »sentimentalischen Foderungen« an den Roman (2. Juli 1796) zeigen, wie sehr er Goethe über den Spielraum der ›naiven‹ Poesie hinauszudrängen versucht. In dem gleichen Maße, da er selber von den Tendenzen philosophischer Poesie abrückt, versucht er Goethe also auf deren Feld hinüberzuziehen. Seinen Höhepunkt erreicht dieses Bestreben in seinem Brief vom 23. Juni 1797, in dem er, der sich gleichzeitig im *Wallenstein* als »Realist« zu bewähren sucht, von Goethe eine »philosophische Behandlung« seines Faust, die Unterordnung der »Einbildungskraft« unter die »Vernunftidee« erwartet. Hier scheint, aus Schillers Perspektive, ein förmlicher Rollentausch des naiven und sentimentalischen Dichters stattzufinden.

Novalis' Polemik gegen die *Lehrjahre*: »Das Ganze ist ein nobilitierter Roman. Wilhelm Meisters Lehrjahre, oder die Wallfahrt nach dem Adelsdiplom. *Wilhelm Meister* ist eigentlich ein *Candide* gegen die Poesie gerichtet [...] Das Romantische geht darin zugrunde [...] Künstlerischer Atheismus ist der Geist des Buchs. Sehr viel Ökonomie – mit prosaischem, wohlfeilem Stoff ein poetischer Effekt erreicht.« *Zu Goethes Wilhelm Meister*

In Goethes Schaffen tritt der einzigartige Fall ein, daß er selbst vorübergehend erwägt, Schiller zu bitten, seinem Roman die fehlenden philosophischen Lichter aufzusetzen: »Und sollte mirs ja begegnen, ... daß mir doch die letzten bedeutenden Worte nicht aus der Brust wollten, so werde ich Sie bitten, zuletzt mit einigen kecken Pinselstrichen das noch selbst hinzuzufügen, was ich, durch die sonderbarste Naturnotwendigkeit gebunden, nicht auszusprechen vermag.« (9. Juli 1796) Goethe hat wohl gespürt, daß der Freund von den *Lehrjahren* etwas erwartete, was er künstlerisch noch nicht einzulösen vermochte: eine exemplarische Darstellung der spekulativen Bildung der Moderne. Sie wird ihm erst in *Wilhelm Meisters Wanderjahren* gelingen – auf eine weit kühnere Weise, als Schiller ahnen konnte, indem er hier nämlich die Form des traditionellen Romans sprengt und der Spekulation ein weites Feld jenseits der Grenzen herkömmlicher Erzählkunst eröffnet, etwa in den großen Aphorismen-Sammlungen innerhalb des Romans. In den *Lehrjahren* sieht Goethe jedoch noch keine künstlerische Möglichkeit, wie er jene Forderungen erfüllen könnte. So siegt schließlich sein »realistischer Tic« (9. Juli 1796) über das Verlangen nach größerer philosophischer Evidenz des Romans.

Wilhelm Meisters theatralische Sendung sollte der Roman ursprünglich heißen, den Goethe gut ein Jahr nach seiner Ankunft in Weimar (im November 1775) zu diktieren begann. Die immer wieder unterbrochene Arbeit geriet bis zum Abschluß des sechsten Buchs im November 1785. (Die Handlung reichte bis an den Anfang des fünften Buchs der späteren *Lehrjahre*.) Auch das siebte Buch wurde noch begonnen, aber dann mußte die Weiterführung des Werks wegen der Italienreise unterbrochen werden. Erst Ende 1793 begann Goethe nach fast achtjähriger Unterbrechung mit der Umarbeitung und Vollendung des Fragments. Vor allem die »antizipierende Kritik« Schillers, wie dieser selbst seinen Anteil an der Entstehung von Goethes Roman in einem Brief an Körner vom 9. Oktober 1794 treffend bezeichnet, bewirkte den zügigen Abschluß der *Lehrjahre*.

Die *Lehrjahre* gehen weit über die Thematik der »theatralischen Sendung« des Protagonisten hinaus, die den ursprünglichen Titel des Romans bildete. Die Theaterwelt: Puppenspiel, Liebhaber- und Wanderbühne, stehende Schaubühne und Hoftheater, vor allem aber Boheme, Kabalen und Amouren der Schauspieler treten freilich immer noch plastisch, in bunter Fülle in Erscheinung. Goethe konnte bis zum fünften Buch das Handlungspotential des ›Urmeister‹ ausschöpfen. Dann aber galt es, gänzlich Neues zu erfinden. Die als eine Art Zwischenaktmusik im sechsten Buch eingeschalteten »Bekenntnisse einer schönen Seele«, welche den Leser auf die Personen und Motive der folgenden Bücher vorbereiten, bilden die Grenze zwischen dem alten Theaterroman und einer wesentlich anderen epischen Welt. Blieben die ersten fünf Bücher noch von den – in Grundzügen durchaus wirklichkeitsgetreu wiedergegebenen – sozialen Verhältnissen des späten 18. Jahrhunderts geprägt, öffnet sich nach dem sechsten Buch der Vorhang über einer Welt, welche die bestehenden gesellschaftlichen Realitäten, zumal die Standesgegensätze vielfach wie selbstverständlich hinter sich läßt und schon auf die sozialen Reformen der nächsten Jahrzehnte vorausweist.

Diese und die folgende Seite: Ernst Ludwig Kirchner, Illustrationen zu *Wilhelm Meisters Lehrjahre*, Federzeichnung über Bleistift (1936/38)

Die ersten fünf Bücher stellen Wilhelms Weg zum Theater dar, im Widerstreit mit dem Geschäftsleben, zu dem ihn sein Vater bestimmt hat und das in seinem Schwager Werner einen typischen, seiner Person kontrapunktisch zugeordneten Repräsentanten findet. Das Theater aber steht nicht für sich, sondern ist für Wilhelm bis zu scheinbarer Identität mit der ›großen Welt‹ des Adels und Hofes verbunden. Die Kontrastierung der Adels- und Theaterwelt mit der bürgerlich-ökonomischen Welt, welche den Roman leitmotivisch durchzieht, findet ihre deutlichste Ausprägung in Wil-

helms Brief an Werner im dritten Kapitel des fünften Buches. Als Grundtendenz seines Lebens bezeichnet er dort die »Ausbildung« seiner »Person«. Diesen Begriff versteht Goethe noch nicht im modernen verinnerlichten, sondern im alteuropäischen Sinne: ›persona‹ ist ursprünglich die Maske des Schauspielers, die Rolle, die er spielt. Im wirklichen Leben heißt ›Person‹ sein demgemäß: sich nach außen hin sinnfällig darstellen, in der Gesellschaft ›Figur‹ machen.

Eben dies ist aber in Deutschland nach Wilhelms Überzeugung allein dem Edelmann vorbehalten. Nur er ist »öffentliche Person«, denn seine Aufgabe ist es, ständig in und vor der Gesellschaft zu »scheinen«, d.h. zu repräsentieren. Dem Bürger hingegen ist eine solche öffentlich-ostentative Selbstdarstellung verwehrt, er bleibt auf die Privatsphäre und die Einseitigkeit eines ›nützlichen‹ Berufs beschränkt. Schiller hat das in seinem Aufsatz *Über die notwendigen Grenzen beim Gebrauch schöner Formen* (1795) auf die bündige Formel gebracht: »der Bürgerliche arbeitet, während der Adelige repräsentiert«. Wilhelm Meister gibt sich nun aber der Illusion hin, auf der Bühne ebenso wie der Edelmann in der höfischen Welt »scheinen« und »öffentliche Person« sein zu können. Die Bühne wird ihm zum Surrogat der höfisch-repräsentativen Aura. Nicht lange nach seiner Entscheidung für die Bühne gibt er jedoch diese Illusion preis. Grund dafür ist nicht zuletzt sein Studium Shakespeares, dessen dramatische Welt nicht zu dem an der Adelskultur orientierten Repräsentationstheater passen will, das Wilhelms Bild vom Schauspiel und Schauspieler bis dahin prägte. Die Aufführung des *Hamlet* ist Höhepunkt und zugleich Ende von Wilhelms Theaterlaufbahn.

Wenn nach dem Zwischenspiel der »Bekenntnisse einer schönen Seele« – dem sechsten Buch – der Vorhang wieder aufgeht, finden wir uns in einer tiefgrei-

Wilhelm Meisters Ausbildung der »Person«

»Mich selbst, ganz wie ich da bin, auszubilden, das war dunkel von Jugend auf mein Wunsch und meine Absicht. [...] Wäre ich ein Edelmann, so wäre unser Streit bald abgetan; da ich aber nur ein Bürger bin, so muß ich einen eigenen Weg nehmen, und ich wünsche, daß Du mich verstehen mögest. [... Der Edelmann] ist eine öffentliche Person, und je ausgebildeter seine Bewegungen, je sonorer seine Stimme, je gehaltner

fend veränderten Welt wieder. In diesen »Bekenntnissen« lernte Wilhelm, der sein Leben nach seiner eigenen Einsicht bisher zweck- und planlos vergeudet hat, zum ersten Mal den überzeugenden Versuch einer streng methodischen Lebensführung kennen. Der pietistische Lebensplan der »schönen Seele«, deren Urbild Goethes 1774 verstorbene Freundin Susanna Katharina Klettenberg gewesen ist, die ihn in den Frankfurter Genesungsmonaten zwischen der Leipziger und Straßburger Studienzeit so bedeutend beeinflußt hatte, bereitet auf das Erziehungssystem der Turmgesellschaft vor. Diese hat sich ebenfalls eine konsequente Methode der Lebensführung zur Aufgabe gemacht, freilich nicht im Sinne der weltablehnenden Askese der Verfasserin der »Bekenntnisse«, sondern einer innerweltlichen Askese, die auf tätige Aneignung der Welt zielt.

Diese Welt tritt ihm in Gestalt eines Adelskreises gegenüber, der einen der bisherigen Lebensrichtung Wilhelms genau entgegengesetzten Weg einzuschlagen begonnen hat: von der feudal-höfischen zur bürgerlich-ökonomischen Welt. Der Edelmann Lothario vertritt im achten Buch Ideen, die nach Goethes eigenen Worten eine »Aufhebung des Feudalsystems« bedeuten (an Schiller, 9. Juli 1796). Er ist ein Repräsentant des Reformadels, der die herkömmliche Agrarwirtschaft durch moderne ökonomische Grundsätze ersetzen will: kein feudaler Grundherr mehr, sondern ein moderner rationeller Landwirt, der in dem Bestreben, seinen Besitz durch Zukauf abzurunden, sich nicht scheut, mit einem Bürger – mit Wilhelms Schwager Werner – gemeinsame Sache zu machen.

Unter der Obhut dieser Gesellschaft, die quasi als säkularisiertes Fatum über Wilhelms Dasein waltet, verfolgt der Held des Romans nun eine völlig neue Lebenstendenz. Theater und Poesie überhaupt treten ganz in den Hintergrund des »tätigen Lebens«.

Das hat freilich nichts mit »künstlerischem Atheismus« zu tun, wie Novalis polemisch konstatiert hat, sondern es geht Goethe ausschließlich um die Über-

und gemessener sein ganzes Wesen ist, desto vollkommner ist er. [...] Wenn der Edelmann durch die Darstellung seiner Person alles gibt, so gibt der Bürger durch seine Persönlichkeit nichts und soll nichts geben. Jener darf und soll scheinen; dieser soll nur sein, und was er scheinen will, ist lächerlich oder abgeschmackt. Jener soll tun und wirken, dieser soll leisten und schaffen [.] Nun leugne ich Dir nicht, daß mein Trieb täglich unüberwindlicher wird, eine öffentliche Person zu sein, und in einem weiten Kreise zu gefallen und zu wirken. [...] Du siehst wohl, daß das alles für mich nur auf dem Theater zu finden ist, und daß ich mich in diesem ein-zigen Elemente nach Wunsch rühren und ausbilden kann. Auf den Brettern erscheint der gebildete Mensch so gut persönlich in seinem Glanz als in den obern Klassen; Geist und Körper müssen bei jeder Bemühung gleichen Schritt gehen, und ich werde da so gut sein und scheinen können als irgend anderswo.«
Wilhelm Meisters Lehrjahre, Fünftes Buch

windung des Dilettantismus. Die hochproblematische Seite dieses von ihm als repräsentativ für die zeitgenössische Bildungs- und Empfindungswelt empfundenen Phänomens hat er bereits an der Titelgestalt seines *Werther* tragisch exemplifiziert. Er wird zusammen mit Schiller dieser Erscheinung bald ein weitläufiges, freilich nicht zum Abschluß gelangtes Projekt widmen. Im »Lehrbrief« für Wilhelm Meister heißt es: »Wer sie [die Kunst] halb kennt, ist immer irre und redet viel; wer sie ganz besitzt, mag nur tun und redet selten oder spät.« Hier ist der Unterschied zwischen dem Künstler und dem Dilettanten auf den Punkt gebracht. Und weiter ist im »Lehrbrief« zu lesen: »Man soll sich vor einem Talente hüten, das man in Vollkommenheit auszuüben nicht Hoffnung hat. Man mag es darin so weit bringen, als man will, so wird man doch immer zuletzt, wenn uns einmal das Verdienst des Meisters klar wird, den Verlust von Zeit und Kräften, den man auf eine solche Pfuscherei gewendet hat, schmerzlich bedauern.« Daraus zieht Wilhelm Meister nun die Lehre, indem er sich vom Theater abwendet.

Die Grundmaxime der Turmgesellschaft lautet: »Gedenke zu leben« – der Gegenappell zum christlichen *Memento mori*. In den Reihen dieser aufgeklärten Gesellschaft haben die tragischen Gestalten, die Wilhelm Meisters Leben bis dahin als melancholische Schatten begleiteten – Mignon und der Harfner –, keinen Platz. Hier liegt die Grenze der Turmgesellschaft, zeigt die Aufklä-

Mignon, Marmorstatue von Eugène Antoine Aizelin, 1881

rung ihr despotisches Gesicht. Mignons zu Herzen gehender Widerspruch gegen den pädagogischen Zugriff der Männer vom Turm – »Ich bin gebildet genug, um zu lieben und zu trauern« und »Die Vernunft ist grausam, das Herz ist besser« – wird überhört. Die Grausamkeit der Vernunft ist ein Stück ›Dialektik der Aufklärung‹, welche der Autor der *Lehrjahre* hinter den Bildungstendenzen der Turmgesellschaft deutlich spüren läßt, die dunkle Wolke am heiteren Himmel, welcher sich über dem glücklichen Ende des Romans wölbt.

Ästhetische Grundsatzfragen

Goethe und Schiller haben nicht nur lebhaften theoretischen und praktischen Anteil an ihren jeweiligen Werken genommen, sondern auch gemeinsam ästhetische Grundsatzfragen erörtert. Das Medium dafür war neben dem mündlichen Gespräch vor allem ihr Briefwechsel. So haben sie sich 1797, angeregt von ihren eigenen dramatischen und epischen Arbeiten zu dieser Zeit, ausführlich mit Fragen der Gattungspoetik beschäftigt, zumal mit den Strukturgesetzen von Drama und Epos. Goethe hat einen Großteil ihrer einschlägigen Erörterungen in einem Aufsatz *Über epische und dramatische Dichtung* zusammengefaßt, den er seinem Brief vom 23. Dezember 1797 beigelegt hat. Merkwürdigerweise haben sie die epischen Gattungsmerkmale nicht am modernen Roman – an *Wilhelm Meisters Lehrjahren* –, sondern am antikisierenden Genre des Epos – *Hermann und Dorothea* – entwickelt, eine klassizistische Grenze ihrer Gattungstheorie, die durch ihre eigenen poetischen Produktionen weit überboten wird.

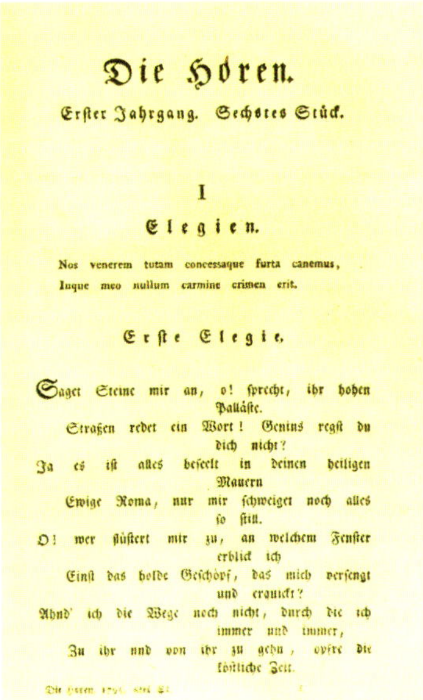
Die Horen.

Erſter Jahrgang. Sechstes Stück.

I

Elegien.

Nos venerem tutam concessaque furta canemus,
Inque meo nullum carmine crimen erit.

Erſte Elegie.

Saget Steine mir an, o! ſprecht, ihr hohen Paläſte.
Straßen redet ein Wort! Genius regſt du dich nicht?
Ja es iſt alles beſeelt in deinen heiligen Mauern
Ewige Roma, nur mir ſchweiget noch alles ſo ſtill.
O! wer flüſtert mir zu, an welchem Fenſter erblick ich
Einſt das holde Geſchöpf, das mich verſengt und erquickt?
Ahnd' ich die Wege noch nicht, durch die ich immer und immer,
Zu ihr und von ihr zu gehn, opfre die köſtliche Zeit.

Titelblatt der »Horen« von 1795

Öffentliche Organe ihrer neuen Ästhetik sollten die beiden Zeitschriftenunternehmungen »Die Horen« (1795–97) und »Die Propyläen« (1798–1800) sein. Daß beide, mit weitreichenden Hoffnungen begonnen, nach kurzer Zeit recht trostlos eingingen, manifestiert, wie fremd Publikum und literarische Intelligenz der Zeit den ästhetischen Bestrebungen Goethes und Schillers gegenüberstanden. Die in ihrem Briefwechsel sich bekundende zunehmende Publikumsfeindlichkeit ist aus ihrer Sicht also nicht unbegreiflich.

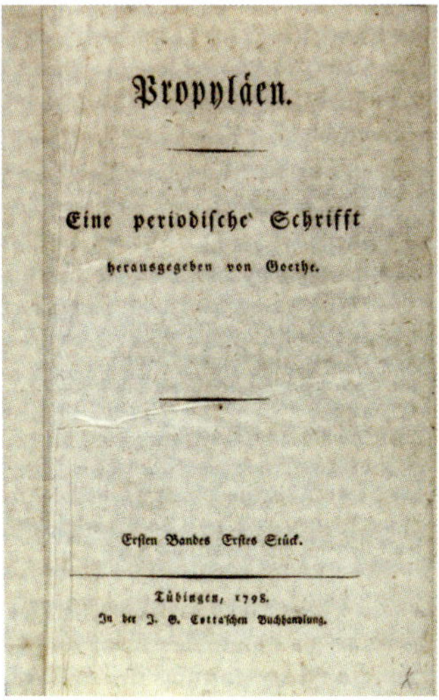
Propyläen.
Eine periodische Schrifft
herausgegeben von Goethe.
Ersten Bandes Erstes Stück.
Tübingen, 1798.
In der J. G. Cotta'schen Buchhandlung.

Die Titelseite der ersten Ausgabe der »Propyläen« von 1798

Wie Goethe Schillers »Horen« durch eine stattliche Reihe von novellistisch-essayistischen Arbeiten unterstützt hat, so hat auch Schiller an den von Goethe in Verbindung mit Heinrich Meyer herausgegebenen »Propyläen« tätigen Anteil genommen. Goethe selber hat hier einige seiner wichtigsten kunsttheoretischen Schriften veröffentlicht, so den Dialog *Über Wahrheit und Wahrscheinlichkeit der Kunstwerke* (1798), der in Widerspruch zur naturalistischen Wahrscheinlichkeits- und Illusionsforderung auf eine Unterscheidung des »Kunstwahren« vom »Naturwahren« dringt, und den von ihm und Schiller gemeinsam konzipierten novellistischen Essay *Der Sammler und die Seinigen* (1799). Dieser richtet sich gegen bestimmte einseitige ästhetische Ansichten, die nicht vom »Ganzen der Kunst« ausgehen, sondern durch Verabsolutierung von Teilaspekten zu schiefen Urteilen gelangen. An diesen Essay hat sich die Dilettantismus-Diskussion angeschlossen, in der wir das geheime Hauptdokument jener »›hochgesinnten‹ Verschwörung gegen das Publikum« sehen dürfen, als die Bertolt Brecht in seinem *Arbeitsjournal* vom 2. Januar 1948 die Allianz Goethes und Schillers einmal bezeichnet hat. »Das einzige Verhältnis gegen das Publikum, das einen nicht reuen kann, ist der Krieg, und ich bin dafür, daß auch der Dilettantismus angegriffen wird«, heißt es in Schillers Brief an Goethe vom 25. Juni 1799. Beide planten eine große Abhandlung zu diesem Thema, doch ist es bei einem Konvolut von Schemata, Stichwörtern und Fragmenten geblieben. Für Goethe und Schiller war der Dilettantismus die »herrschende Unart der Zeit, im Ästhetischen unbedingt und gesetzlos sein zu wollen und willkürlich zu phantasieren«.

Das dritte Organ des Zusammenwirkens Goethes und Schillers neben ihrem Briefwechsel und ihren Zeitschriften ist der von Schiller herausgegebene »Musenalmanach« (1796–1800). Der Almanach für das Jahr 1797 enthält das spektakulärste, die heftigsten Gegenreaktionen auslösende Dokument ihrer Allianz: die *Xenien*. Mit diesem Wort (»Gastgeschenke«) hat der römische Dichter Martial (geb. um 40 n. Chr.) ironisch das 13. Buch seiner Epigramme tituliert. Dadurch wurde Goethe angeregt, mit Schiller über 900 satirisch-polemische Distichen zu schreiben, in denen sie vor allem mit der Kümmerlichkeit der »Horen«-Kritiker und der den literarischen Markt beherrschenden Journale, aber auch mit ihren literarischen Widersachern und überhaupt allen ästhetischen und philosophischen Tendenzen, die ihnen ein Dorn im Auge waren, abzurechnen dachten. Durch ihren polemischen Rundumschlag haben sie sich unzählige Feinde gemacht, auch unter bedeutenden Zeitgenossen, die es nicht verdient hatten, mit allen möglichen mittelmäßigen Erscheinungen in einen satirischen Topf geworfen zu werden. Keine Unternehmung Goethes und Schillers manifestiert deutlicher die Kluft, welche ihre Bestrebungen vom bürgerlichen Geschmack und literarischen Betrieb ihrer Zeit trennte.

Xenien

»Unsre Poeten sind seicht, doch das Unglück ließ' sich vertuschen, /
Hätten die Kritiker nicht, ach, so entsetzlich viel Geist.«

»Das verkauft er für Humanität? Zusammen addieren /
Kannst du den Engel, das Vieh, aber vereinigen nicht.«

Balladen und Lyrik

Das Bündnis mit Schiller, das Goethes Weimarer Existenz seit der Rückkehr von der Italienischen Reise eine neue Basis gegeben hat, ist vorwiegend auf epische und dramatische Dichtung ausgerichtet. Goethes Erzählwerke beherrschen die ästhetische Diskussion der Weimarer Freunde ebenso wie Schillers wiedererwachende dramatische Produktivität. Freilich hat Schiller durch die Veröffentlichung der *Römischen Elegien* in den »Horen« und der *Venezianischen Epigramme* in sei-

»Der Gott und die Bajadere«, Kunstpostkarte nach einer Illustration von Egon Schiele

nem »Musenalmanach für das Jahr 1796« auch zum Wiederhervortreten des Lyrikers Goethe beigetragen. An diese Epigramme, die Goethe als scharfzüngigen Zeitkritiker zeigen, knüpfen die *Xenien* im »Musenalmanach für das Jahr 1797« an. Danach aber haben Goethe und Schiller das polemische Feld im Rahmen der lyrischen Gattung ausdrücklich verlassen und sich im »Musenalmanach für das Jahr 1798« eine rein poetische Aufgabe gestellt: die Ballade.

Die bedeutendsten der im »Balladenjahr« 1797 (Schiller an Goethe, 22. September 1797) und im folgenden Jahrzehnt entstandenen Balladen sind auf seiten Goethes *Der Schatzgräber, Die Braut von Korinth, Der Gott und die Bajadere, Der Zauberlehrling* (1797), *Hochzeitlied* (1803), *Der Totentanz* (1815), *Ballade* (1813/16) und, wenn sie der Gattung der Ballade überhaupt noch zuzurechnen ist, die *Paria*-Trilogie (1824), eine der großen lyrischen Spätdichtungen Goethes. Die Hinwendung zum Genre der Ballade – das Goethe schon seit seiner Straßburger Zeit vertraut war – ist ebenfalls in Zusammenhang mit den Bemühungen Goethes und Schillers um eine neue Gattungspoetik zu sehen, in erster Linie also das Experiment mit einer Gattung, die bis dahin einen eher subliterarischen Charakter gehabt hat. Im Grunde bleibt die Ballade freilich auch für Goethe und Schiller eine Spezies von untergeordnetem ästhetischem Wert; sie betonen, daß auch ihre eigene Balladenkunst nicht ernster, »ästhetischer« genommen werden dürfe, »als sie gemeint sei«, wie Schiller selbst in Bezug auf die *Braut von Korinth*, die zu Goethes bedeutendsten Gedichten gehört, warnend an Körner schreibt (12. Februar 1798).

Für Goethe ist die Periode der Freundschaft mit Schiller im Vergleich mit der Sturm-und-Drang-Zeit,

Rechte Seite: »Der Zauberlehrling«, Kunstpostkarte, um 1910

Poetik der Ballade

Eine präzise Poetik der Ballade haben Goethe und Schiller sich im Briefwechsel erspart, da sie sich darüber offenbar im täglichen Gespräch einig wurden. Die einzige deutliche theoretische Bestimmung der Gattung findet sich erst in Goethes 1821 veröffentlichter »Auslegung« seiner *Ballade* vom »vertriebenen und zurückkehrenden Grafen« (1813/16), deren mit der Gattungsbezeichnung zusammenfallender Titel auf das Gattungstypische, ja -symbolische dieser Dichtung hinweist. Die Ballade verkörpert für Goethe gewissermaßen den Urtypus der Poesie, »weil hier die Elemente noch nicht getrennt, sondern wie in einem lebendigen Ur-Ei zusammen sind«, aus dem sich durch Differenzierung die einzelnen Dichtungsarten entfalten. Ihre Bedeutung kommt der Funktion der »Urpflanze« oder des »Blatts« in der Morphologie der Pflanze nahe. »Die Ballade hat etwas Mysterioses, ohne mystisch zu sein; diese letzte Eigenschaft eines Gedichts liegt im Stoff, jene in der Behandlung.« Das »Mysteriose« kommt also durch die verrätselnde, mystifizierende Darstellung (Auslassungen, Durchbrechung und Umkehrung der Zeitfolge u.ä.) zustande. In Goethes Poetik der Ballade gibt sich eine rationalistische Position kund, eine – manchmal als Ironie hervortretende – Distanz aufgeklärten Bewußtseins zum gestalteten Stoff als einem Produkt mehr oder weniger sinnreichen Aberglaubens. Andererseits drückt sich in solchem ›Aberglauben‹ eine ältere, magisch-symbolische Denkform aus, die unterhalb der Schwelle des Bewußtseins ihr Recht gegenüber der aufgeklärten Vernunft behauptet. In der Vampyrballade *Die Braut von Korinth* ist das rächende Aufbegehren der alten Götterreligion gegen die asketische Religiosität des Christentums dargestellt, in *Der Gott und die Bajadere* die Liebesdemut der Dirne in Opposition gegen die starre Gesetzlichkeit des Priestertums und Kastenwesens oder in *Der Totentanz* die im letzten Moment abgewehrte Rache der Totenwelt für den frevelhaften Einbruch aufgeklärten Zynismus in ihren Bereich.

dem ersten Weimarer Dezennium und den letzten Lebensjahrzehnten eine auf lyrischem Gebiet ansonsten eher unproduktive Phase. Vor allem die liedhaften Formen mit ihren intim-atmosphärischen Stimmungen, durch die sich Goethes Lyrik so stark von den Gedichten Schillers unterscheidet, treten deutlich zurück hinter objektiveren, deskriptiv-gegenständlichen Formen wie der Elegie. Die Gedichte Goethes, welche noch am stärksten auf die frühe Weimarer Zeit zurückweisen, wie *Meeresstille* und *Glückliche Fahrt oder Nähe des Geliebten* (sie stehen sämtlich im »Musenalmanach für das Jahr 1796«) zeigen eine erheblich größere Distanz gegenüber dem subjektiven Gefühl. Die bedeutendsten

Gedichte Goethes aus dieser Zeit sind neben seinen naturwissenschaftlichen Lehrgedichten die Elegie *Euphrosyne*, eine der großen Totenklagen der deutschen Literatur (auf die früh verstorbene Weimarer Schauspielerin Christiane Neumann), und der auf die Tradition der Idylle zurückweisende *Amyntas* (beide im »Musenalmanach für das Jahr 1799« veröffentlicht) – ferner die kleine epische Dichtung *Alexis und Dora* (1796), die mit ihrem antik-mediterranen Gepräge und ihrer plastischen Gegenständlichkeit in größtem Kontrast steht zu den nicht lange danach entstehenden Balladen und ihrer nordisch-›mysteriosen‹ Gestaltenwelt.

Theaterreform

Zu den gemeinsamen Arbeitsfeldern Goethes und Schillers gehört auch und vor allem das Theater. In der Vorrede zu seinem »Trauerspiel mit Chören« *Die Braut von Messina* (1803) hat Schiller es als sein Ziel bezeichnet, gegen »den gemeinen Begriff des Natürlichen zu kämpfen, welcher alle Poesie und Kunst geradezu aufhebt und vernichtet«, ja, noch schärfer formuliert, »dem Naturalism in der Kunst offen und ehrlich den Krieg zu erklären«. In dieser Hinsicht war er sich mit Goethe ganz und gar einig. Zumal durch ihre Übertra-

Goethe-Schiller-Denkmal in Weimar

gungen französischer Tragödien (Goethe: Voltaires *Mahomet* und *Trancred*, 1800/01; Schiller: Racines *Phädra*, 1805) haben sie ein Gegengewicht zur naturalistischen Stillosigkeit der zeitgenössischen Bühne schaffen wollen.

Es sei zu wünschen, »daß, unbeschadet des Originalgangs, den wir eingeschlagen haben, die Vorzüge des französischen Theaters auch auf das unsrige herübergeleitet werden möchten«, heißt es in Goethes Vorrede zu *Szenen aus Mahomet* in den »Propyläen« (1800).

Goethes Voltaire-«Experiment« stellte ohne Zweifel eine Provokation für das bürgerliche Publikum dar. Wozu die Rückkehr zu den durch Lessings Kritik – ja durch den jungen Goethe selbst – vermeintlich ad absurdum geführten ›Regeln‹ der klassizistischen Dramaturgie? Auf diese vielfach gestellte Frage hat Schiller in seinem Gedicht *An Goethe, als er den Mahomet von Voltaire auf die Bühne brachte* (1800) eine Antwort versucht. Die Wiederbegegnung mit der tragischen Kunst der Franzosen ist nach seiner Überzeugung angesichts der naturalistischen Verwilderung des deutschen Theaters diätetisch heilsam und notwendig, auch wenn sie dem deutschen Theater niemals mehr ein echtes »Muster« werden dürfe.

Schillers Gedicht entspricht durchaus der Theaterästhetik Goethes zu dieser Zeit. In den von Eckermann später redigierten und herausgegebenen *Regeln für Schauspieler* prägt sie sich besonders deutlich aus: Goethe geht es um die entschiedene Trennung der Kunst von der Natur und die Abgrenzung der Bühne als eines eigenständigen Bereichs von der Zuschauerwirklichkeit, um Stilisierung des Theaters zu einem musikalisch inspirierten choreographischen Gesamtkunstwerk. Die von Humboldt an der französischen Schauspielkunst hervorgehobene Musikalisierung der Deklamation und die tänzerische Rhythmisierung der Bewegung sind erklärte Ziele der Goetheschen Theaterregeln. »Man könnte die Deklamierkunst eine prosaische Tonkunst nennen«, heißt es in den *Regeln für*

»Goethe in seinem Arbeitszimmer«, Gemälde von Otto Rasch

Schauspieler, »wie sie denn überhaupt mit der Musik sehr viel Analoges hat« (§ 21). Goethes Lieblingsschauspieler Pius Alexander Wolff hat in seinen Aufzeichnungen *Über den Vortrag im Trauerspiel* mitgeteilt: »Die Weise, wie Goethe eine dramatische Dichtung auf die Bühne brachte, war ganz die eines Kapellmeisters, und er liebte es, bei allen Regeln, die er festsetzte, die Musik zum Vorbilde zu nehmen, und gleichnisweise von ihr bei allen seinen Anordnungen zu sprechen. Der Vortrag wurde von ihm auf den Proben ganz in der Art geleitet, wie eine Oper eingeübt wird.«

Die Oper war für Goethe wie für Schiller in der Tat ein Modell ihrer Theaterreformideen, da sie auf die »servile Naturnachahmung« verzichtet, wie Schiller in seinem berühmten Opernbrief an Goethe vom 29. Dezember 1797 schreibt, der auf Wagner und Nietzsche so bedeutenden Eindruck gemacht hat: »Ich hatte immer ein gewisses Vertrauen zur Oper, daß aus ihr wie aus den Chören des alten Bacchusfestes das Trauerspiel in einer edlern Gestalt sich loswickeln solle. In der Oper erläßt man wirklich die servile Naturnachahmung, und obgleich nur unter dem Namen der Indulgenz könnte sich auf diesem Wege das Ideale auf das Theater stehlen.«

Auch Goethe hat 1798 in seinem Dialog *Über Wahrheit und Wahrscheinlichkeit der Kunstwerke* die Unterscheidung des »Kunstwahren« vom »Naturwahren« – in Opposition gegen die naturalistische Wahrscheinlichkeits- und Illusionsforderung – gerade am Exempel der Oper entwickelt. Sein konstantes Interesse an dieser Gattung verrät sich in seinen zahlreichen Opernexperimenten. Die »reine Opernform« hat er schon in den *Tag- und Jahresheften* zu 1789 als »vielleicht die günstigste aller dramatischen« bezeichnet. Bezeichnenderweise trägt er sich gerade in der Zeit seiner Theaterreformbemühungen mit dem Plan, Mozarts *Zauberflöte* fortzusetzen. (Das Fragment gebliebene Libretto wird als *Der Zauberflöte zweiter Teil* 1802 erscheinen.) Die Opern Mozarts gehörten zum festen Bestand des Goetheschen Repertoires in der Zeit seiner Schauspieldirektion, entsprach ihre Form seiner Bühnenästhetik doch in besonderem Maße.

Goethe und Schiller haben mit Vorliebe die Neu- und -umbauten der Theater im Umkreis Weimars zum Anlaß genommen, das jeweils neue Haus als Heimstätte einer besseren Theaterästhetik zu symbolisieren. Immer spielt da der Vergleich des Theatersaals mit einem Tempel, der sich in seiner klassizistischen Architektur sinnfällig manifestiert, eine wesentliche Rolle. So dient Goethe in seinem Theatervorspiel *Was wir bringen* (1802) die Wiedereröffnung des Lauchstädter Theaters dazu, das alte und das neue Haus in dramaturgische Allegorien für die abgelebte Alltagsdramatik in den Spuren des bürgerlichen Trauerspiels auf der einen und die neue idealisierende Bühnenkunst auf der anderen Seite zu verwandeln. Die Verzauberung des alten verrotteten Theaters in einen Tempel der Kunst soll demonstrieren – so Merkur im 16. Auftritt, der die Prosa der ersten fünfzehn Auftritte nun gegen den Sprechvers der griechischen Tragödie vertauscht –, »daß wir, mehr und mehr / Zu höhren Regionen unsrer edlen Kunst / Uns aufzuschwingen, alle vorbereitet sind«.

Theaterreform

»Erweitert jetzt ist des Theaters Enge,/ In seinem Raume drängt sich eine Welt,/ Nicht mehr der Worte rednerisch Gepränge,/ Nur der Natur getreues Bild gefällt,/ Verbannet ist der Sitten falsche Strenge,/ Und menschlich handelt, menschlich fühlt der Held,/ Die Leidenschaft erhebt die freien Töne,/ Und in der Wahrheit findet man das Schöne./ [...] Nicht Muster zwar darf uns der Franke werden,/ Aus seiner Kunst spricht kein lebendger Geist,/ Des falschen Anstands prunkende Gebärden/ Verschmäht der Sinn, der nur das Wahre preist,/ Ein Führer nur zum Bessern soll er werden,/ Er komme wie ein abgeschiedner Geist,/ Zu reinigen die oft entweihte Szene/ Zum würdgen Sitz der alten Melpomene.«

Friedrich Schiller, *An Goethe, als er den Mahomet von Voltaire auf die Bühne brachte*

1806 Schlacht bei Jena und Auerstedt; Rheinbund. Ende des Heiligen Römischen Reichs Deutscher Nation. Napoleonische Truppen besetzen Weimar.
1807 Tod Anna Amalias.
1812 Rußlandfeldzug Napoleons.
1813–1815 Deutsche Befreiungskriege, 1813: Völkerschlacht bei Leipzig. Tod Wielands.
1814/1815 Wiener Kongreß.
1815 Schlacht bei Waterloo: Sieg Blüchers und Wellingtons über Napoleon. Verbannung Napoleons nach St. Helena. Sachsen-Weimar wird Großherzogtum.
1816 Carl August gibt Sachsen-Weimar eine (landständische) Verfassung. Tod Christianes.
1817 Wartburgfest.
1819 Karlsbader Beschlüsse nach Ermordung Kotzebues.
1821 Tod Napoleons.
1828 Tod des Großherzogs Carl August.
1830 Juli-Revolution in Paris.

Eine neue Zeit bricht an

Oben: Goethe bei der Betrachtung von Schillers Schädel, Büste von Gustav Eberlein, 1897

Schillers Tod am 9. Mai 1805 hat der in der Kulturgeschichte einzigartigen Allianz zweier großer Dichter nach gut einem Jahrzehnt schöpferischer Gemeinschaft ein jähes Ende bereitet. Mit dem Tod Schillers geht die eigentlich prägende Periode der Weimarer Klassik zuende. Herder – seit langem zu ihrem verbitterten Dissidenten geworden – ist zwei Jahre zuvor gestorben; ins Jahr 1813 wird der Tod Wielands fallen. Der alte Weimarer Kreis besteht nicht mehr. Die nun dominierende romantische Zeitströmung droht die ästhetischen Prinzipien, an denen Goethe und Schiller festgehalten haben, mehr und mehr veralten zu lassen.

Ein Jahr nach Schillers Tod bricht auch geschichtlich eine neue Zeit an. Mit der Niederlegung der deutschen Kaiserkrone durch Franz II. endet das längst ausgehöhlte deutsche Reich. Der durch die Neutralität Sachsen-Weimars seit 1795 garantierte »Friede des klassischen Weimar« (Hans Tümmler) endet mit dem Krieg Frankreichs gegen Preußen, an dem auch der weimarische Herzog als preußischer General teilnimmt. Aus-

Eugène Delacroix: »Die Freiheit führt das Volk auf die Barrikaden«, 1830

gerechnet auf dem Territorium Sachsen-Weimars, in der Doppelschlacht von Jena und Auerstedt, bereitet Napoleon dem preußischen Heer am 14. Oktober 1806 eine vernichtende Niederlage. Mit dem militärischen Zusammenbruch Preußens steht die Existenz des weimarischen Herzogtums und seines Fürstenhauses, damit aber auch der sensible Kosmos seiner literarischen Kultur auf dem Spiele. In unmittelbarer Nachbarschaft Weimars findet 1808 in Erfurt der Fürstenkongreß statt, in dessen Verlauf es zu der berühmten Begegnung Napoleons mit Goethe kommt – den der Kaiser durch seine detaillierte Textkenntnis des *Werther* verblüfft (angeblich hat er ihn siebenmal gelesen).

Goethes Bewunderung Napoleons, die auch seine zwiespältige Haltung in den Befreiungskriegen bedingt, entfremdet ihn dem Herzog und seinen Freunden. Freilich ist Goethes pronapoleonische Haltung für Sachsen-Weimar nicht unvorteilhaft gewesen. Der Re-

»Ich dachte mich selbst zu verlieren, und verliere nun einen Freund und in demselben die Hälfte meines Daseins. Eigentlich sollte ich eine neue Lebensweise anfangen; aber dazu ist in meinen Jahren auch kein Weg mehr. Ich sehe also jetzt nur jeden Tag unmittelbar vor mich hin, und tue das Nächste, ohne an eine weitre Folge zu denken.« Brief an Carl Friedrich Zelter, 1.6.1805

Goethes Begegnung mit Napoleon

»Den zweiten [Oktober 1808]. Ich werde in das Kabinett gerufen. Der Kaiser sitzt an einem großen runden Tische frühstückend; [...] Nachdem er mich aufmerksam angeblickt, sagte er: Vous êtes un homme. Ich verbeuge mich.
Er fragt: Wie alt seid Ihr?
Sechzig Jahr.
Ihr habt Euch gut erhalten – Ihr habt Trauerspiele geschrieben.
[...] Er wandte sodann das Gespräch auf den *Werther*, den er durch und durch mochte studiert haben. Nach verschiedenen ganz richtigen Bemerkungen bezeichnete er eine gewisse Stelle und sagte: Warum habt Ihr das getan? es ist nicht natürgemäß, welches er weitläufig und vollkommen richtig auseinandersetzte.

Ich hörte ihm mit heiterem Gesichte zu und antwortete mit einem vergnügtem Lächeln: daß ich zwar nicht wisse ob mir jemand denselben Vorwurf gemacht habe; aber ich finde ihn ganz richtig [...] Dabei muß ich überhaupt bemerken, daß ich im ganzen Gespräch die Mannigfaltigkeit seiner Beifallsäußerung zu bewundern hatte; denn selten hörte er unbeweglich zu, entweder er nickte nachdenklich mit dem Kopfe oder sagte oui oder c'est bien oder dergleichen; auch darf ich nicht vergessen zu bemerken, daß, wenn er ausgesprochen hatte, er gewöhnlich hinzufügte: Qu'en dit Monsieur Göt?« (*Unterredung mit Napoleon*)

Napoleon Bonaparte, Gemälde von Jacques Louis David, 1801

»Der Zug ins Weltweite [...] verstärkt sich bei ihm im Alter mehr und mehr, das heißt die Einsicht, daß die Poesie ein Gemeingut der Menschheit ist und daß es darauf ankommt, gerade für uns Deutsche, aus dem engen Kreise unserer eigenen Umgebung herauszublicken, um nicht individuell und national einem pedantischen Dünkel zu verfallen.«
Thomas Mann, *Goethe als Repräsentant des bürgerlichen Zeitalters*

spekt vor dem literarischen Weimar hat Napoleon jedenfalls gehindert, das Herzogtum stärker unter Druck zu setzen oder seinen ihm äußerst verdächtigen Landesherrn – den unruhigsten Fürsten in Europa hat er ihn genannt – in der Tat abzusetzen, wie er wiederholt geplant hat. 1813 geht die Napoleonische Ära mit dem Sieg der Verbündeten in der Völkerschlacht bei Leipzig zuende. Auf dem Wiener Kongreß von 1814/15 einigen sich die Siegermächte unter dem Vorsitz Metternichs auf eine politische Neuordnung Europas, die aber eher eine Restauration der vorrevolutionären Machtverhältnisse ist.

Nach der Niederlage des napoleonischen Frankreich wird Sachsen-Weimar zum Großherzogtum erweitert und erhält gemäß dem Verfassungsversprechen des Wiener Kongresses als einer der ersten deutschen Staaten eine Verfassung. Das Wartburgfest von 1817 wird deshalb zu einer Sympathiekundgebung der patriotischen und liberalen Studentenschaft für den weimarischen Großherzog. Weimar wird spätestens jetzt ein Umschlagplatz modernster Ideen. Das Weimarische Paradox, das Goethe einst – 1782 – in die Verse gefaßt hatte: »O Weimar! dir fiel ein besonder Los: / Wie Bethlehem in Juda, klein und groß!« erhält nun neue Tragweite. Die Kultur von Weimar schlägt gewissermaßen über die – fehlende – Nation hinweg eine Brücke von der Provinz zur Welt.

Auf zu neuen Ufern – Facetten des späten Goethe

Völlig neue Gestalten und Tendenzen treten nach 1805 in den Kreis der Kommunikation Goethes. Hier ist in erster Linie an seine lebhaften persönlichen und literarischen Beziehungen zu den Romantikern zu denken, die sich zu Schillers Lebzeiten zumal wegen dessen gespannter Beziehungen zu den Brüdern Schlegel nicht unbeschwert entfalten konnten. Den Tendenzwandel in Goethes ästhetischem Interesse symbolisieren zwei Daten: In Schillers Todesjahr erscheint, gewissermaßen als Abschluß einer Epoche, das Sammelwerk *Winckelmann und sein Jahrhundert*; das nächste Jahr bringt Goethes Rezension des ihm gewidmeten Quellenwerks *Des Knaben Wunderhorn* von Arnim und Brentano. Durch die Brüder Boisserée erlebt er eine förmliche Konversion zur altdeutschen und altniederländischen Malerei, die in gewisser Weise vorbereitet ist durch sein neu erwachtes Interesse an der Dichtung des Mittelalters, zumal am eben (1807) durch Friedrich Heinrich von der Hagen erneuerten Nibelungenlied, sowie – anläßlich der Boisseréeschen Pläne zur Restauration des Kölner Doms – durch ein Wiedererwachen der längst verleugneten Begeisterung, mit der er einst in Straßburg der gotischen Kathedrale gehuldigt hatte. Die hier sich bekundende Rückkehr zu Erlebnisinhalten seiner Jugend hängt eng zusammen mit der Arbeit an seiner Autobiographie in diesen Jahren.

Titelentwurf von Clemens Brentano für den 1808 erschienenen zweiten Band von *Des Knaben Wunderhorn*

Eines der schönsten Dokumente für Goethes Zuwendung zum Mittelalter ist sein Maskenzug *Die romantische Poesie* anläßlich der Verlobung der weimarischen Prinzessin Caroline mit dem Erbprinzen von Mecklenburg (1811). Der Ahnherr des weimarischen Fürstenhauses hatte der Sage nach auf der Wartburg die mittelalterlichen Dichter zum Sängerkrieg versammelt. Daran soll anläßlich des Festes seiner Nachkommen erinnert werden. Die durch die Romantiker wieder lebendig gewordenen Poeten des Minnesangs und der Heldendichtung, die Gestalten der Edda, des Nibelungenlieds, des Liedes vom König Rother usw. werden aufgerufen, eine poetisch-historische Verbindung zwischen dem einstigen und dem jetzigen Musensitz herzustellen.

Es ist kein Zufall, daß Goethe sich ungefähr gleichzeitig mit der Öffnung seines ästhetischen Horizonts zum Altdeutschen hin enthusiastisch in die altpersi-

Johann Wolfgang Goethe, Gemälde von Franz Gerhard von Kügelgen, 1808/09

sche Dichtung (Hafis' *Divan*) versenkt. Diesen Aufbruch zu einem neuen poetischen Ufer hat Goethe wie einst die Flucht von Karlsbad nach Italien – nun in einem angemesseneren historisch-geographischen Kontext – als »Hegire« bezeichnet (nach der Hedschra des Mohammed von Mekka nach Medina, mit der die islamische Zeitrechnung beginnt). »Mag der Grieche seinen Ton / Zu Gestalten drükken«, heißt es im Gedicht »Lied und Gebilde« des *West-östlichen Divan*, »Aber uns ist wonnereich / In den Euphrat greifen, / Und im flüßgen Element / Hin und wider schweifen.« Dem plastisch-geschlossenen »Gebilde« der Griechen wird das Fließend-Offene des östlichen »Liedes« vorgezogen – in ironischer Umkehrung der eigenen Entwicklung Goethes. Hatte er doch seit der *Italienischen Reise* (deren Publikation in die Entstehungszeit des *Divan* fällt) das ›Lied‹, das Lyrische im Sinne der Sesenheimer und Lili-Lyrik oder der frühen Weimarer Gedichte fast verdrängt – zugunsten eines an der antiken Plastik und der Malerei Raffaels gewonnenen Ideals des poetischen Kunstwerks: des in sich geschlossenen, fest umrissenen ›Gebildes‹. Freilich formt sich auch das »flüßge Element« am Ende des Gedichts »Lied und Gebilde« zur Kugelgestalt – eine Anspielung auf das indische Märchen, das Goethes *Paria*-Trilogie (1823) zugrundeliegt: »Schöpft des Dichters reine Hand, / Wasser wird sich ballen.« Es wird sich also eine Art Synthese von Lied und Gebilde gestalten.

Daß du nicht enden kannst, das macht dich groß,/
Und daß du nie beginnst, das ist dein Los./
Dein Lied ist drehend wie das Sterngewölbe,/
Anfang und Ende immerfort dasselbe,/
Und, was die Mitte bringt, ist offenbar/
Das, was zu Ende bleibt und anfangs war.
West-östlicher Divan, Buch Hafis, »Unbegrenzt«

Goethes Neuorientierung nach Schillers Tod ist nicht einfach eine Abkehr vom Klassischen, sondern der Versuch einer Vermittlung zwischen klassischen und romantischen Tendenzen. Von einer solchen ist bei ihm immer wieder die Rede, so in seinem Aufsatz über *Klassiker und Romantiker in Italien* (1820), in deren heftigem Streit Goethe gewissermaßen den »conciliatore« spielen möchte. In der »klassisch-romantischen Phantasmagorie« der *Helena* (1827) hat Goethe schließlich den dichterischen Versuch unternommen, beide Richtungen zu versöhnen. Im Sinne dieser entschiedenen Öffnung des ästhetischen Horizonts, in der Weigerung, sich in der Kunst – wie, aus alter Einsicht, in der Politik – einer ›Partei‹ zu verschreiben, erklärt sich auch die Hellhörigkeit und Offenheit, mit der Goethe die europäische (weit weniger freilich die deutsche) Literatur des 19. Jahrhunderts auf sich wirken läßt, ob es sich etwa um England (Byron, Scott), Italien (Manzoni) oder vor allem um Frankreich handelt.

Wie Goethe von Weimar aus die ganze europäische Literaturlandschaft zu sichten sucht, so zieht Weimar, wie der Besucherstrom in Goethes Haus am Frauenplan eindrucksvoll bekundet, das Interesse der literarisch Gebildeten aus allen europäischen Ländern auf sich. Eine der für die Weltgeltung der Weimarer Klassik signifikantesten und – und zumal für das französische Deutschlandbild – folgenreichsten dieser weimarisch-europäischen Begegnungen, in der es auch noch Schiller vergönnt gewesen ist, eine entscheidende Rolle zu spielen, ist der Weimarer Aufenthalt von Mme de Staël und Benjamin Constant im Jahre 1803/04.

Weimar am Goetheplatz, Gemälde von Paul Tübbecke

Goethes Interesse an der europäischen, zumal französischen Gegenwartsliteratur verdichtet sich in seinen letzten Lebensjahren in der Idee der »Weltliteratur«. Sie ist für ihn die notwendige Konsequenz aus dem immer unaufhaltsamer sich entwickelnden Internationalismus des Handels, des Verkehrs, der Technik und der Kommunikationsmedien (Zeitschriften). In eben diesem Sinne haben Marx und Engels den Goetheschen Begriff der Weltliteratur im *Kommunistischen Manifest* aufgegriffen: »An die Stelle der alten lokalen

»Nationalliteratur will jetzt nicht viel sagen, die Epoche der Weltliteratur ist an der Zeit, und jeder muß jetzt dazu wirken, diese Epoche zu beschleunigen.«
Gespräch mit Eckermann, 31.1.1831

Porträtbüste von Christian Daniel Rauch, 1820

und nationalen Selbstgenügsamkeit und Abgeschlossenheit tritt ein allseitiger Verkehr, eine allseitige Abhängigkeit der Nationen voneinander. Und wie in der materiellen, so auch in der geistigen Produktion. Die geistigen Erzeugnisse der einzelnen Nationen werden Gemeingut. Die nationale Einseitigkeit und Beschränktheit wird mehr und mehr unmöglich, und aus den vielen nationalen und lokalen Literaturen bildet sich eine Weltliteratur.« Ganz ähnliche Ansichten wird wenige Jahrzehnte später Nietzsche vertreten. Über alle ideologischen Gegensätze hinweg verbindet Goethe, Marx und Nietzsche die Idee, daß die Weltliteratur aufgrund der Entwicklung der modernen Zivilisation und der Öffnung der Nationalstaaten an die Stelle der Nationalliteratur zu treten beginnt.

Thomas Mann hat in seiner Rede *Goethe als Repräsentant des bürgerlichen Zeitalters* (1932) den »Zug ins Weltweite« als spezifischen Zug in der geistigen Physiognomie des späten Goethe bezeichnet. Seine »Statuierung der Weltliteratur« gehe Hand in Hand mit der »wachsenden Anteilnahme des Alten an utopisch-welttechnischen Fragen«. Ein Musterbeispiel dafür ist sein Gespräch mit Eckermann am 21. Februar 1827 über die drei großen Projekte des Panama-, Rhein-Donau- und Suezkanals, über deren mögliche Realisierung er sich detailliert Gedanken macht. »Diese drei großen Dinge möchte ich erleben, und es wäre wohl der Mühe wert, ihnen zuliebe noch einige fünfzig Jahre auszuhalten.« – »Diese drei Dinge möchte ich erleben«, so Goethe zu Eckermann. »Solch ein Gewimmel möcht ich sehn, / Auf freiem Grund mit freiem Volk zu stehn«, so Faust in seinem letzten Monolog über sein ebenso großartiges wie fragwürdiges Landgewinnungsprojekt, das zeigt, wie weit auch Goethes mythische Weltdichtung in das neue Säkulum ausgreift, dessen wirtschaftliche und technische Revolution die Schalen des alten Europa aufbricht. Mit dem Bau des Suezkanals konnte überhaupt erst zwanzig Jahre nach Goethes Tod begonnen werden, der Panama-Kanal wurde 1914 und der Rhein-Main-Donau-Kanal gar erst 1992 fertiggestellt. Goethe hätte also bis in die Gegenwart ›aushalten‹ müssen, um den Abschluß der »drei großen Dinge« zu erleben.

Die entschiedene Öffnung des ästhetisch-literarischen Horizonts, als eine Grundtendenz des Spätwerks Goethes, hängt zusammen mit seiner Einsicht in das ›Historische‹ aller Erscheinungen und ist so eng verbunden mit einer anderen Grundtendenz: der Selbsthistorisierung Goethes. Die Tatsache, daß er beginnt, »sich historisch zu werden«, wie er wiederholt bemerkt hat, ist der Grund für den Beginn der autobiographischen Arbeiten, die ihn seit 1809 bis zum Ende seines Lebens beschäftigen. Sie sind Bestandteil des monumentalen epischen Spätwerks Goethes, dessen fiktionales Zentrum *Wilhelm Meisters Wanderjahre* bilden.

Roman und Lyrik sind zweifellos der wichtigste Teil des poetischen Spätwerks Goethes. Demgegenüber hat er sich vom Gebiet des großen Bühnendramas seit dem *Tasso* mehr und mehr entfernt. Sein Hauptwerk *Faust* ist von ihm nicht als spezifisches Drama, sondern als formal singuläres Werk geplant worden, bei dessen Komposition er auf die strenge Einhaltung der Gattungsgrenzen ausdrücklich verzichten, ja eher die mit Schiller erarbeitete »neue Theorie des epischen Gedichts« anwenden wollte (an Schiller, 27. Juni 1797). Die Faust-Dichtung bildet gewissermaßen mit den autobiographischen Schriften und den späten Prosadichtungen ein gewaltiges Epos des modernen Lebens. Die anderen späten dramatischen Dichtungen Goethes (*Pandora*, 1809; *Des Epimenides Erwachen*, 1815) sind allegorisch-symbolische Spiele von lyrisch-musikalischem Gepräge, wie auch *Faust II* einige der bedeu-

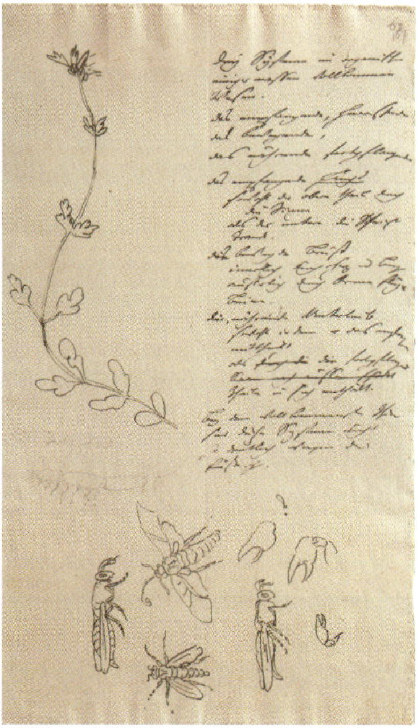

Handschrift und Zeichnungen Goethes: Typus der einjährigen höheren Pflanze sowie Typus des Insekts und Details, 1790

tendsten lyrischen Schöpfungen des späten Goethe enthält.

Zu der Arbeit Goethes an den dichterischen und autobiographischen Werken tritt die Edition seiner Zeitschrift »Über Kunst und Altertum«, in der er seine Einsichten auf allen intellektuellen und ästhetischen Gebieten sammelt, denen sich sein Interesse im Alter zuwendet, sowie die ausgedehnte Naturforschung. Die »Hefte zur Morphologie« und »zur Naturwissenschaft« enthalten ebenso wie die Zeitschrift »Über Kunst und Altertum« auch einen großen Teil jener *Maximen und Reflexionen*, die Goethe ausdrücklich als Resultate eines langen Lebenslaufs, als spezifische Altersweisheit formuliert und zu Zyklen geordnet hat. Das poetische Gegenstück zu diesen Sprüchen in Prosa sind die Sprüche in Versen, von denen Goethe eine größere Zahl in dem Zyklus *Zahme Xenien* (1827) zusammengefaßt hat. In den Vers- wie Prosasprüchen drückt sich die Alterstendenz aus, lehrhaft ins Allgemeine, auf typische Grundphänomene des Lebens zu zielen, verbunden mit der Neigung zur knappen Form. Aphorismen durchziehen auch die umfangreiche, kaum zu überblickende Korrespondenz und die zahllosen schriftlich fixierten Gespräche (darunter Johann Peter Eckermanns *Gespräche mit Goethe*, 1836/48), die wesentlich das Bild des späten Goethe mitprägen.

Autobiographische Schriften

Wenige Monate vor seinem Tod, in einem Brief an Wilhelm von Humboldt vom 1. Dezember 1831 bekennt Goethe, »daß in meinen hohen Jahren mir alles mehr und mehr historisch wird: ob etwas in der vergangenen Zeit, in fernen Reichen oder mir ganz nah räumlich im Augenblicke vorgeht, ist ganz eins, ja ich erscheine mir selbst immer mehr und mehr geschichtlich«. Die Erfahrung dieses ›Ganz eins‹ des Vergangenen und Gegenwärtigen, Fernen und Nahen hat sich Goethe in den letzten Jahrzehnten seines Lebens mehr und mehr aufgedrängt. Sie hängt aufs engste zusammen mit seiner Neigung zum Autobiographischen, die man als eine der Signaturen seines Spätwerks bezeichnen kann.

Das Todesjahr Schillers – in dem er selbst von einer schweren Krankheit heimgesucht wurde – hat er deutlich als eine Zäsur in seinem Leben empfunden. Sie ruft in ihm das Gefühl eines ›Vorbei‹ und der Pflicht wach, das Gewesene für die Nachwelt zu fixieren. »Seit der großen Lücke, die durch Schillers Tod in mein Dasein gefallen ist«, schreibt er am 4. April 1806 an Philipp Hackert, »bin ich lebhafter auf das Andenken der Vergangenheit hingewiesen und empfinde gewissermaßen leidenschaftlich, welche Pflicht es ist, das, was für ewig verschwunden scheint, in der Erinnerung aufzubewahren.« Diese Verpflichtung empfindet er um so intensiver nach dem Zusammenbruch Preußens in der Doppelschlacht von Jena und Auerstedt am 14. Oktober 1806. Das 18. Jahrhundert ist jetzt endgültig vorbei, es wird zu einer fremden Epoche, deren historisch gewordene Eigenart für die Nachgeborenen erinnernd festzuhalten ist.

In der Nacht nach der verlorenen Doppelschlacht wurde Weimar von den durchziehenden französischen Soldaten gebrandschatzt und geplündert. Randalierende Soldaten drangen auch in Goethes Haus am Frauenplan ein. Während Charlotte von Stein, wenige Gehminuten entfernt, gänzlich ausgeraubt mit den Trümmern ihres Hausrats zurückblieb, der Maler Georg Melchior Kraus an den schweren Mißhandlungen starb, die ihm die marodierenden Soldaten zugefügt hatten, kam Goethe mit dem Schrecken davon. Das hatte er nicht zuletzt dem beherzten Eingreifen von Christiane Vulpius zu danken, welche sich den

Christiane Vulpius, Zeichnung von Friedrich Bury, 1800

Gegenüberliegende Seite: Heinrich Kolbe, Goethe als Dichter und Künstler vor dem Vesuv, 1822/26, Ausschnitt aus dem lebensgroßen Gemälde, das Goethe sinnend mit Feder in der rechten und geöffneter Schreibtafel in der linken Hand vor italienischer Landschaft zeigt.

betrunkenen Randalierern heldenmutig entgegenstellte. Das hat Goethe so tief bewegt, daß er, wie schon lange von ihm erwogen, zwei Tage später seine »kleine Freundin, die so viel an mir getan« (an den Hofprediger Günther, 17. Oktober 1806) in der Sakristei der Stadtkirche St. Jakob heiratet. Die Weimarer Klatschbasen beider Geschlechter zerrissen sich darüber natürlich die Mäuler, und die »Allgemeine Zeitung« kommentierte hämisch: »Goethe ließ sich unter dem Kanonendonner der Schlacht mit seiner vieljährigen Haushälterin Dlle. Vulpius trauen, und so zog sie allein einen Treffer, während viele tausend Nieten fielen.«

Wenig hat gefehlt, und von Goethes Manuskipten, dem Ertrag eines langen geistigen Lebens, wäre nur ein Haufen Asche übrig geblieben. »In jener unglücklichen Nacht waren meine Papiere meine größte Sorge, und mit Recht«, schreibt Goethe am 24. Oktober an seinen Verleger Friedrich Cotta. »Denn die Plünderer sind in andern Häusern sehr übel damit umgegangen und haben alles wo nicht zerrissen, doch umhergestreut. Ich werde nach dieser überstandenen Epoche um desto mehr eilen, meine Manuskripte in Druck zu bringen.« Ein Versprechen, die bei Cotta erscheinende zweite Gesamtausgabe seiner Werke (1806–1808) energisch voranzutreiben.

Johann Friedrich Cotta, Lithographie nach dem Gemälde von K. J. Th. Leybold

Doch nicht nur das, die Ereignisse der »unglücklichen Nacht« und der drohende Verlust seiner Manuskripte bestärken ihn in dem Gefühl, daß es an der Zeit ist, auch in anderer Hinsicht sein Werk zu ›retten‹. Die Arbeit an der Gesamtausgabe bringt ihm deutlich zu Bewußtsein, mit wie vielen Plänen er sich getragen hat. Bietet sich da nicht an, all die Fragmente wenigstens als Zeugnisse einer bestimmten Lebensepoche in einer erinnernden Darstellung ›aufzuheben‹, sie durch Rekonstruktion ihres ursprünglichen Plans zu vervollständigen?

Tatsächlich gehört es zu den Hauptmotiven der Goetheschen Autobiographie, seine Fragmente in der Phantasie zu vollenden. Seine Werke, so lautet das

berühmte Bekenntnis im siebenten Buch von *Dichtung und Wahrheit*, seien nur »Bruchstücke einer großen Konfession«, zwischen denen er nun in *Dichtung und Wahrheit* den roten Faden zieht. Im engeren Sinn ist Goethes Lebensbeschreibung durchaus eine Vervollständigung der fragmentarischen Werke. So ist für das achtzehnte Buch von *Dichtung und Wahrheit* ursprünglich auch eine – im Dezember 1816 geschriebene – Inhaltsangabe des *Faust II* vorgesehen, da Goethe zu diesem Zeitpunkt nicht mehr mit einer Fertigstellung des ganzen Werks rechnet.

Goethe hat seine Autobiographie im Spätjahr 1809 konzipiert. Seiner gewöhnlichen Arbeitsweise gemäß hat er 1809 und 1810 zunächst mehrere Schemata niedergeschrieben, die erkennen lassen, daß er ursprünglich eine Lebensbeschreibung bis in die unmittelbare Gegenwart plante. Gleichzeitig setzen nun umfangreiche Recherchen ein: Sichtung alter Tagebücher und Briefe, historischer Quellen und Darstellungen, aber auch literarischer Werke des 18. Jahrhunderts. Das siebente Buch von *Dichtung und Wahrheit* wird so gewissermaßen zur ersten deutschen Literaturgeschichte des Aufklärungszeitalters – freilich immer unter dem Aspekt des eigenen Bildungsganges des Autobiographen, der Wirkung der allgemeinen literarischen Entwicklung auf seine eigene. Freunde und Verwandte bittet er um Mithilfe bei seiner ›recherche du temps perdu‹, ja einen ganzen Stab von Mitarbeitern setzt er in Bewegung – eine in der Gattungsgeschichte der Autobiographie, die Goethe aus eigener Lektüre wohlvertraut war, bis dahin beispiellose Spurensicherung.

Unter dem Eindruck der gesammelten Materialien aus seinem früheren Leben und der Disposition des Stoffs schreibt Goethe am 16. November 1810 an Cotta: »Ich bin genötigt, in die Welt- und Literaturgeschichte

Autobiographie
»Hierbei bekenn' ich, daß mir von jeher die große und bedeutende klingende Aufgabe ›Erkenne dich selbst‹ immer verdächtig vorkam, als eine List geheim verbündeter Priester, die den Menschen durch unerreichbare Forderungen verwirren und von der Tätigkeit gegen die Außenwelt zu einer innern falschen Beschaulichkeit verleiten wollen. Der Mensch kennt nur sich selbst, insofern er die Welt kennt die er nur in sich und sich nur in ihr gewahr wird.«
Bedeutende Fördernis durch ein einziges geistreiches Wort

zurück zu gehen, und sehe mich selbst zum erstenmal in den Verhältnissen, die auf mich gewirkt und auf die ich gewirkt habe«. Der Nachweis dieser Wechselwirkung von Ich und Welt ist das Hauptmotiv seiner autobiographischen Arbeit. Im Januar 1811 beginnt Goethe mit dem Diktat der Autobiographie, deren erste fünf Bücher bereits im September abgeschlossen sind und einen Monat später erscheinen. Der zweite Teil, nach der strengen Disposition Goethes wiederum in fünf Bücher aufgeteilt, wird genau ein Jahr später abgeschlossen und publiziert. Der dritte Teil (bis zum 15. Buch) erscheint nach einigen Verzögerungen im Mai 1814. Obwohl Partien des vierten Teils schon diktiert sind, unterbricht Goethe die Arbeit an *Dichtung und Wahrheit* zugunsten des *West-östlichen Divans*. Nach diversen Anläufen nimmt er erst im Oktober 1821 die Arbeit am vierten Teil wieder auf, doch kommt es zu beträchtlichen Verzögerungen des Diktats und zur völligen Unterbrechung in der Zeit der Arbeit am *Faust II* (nach 1825). Goethe hat bis wenige Monate vor seinem Tod an *Dichtung und Wahrheit* gearbeitet, deren vierter Teil nur in der provisorischen Redaktion vom Herbst 1831 vorliegt. Nach seinem Tod haben Kanzler von Müller, Riemer und vor allem Eckermann diesen Teil für den Druck rigoros redigiert und so seinen fragmentarischen Charakter zu verschleiern gesucht.

Joseph Karl Stieler: Bildnis Johann Wolfgang von Goethe, 1828

In der langen Zeit der Unterbrechung seiner Arbeit an *Dichtung und Wahrheit* nach dem Druck des dritten Teils hat Goethe seine Selbstdarstellung an einem anderen, späteren Punkte seines Lebens fortgeführt. Unter dem Obertitel *Aus meinem Leben*, der auch *Dichtung und Wahrheit* vorangestellt ist, läßt er 1816 die »zweite Abteilung« des autobiographischen Gesamtunternehmens folgen, die in ihren beiden ersten Teilen die *Italienische Reise* (unter diesem Titel freilich erst in der

»Ausgabe letzter Hand« erschienen) und im fünften Teil (von 1822) die später mit diesem Titel versehene *Campagne in Frankreich* und *Belagerung von Mainz* enthält. Goethe plante – der Obertitel zeigt es – noch wenige Jahre vor seinem Tode eine Gesamtdarstellung seines Lebens bis 1792, wie auch aus seiner Anzeige der »Ausgabe letzter Hand« vom 1. März 1826 hervorgeht.

Es war dieser Anzeige zufolge noch ein fünfter Teil vorgesehen, der die Lücke zwischen der Abreise nach Weimar und der Italienischen Reise schließen sollte. Das erste Weimarer Jahrzehnt ist jedoch bis auf Notizen zu diesem fünften Buch am schlechtesten autobiographisch dokumentiert – und daher in mancher Hinsicht die rätselhafteste Periode in Goethes Leben. »Als Ergänzung meiner sonstigen Bekenntnisse« legt er 1819–25 die *Annalen meines Lebens* (*Tag- und Jahreshefte*) an, die für die Zeit nach 1792 – also für den Zeitraum, den er in der Autobiographie schließlich nicht mehr zu behandeln vorhatte – relativ ausführlich sind, während die Darstellung bis 1792 in diesen Annalen »flüchtig behandelt« wird (wie Goethe in seiner Anzeige der »Ausgabe letzter Hand« 1826 begründet), da ja noch an die Fortsetzung von *Dichtung und Wahrheit* bis zu diesem Zeitpunkt gedacht ist.

Dichtung und Wahrheit, Kupferstich von Gustav Heinrich Naeke

Goethes Entwicklung ist in ein fein verästeltes Netz von persönlichen, sozialen und zeitgeschichtlichen Bezügen verwoben, die genau rekonstruiert sind. Das Bild Frankfurts zumal, seiner öffentlichen und privaten Verhältnisse, vom häuslichen Leben (gespiegelt in der Baugeschichte des väterlichen Hauses) über private Geselligkeiten, öffentliche Bräuche und wirtschaftliches Leben (Frankfurter Messe) bis hin zu den städtischen Institutionen, ersteht aus historischen Quellen und eigener Anschauung höchst lebendig vor den Augen des Lesers. Vom Erdbeben zu Lissabon über den

Dichtung und Wahrheit, Kupferstich von Gustav Heinrich Naeke

Siebenjährigen Krieg bis zum fernen Donnergrollen der amerikanischen Revolution wirken die Zeit, ihre Umwälzungen und Entwicklungen, vor allem aber ein reicher Kosmos religiöser, naturphilosophischer, ästhetischer und literarischer Gehalte in die eher behütete Bildungsgeschichte eines hochbegabten Jünglings hinein, der bald selbst in den Gang der kulturellen Geschehnisse maßgeblich eingreifen wird.

Warum aber heißt die Autobiographie *Dichtung und Wahrheit*? Goethe hat den »freilich einigermaßen paradoxen Titel« in seinem Brief an König Ludwig I. von Bayern vom 12. Januar 1830 folgendermaßen erklärt: Es sei gewiß sein »ernstestes Bestreben« gewesen, »das eigentlich Grundwahre, das, insofern ich es einsah, in meinem Leben obgewaltet hatte, möglichst darzustellen und auszudrücken. Wenn aber ein solches in späteren Jahren nicht möglich ist, ohne die Rückerinnerung und also die Einbildungskraft wirken zu lassen, und man also immer in den Fall kommt, gewissermaßen das dichterische Vermögen auszuüben, so ist es klar, daß man mehr die Resultate und, wie wir uns das Vergangene jetzt denken, als die Einzelnheiten, wie sie sich damals ereigneten, aufstellen und hervorheben werde. Bringt ja selbst die gemeinste Chronik etwas von dem Geiste der Zeit mit, in der sie geschrieben wurde.«

»In diesem Sinne nannt' ich bescheiden genug ein solches Werk: Wahrheit und Dichtung, innigst überzeugt, daß der Mensch in der Gegenwart, ja vielmehr noch in der Erinnerung, die Außenwelt nach seinen Eigenheiten bildend modele.« *Tag- und Jahreshefte*

Festspiele

Goethes Spätwerk steht im Zeichen seiner großen lyrischen und epischen Zyklen. Gegenüber der Gattung des Schauspiels hingegen wuchs seine Skepsis, je älter er wurde, und seine dramatische Produktion nahm im Verhältnis zu seinem Gesamtschaffen zusehends ab. Schon »in den neunziger Jahren«, also ausgerechnet zu der Zeit, als er Weimarer Theaterdirektor wurde (1791), »war die eigentliche Zeit meines Theater-Inter-

Carl August und Goethe im Junozimmer, Kupferstich von Carl August Schwerdgeburth, um 1825

esses schon vorüber, ... ich wollte mich ganz zum Epischen wenden«, äußert Goethe im Gespräch mit Eckermann am 27. Juli 1826. Gleichwohl hat er sich in den letzten drei Jahrzehnten seines Lebens um eine theatrale Gattung bemüht, die für die höfische Gesellschaft eine wesentliche Rolle spielte: das Festspiel, in dessen Umkreis auch die Goethe seit seinen Weimarer Anfängen sattsam bekannten »Maskenzüge« gehören. Goethe hat seine Ideen- und Verslieferungen für dieselben während des ersten Jahrzehnts am Hofe Carl Augusts nie als gültigen Bestandteil seines dichterischen Werks betrachten wollen.

Seine Einstellung ändert sich freilich seit der Italienischen Reise mehr oder weniger grundlegend. Das ist vor allem die Folge seiner Begegnung mit dem römischen Karneval und dessen vielfältigen ästhetischen Erscheinungsformen. Ab 1798 werden Goethes Beiträge zu den Weimarer Aufzügen sogar häufiger, wie der schon erwähnte Maskenzug *Die romantische Poesie* und der *Festzug dichterischer Landes-Erzeugnisse* von 1818 belegen. Goethe hat diesen seinen definitiv letzten Maskenzug zu Weimars Ehren anläßlich des Besuchs der Gattin des russischen Zaren (der Mutter der Weimarer Erbprinzessin Maria Paulowna) geschrieben und trotz anfänglichen Sträubens noch einmal inszeniert. Obwohl Goethe gegen innere Widerstände gewissermaßen nur einen Dienstbefehl befolgte, zeigt der Festzug doch ein wesentlich anderes Gepräge als die frühweimarischen Festivitäten. Hier kommt gleichsam nicht mehr die Dichtung zum Hofe, sondern der Hof zur Dichtung – wie bei hohen Besuchen der Großherzog nicht seinen Dichter ins Schloß bestellte, sondern ihm vielfach mit seinen illustren Gästen in seinem Haus am Frauenplan seine Aufwartung machte.

»Wenn die Ilme, still im Tale, /
Manchen goldnen Traum gegängelt; /
So erlaubt, daß hoch im Saale /
Sie den Feierzug durchschlängelt. /
Denn ich muß am besten wissen /
Wie das Rätsel sich entsiegelt; /
Die sich solcher Kunst beflissen /
Haben sich in mir bespiegelt.«
Maskenzug 1818

»Merkwürdige Äußerung Goethes über sich selbst [...] Daß nur die Jugend die Varietät und Spezifikation, das Alter aber die Genera, ja die Familias habe. An sich und Tizian gezeigt, der zuletzt den Samt nur symbolisch malte. [...] Goethe sei in der *Natürlichen Tochter*, in der *Pandora* ins Generische gegangen; im *Meister* sei noch die Varietät. [...] Die Natur sei streng in Generibus und Familiis, und nur in der Species erlaube sie sich Varietäten. Daß es gelben und weißen Crocus gebe, das sei eben ihr Spaß.«
Riemer, Tagebuchaufzeichnung, 4.4.1814

Die Vorführung »dichterischer Landeserzeugnisse«, die Goethe zu seinem Thema gewählt hatte, ist weit weniger eine Huldigung an die anwesenden hohen Häupter oder eine Feier der höfischen Gesellschaft als eine Selbstfeier der Weimarer Klassik. Figuren aus den Werken der drei großen Toten Wieland, Herder und Schiller sowie des großen Überlebenden, aus Goethes eigenem *Faust*, bilden zusammen mit dem allegorischen Personal der Tages- und Jahreszeiten, Künste und Wissenschaften sowie der dramatischen Genres den illustren Reigen des Personals. Die Selbstinszenierung der Gesellschaft verwandelt sich in deren Dienst an einer umfassenden Kultur, die sich hier der längst nicht mehr ausschließlich höfischen Öffentlichkeit präsentiert.

Die eigentlichen Festspiele Goethes sind jedoch nicht seine Masken- und Festzüge, sondern drei Werke, denen er selbst ausdrücklich die Gattungsbezeichnung »Festspiel« verliehen hat. Das erste trägt den Titel *Paläophron und Neoterpe*. Anlaß dieses Spiels war der auf den 24. Oktober (1800) fallende Geburtstag der Herzogin-Mutter Anna Amalia. Hier geht es, zu Beginn des neuen Jahrhunderts, um die allegorische Auseinandersetzung und Versöhnung zwischen alter und neuer Zeit, zwischen dem ›aufs Alte bedachten‹ Paläophron und der ›sich am Neuen ergötzenden‹ Neoterpe.

Das zweite »Festspiel«, die Fragment gebliebene *Pandora* von 1808, ist bereits ohne jeden höfischen Anlaß geschrieben. In keinem anderen Drama außer *Faust* hat Goethe eine derart verschwenderische Fülle metrischer Formen verwandt – vom jambischen Trimeter, dem Dialogvers der attischen Tragödie, und anderen antiken Versmaßen bis zu modernen Metren wie dem vierhebigen Trochäus der spanischen Dramatik oder dem Blankvers des englischen und deutschen Schauspiels. *Pandora* stellt wie später in größeren Dimensionen *Faust II* eine Art Gesamtkunstwerk dar, das sowohl auf das antike als auch auf das gattungsmischende romantische Schauspiel verweist.

Goethes drittes Festspiel *Des Epimenides Erwachen*, ein Auftragswerk anläßlich des Siegs über Napoleon und des Endes der Befreiungskriege, ist 1815 in Berlin und 1816 in Weimar zur Aufführung gelangt. Obwohl die jüngsten politischen Ereignisse hier allegorisch verarbeitet werden, hat Goethe den an ihn ergangenen Auftrag, das Ende der napoleonischen Herrschaft zu besingen, in einem sehr persönlichen Sinne umfunktioniert. Hinter der Feier des Siegs verbirgt sich eine anspruchsvolle Selbstrechtfertigung Goethes. Die Gestalt des legendären kretischen Sehers und Priesters Epimenides, der von den Göttern für ein halbes Jahrhundert in Schlaf versetzt wird und daraus erwacht, ohne gealtert zu sein, dient Goethe dazu, sich von der Schuld der Zeitversäumnis in den Jahren der deutschen Unterdrückung zu absolvieren, als er sich zur Trauer seiner patriotischen Freunde merkwürdig neutral verhalten, ja oft genug dem verhaßten Napoleon seine Reverenz erwiesen hatte. Epimenides, der eine ganze Lebensepoche verschläft und dadurch eine Erhöhung seiner Seherkraft gewinnt, ist ein geheimes Ebenbild Goethes. Die Götter »bewahrten dich im stillen«, so der Priester zu Epimenides, »Daß du rein empfinden kannst« (Vs. 863 f.). Das aber ist die Bestimmung des Dichters, an der Goethe sein Leben lang festgehalten hat.

Minna Herzlieb, Gemälde von Louise Seidler, 1815

Lyrischer Spätstil

Zur Signatur des Goetheschen Spätwerks gehört die Wiederkehr des Lyrikers, der in der Zeit der Freundschaft mit Schiller weithin geschwiegen hatte. Am Anfang stehen die *Sonette*, der 1807/08 in enger zeitlicher und gehaltlicher Nachbarschaft zu seinem Festspiel *Pandora* entstandene Zyklus von achtzehn Liebesgedichten (erschienen 1815). Sie sind im Wettstreit mit Zacharias Werner und Johann Diederich Gries entstanden, die seinerzeit eine regelrechte »Sonettenwut« entfesselt hatten. Biographischer Hintergrund ist Goethes Zuneigung zu Wilhelmine (Minchen) Herzlieb, der achtzehnjährigen

Pflegetochter des Jenenser Verlegers Carl Friedrich Frommann. Bereits um 1800 hat Goethe zwei Sonette verfaßt – das erste hat wie im Falle des *Märchens*, der *Ballade* und der *Novelle* die Gattungsbezeichnung zum Titel –, in denen das für den späteren Zyklus zentrale Motiv der Polarität von grenzenlosem Gefühl und begrenzender Form, Natur und Kunst, Freiheit und Gesetz anklingt. Im Sonettzyklus wird diese Polarität gesteigert zur Spannung von Leidenschaft und Geist, glühender Liebesäußerung und Entsagung, diese chiffriert durch die Sonettform.

Mehr als *Das Sonett* von 1800 erhebt sich das erste Gedicht des eigentlichen Zyklus (»Mächtiges Überraschen«) zur Selbstdarstellung der Gattung. Symbolisieren die beiden Quartette Kraft – der Strom, der unaufhaltsam dem Ozean zustrebt – und Gegenkraft – der Berg, der sich seinem Lauf entgegenstellt –, so die Terzette die Versöhnung der widerstreitenden Kräfte: das »neue Leben« in der Zurückdämmung des Flusses zum See. Dem naturgemäßen Weg setzt das Leben Widerstand entgegen, es zwingt zur Beschränkung. Aus der Einwilligung in diese Begrenzung, aus Entsagung entsteht neues Leben (Dantes »Vita nuova«!).

Offenkundig ist hier die Beziehung zum Liebessonett Petrarcas, dessen Grundstimmung, die tragische Unerfüllbarkeit der Liebe, Goethes Sonett XVI freilich verhalten ironisiert: »Petrarcas Liebe, die unendlich hohe, / War leider unbelohnt und gar zu traurig, / Ein Herzensweh, ein ewiger Karfreitag«.

Nach dem bedeutungsschweren Beginn des Zyklus überrascht der Ton der meisten anderen Gedichte. An die Stelle symbolischer Repräsentation der Gattung tritt das überlegen-ironische Spiel mit ihr, die ständige Reflexion des Dichtenden über sich selbst. Dieser Ton der Ironie sowie der hochbewußte Rekurs der Poesie auf sich selbst sind neu und werden bestimmend für das lyrische Spätwerk. Auch von ihrer zyklischen Form her bilden die Sonette dessen Auftakt. Sprüche, weltanschauliche wie rein lyrische Gedichte hat Goethe im Alter zu mehr oder weniger geschlossenen und doch

Symbolik und das Zyklische:
»Das Wahre, mit dem Göttlichen identisch, läßt sich niemals von uns direkt erkennen, wir schauen es nur im Abglanz, im Symbol, in einzelnen und verwandten Erscheinungen; wir werden es gewahr als unbegreifliches Leben und können dem Wunsch nicht entsagen, es dennoch zu begreifen.«
Versuch einer Witterungslehre

stets ins Offene weisenden Zyklen geordnet. Zu erwähnen sind namentlich *Wilhelm Tischbeins Idyllen* (1822), der *West-östliche Divan* (erschienen 1819, erweitert 1827) und dessen kleines fernöstliches Gegenstück *Chinesisch-deutsche Jahres- und Tageszeiten* (1830).

Liebesszene zwischen Chusrau und Maryam, aus einer persischen Handschrift des Schâhnâme von Firdausi, um 1600

In seinem Brief an Zelter vom 11. Mai 1820 hat Goethe die Faszination der östlichen (altpersischen) Dichtung auf ihn, gerade in der Lebensphase des Alters, folgendermaßen begründet: hier begegne ihm »heiterer Überblick des beweglichen, immer kreis- und spiralartig wiederkehrenden Erdetreibens«, und es erscheine »alles Reale geläutert, sich symbolisch auflösend. Was will der Großpapa weiter?« Damit hat er die beiden wohl wesentlichsten Kennzeichen seines Altersstils bezeichnet: den zyklischen Charakter – kreisförmige Wiederkehr des Gleichen, Typischen und zugleich dessen spiralartige »Steigerung« –, der nicht nur die Lyrik, sondern auch die anderen großen Alterswerke: *Wilhelm Meisters Wanderjahre, Faust* oder *Maximen und Reflexionen* prägt, sowie die symbolische Läuterung der sinnlichen Erscheinungen, welche im Einzelnen das Allgemeine durchscheinen läßt – der Sicht des Alters gemäß, das die Dinge nur noch aus Abstand betrachtet.

Wie Goethe in einem Gespräch mit Riemer am 4. April 1814 einmal vom späten Tizian gesagt hat, dieser habe »zuletzt den Samt nur symbolisch« gemalt, so wirken die Dinge auf ihn selbst mehr und mehr als reine Symbole, Chiffren – etwa der Stein (nicht geläuterte Materie), die Wolke (geistig ›gesteigerte‹ Materie), die Farbe (Versöhnung des Lichts, der Sphäre des Absoluten, und der Finsternis, der materiellen Welt) usw. Und diese Chiffren setzt er oft ganz selbstverständlich ein,

Karl Friedrich Zelter, Stahlstich von Carl Joseph Begas, 1827

ohne sie noch zu erläutern. Das erklärt das oft Abbreviierende, den symbolischen Lakonismus des Spätstils. Das Symbolische und Zyklische sind eng aufeinander bezogen, Aspekte desselben Sachverhalts. Das zeigt besonders deutlich Goethes Brief an Iken vom 27. Dezember 1827, in dem er von seinem dichterischen Verfahren spricht, »durch einander gegenübergestellte und sich gleichsam ineinander abspiegelnde Gebilde den geheimeren Sinn dem Aufmerkenden zu offenbaren«. Das bedeutet, daß zumal in den Zyklen kein Gedicht für sich selbst betrachtet werden darf, sondern von seinem Kontext her verstanden werden muß. »Jedes einzelne Glied nämlich ist ... durchdrungen von dem Sinn des Ganzen«, schreibt Goethe in Bezug auf den *Divan* am 17. Mai 1815 an Zelter, »und muß von einem vorhergehenden Gedicht erst exponiert sein, wenn es auf Einbildungskraft oder Gefühl wirken soll.« So ergibt sich vor allem in den zwölf Büchern des *Divan* ein dichtes Beziehungsgeflecht von symbolischen Bezügen und aufeinander verweisenden Motiven.

West-östlicher Divan

So sehr die orientalische Poesie Goethe thematisch fasziniert, ihre spezifischen Formen (zumal das Ghasel mit seiner engen Reimwortbindung) hat er – anders als später namentlich Rückert – nur andeutungsweise nachgeahmt. Die »Nachbildung« überschriebenen Strophen im »Buch Hafis« wehren sich gegen eine pedantische Übernahme vorgeprägter, »zugemeßner Rhythmen«; vielmehr gilt es, die »tote Form« in einer »neuen Form« aufzuheben, also etwa das Hafisische Ghasel mit seiner Reimwortwiederholung in freier Form nachzubilden.

Am unvergleichlichsten ist ihm das in der von ihm so genannten »Lob- und Preislitanei« gelungen, welche das »Buch Suleika« abschließt: »In tausend Formen magst du dich verstecken«. In diesem Gedicht ist die ›kreis- und spiralartige Wiederkehr‹ als Struktur nicht nur des ganzen Zyklus, sondern auch des einzelnen Gedichts subtil durchgeführt. Goethe hat sich also in seinem *Divan* vor bloßer Formvirtuosität gehütet. Seine Verse bleiben bei aller morgenländischen Verfremdung nach den Worten Heines im ersten Buch seiner *Romantischen Schule* (1835) »so leicht, so glücklich, so hingehaucht, so ätherisch, daß man sich wundert, wie dergleichen in deutscher Sprache möglich war«.

Titelblatt der Erstausgabe des *West-östlichen Divan*, 1819

»West-östlich« hat Goethe den *Divan* genannt, da er ihn als eine Art westlicher ›Kontrafaktur‹ zur östlichen, altpersischen Dichtung, besonders eben zum *Divan* des Hafis verstanden wissen wollte. Die literarische Kontrafaktur wäre freilich bloß artistisches Spiel geblieben, hätte sich das östliche Vorbild nicht auch existentiell beleben lassen. »Meine Absicht ist«, so schreibt Goethe am 16. Mai 1815 an Cotta, »auf heitere Weise den Westen und Osten, das Vergangene und Gegenwärtige, das Persische und Deutsche zu verknüpfen und beiderseitige Sitten und Denkarten übereinandergreifen zu lassen.« Diese Verknüpfung von Westen und Osten geschieht buchstäblich, da der literarische Aufbruch in den Osten, die »Urheimat der Menschheit« mit der wirklichen Reise in den Westen, in die eigene Heimatlandschaft Goethes unlösbar verbunden ist.

»Im Atemholen sind zweierlei Gnaden:
Die Luft einziehn, sich ihrer entladen.
Jenes bedrängt, dieses erfrischt;
So wunderbar ist das Leben gemischt.
Du danke Gott, wenn er dich preßt,
Und dank' ihm, wenn er dich wieder entläßt.«
»Talismane«, *West-östlicher Divan*

Im Sommer 1814 brach Goethe – begünstigt durch den eben wiederhergestellten Frieden nach zwanzig Kriegsjahren – zu einer Reise in die Rhein-Main-Gegenden auf, die Stätten seiner Kindheit und Jugend, die ihm durch seine autobiographische Arbeit wieder in lebendige Erinnerung getreten waren. Wiesbaden, Frankfurt, Rheingau und schließlich Heidelberg – wo ihm Sulpiz Boisserée seine altdeutsche Gemäldesammlung zeigt – sind die Stationen. Nicht nur die Zeitreise in die eigene Jugend verschaffte Goethe eine »temporäre Verjüngung« und »wiederholte Pubertät«, sondern auch und erst recht die Liebe zu Marianne von Willemer, einer jungen Tänzerin, die der Frankfurter Bankier Johann Jakob von Willemer in sein Haus geholt und soeben geheiratet hatte. Im nächsten Jahr wiederholt Goethe seine Reise.

Als er sich im folgenden Sommer zum dritten Mal auf den Weg in die Heimat macht, bricht eine Achse seines Reisewagens. Goethe sieht das als böses Omen an und kehrt nach Weimar zurück. So hat er Marianne nach der letzten Begegnung auf dem Schloßaltan zu Heidelberg im späten September 1815 nie wieder gesehen. Sie ist aber in der poetischen Metamorphose der Suleika direkt und indirekt in den *West-östlichen Divan* eingegangen. In der Kontrafaktur Hafisischer Liebesdichtung drückt sich nicht nur die eigene Liebeserfahrung Goethes aus, sondern Marianne von Willemer ist durch ihn für Augenblicke zur Dichterin geworden, der einige der schönsten Strophen des »Buchs Suleika« zu danken sind: die Gedichte an den Ost- und Westwind, die Goethe nur leicht und durchaus nicht zu ihrem Vorteil redigiert hat. Freilich sind die Liebesgedichte des *Divan* mehr denn je Fiktion, Rollenlyrik, die sich nicht auf Faktisch-Biographisches reduzieren läßt.

Marianne von Willemer

Im programmatischen Einleitungsgedicht des Zyklus stellt sich, dem Titel »Hegire« gemäß, die Begegnung mit dem »reinen Osten« als Flucht vor den politischen Wirren der eigenen Zeit dar. Die Rückkehr in die Jugend der Menschheit – wie in und mit ihr in die Landschaften der eigenen Jugend – soll »verjüngen«. Und wie Goethe in diesen Jahren autobiographischer Besinnung und Selbsthistorisierung immer wieder, mit dem Titel eines *Divan*-Gedichts zu reden, »Im Gegenwärtigen Vergangnes« sieht, so spiegelt sich ihm die jetzige Hegire und Wiedergeburt auch in der früheren der *Italienischen Reise* (1816/17). Hier haben wir ein bedeutendes Paradigma für die *Wiederholten Spiegelungen* – ein Phänomen der Entoptik, das Goethe 1823 symbolisch auf seine Sesenheimer Erinnerungen bezieht –, welche nach seiner Überzeugung »das Vergangene nicht allein lebendig erhalten, sondern sogar zu einem höheren Leben emporsteigern«.

In den »Noten und Abhandlungen«, die er der *Divan*-Ausgabe »zu besserem Verständnis« beigegeben hat (seine umfangreichste historische Arbeit neben der »Geschichte der Farbenlehre«), hat Goethe den spezifischen Charakter der orientalischen Poesie durch das bezeichnet, »was wir Deutsche ›Geist‹ nennen … Der Geist gehört vorzüglich dem Alter oder einer alternden Weltepoche.« Ein bemerkenswerter Widerspruch zu »Hegire«, wo der Orient mit der Reflexionslosigkeit der Jugend gleichgesetzt wird, da die Menschen »sich nicht den Kopf zerbrachen«. In diesem Widerspruch spiegelt sich Goethes eigene Situation; Zustand und Landschaft der Jugend (*Dichtung und Wahrheit* I–III, 1814; Reisen in die Rhein-Main-Gegend 1814/15) kehren in den »wiederholten Spiegelungen« des Alters wieder. So gehen auch in der orientalischen Dichtung für Goethe Jugend und Alter der Menschheit kreisförmig ineinander über. »Geist« besteht für ihn (bei den orientalischen Dichtern) in »Übersicht des Weltwesens, Ironie, freiem Gebrauch der Talente«.

Szenen aus dem *West-Östlichen Divan*, Kupferstiche von M. Eichholzer

Hier haben wir drei Formeln, die treffend Inhalt und Stil des *Divan* kennzeichnen. Die Übersicht des Weltwesens gibt

Lyrische Vielfalt
Im *West-östlichen Divan* finden wir nahezu alle Gattungen und Grundformen der späten (oder auch noch der klassischen) Lyrik Goethes versammelt: die Spruchdichtung im »Buch der Betrachtungen« und im »Buch der Sprüche«, die »Invektiven« (Goethe) gegen die Mediokrität der Kritiker im »Buch des Unmuts«, die große weltanschauliche Lehrdichtung (»Vermächtnis altpersischen Glaubens«), Rätsel (»Abglanz«), Parabel (»Buch der Parabeln«) und Ballade (»Siebenschläfer«) sowie die verschwenderische Fülle rein lyrischer Strophen vor allem im »Buch Suleika«, das die ganze Skala der Töne erotischer Lyrik vom anakreontisch-scherzhaften bis zum mystisch-ergriffenen durchspielt, gipfelnd in der kosmischen Liebessymbolik des Gedichts »Wiederfinden«, das in der Vereinigung der Liebenden das Abbild der sich wiederfindenden (polar getrennten) Urelemente der Welt (Licht und Finsternis) schaut.

sich dabei kund im Wechsel der Themen und Töne vom Alltäglichen bis zum Kosmischen, vom Scherz bis zum höchsten Pathos, vom intimen Liebesgespräch bis zur Welthaltigkeit des historisch-politischen Ereignisses (»Buch Timur«, das auf Napoleons Rußlandfeldzug anspielt), vom Weinrausch (»Schenkenbuch«) bis zur mystischen Ekstase, vom Irdischen zum Himmlischen (»Buch des Paradieses«). Goethe hat die persische Poesie mit einem »orientalischen Basar« verglichen: »Nicht immer sind die kostbarsten und niedrigsten Waren im Raume weit gesondert, sie vermischen sich in unseren Augen, und oft gewahren wir auch die Fässer, Kisten und Säcke, worin sie transportiert worden. ... Ferner kostet's dem orientalischen Dichter nichts, uns von der Erde in den Himmel zu erheben und von da wieder herunterzustürzen oder umgekehrt.« Zu einem gehobenen ›Basar‹ aber sucht Goethe auch seinen *Divan* zu machen. Die geistige Spannweite dieses Zentralwerks der deutschen Lyrik reicht von aufklärerischer Rationalität bis in die Nähe romantischer Poesie im »Stirb und werde« des mystischen Gedichts »Selige Sehnsucht«, in dem Eros und Thanatos eins werden.

Gruppen der Alterslyrik

Die späte Lyrik Goethes außerhalb der Zyklen gliedert sich in vier deutlich greifbare Gruppen, die er in den Gedichtbänden der »Ausgabe letzter Hand« (1827) selbst durch die in Klammern stehenden Titel unterschieden hat: Spruchdichtung (*Zahme Xenien*), Gedichte an Personen (*Inschriften, Denk- und Sendeblätter*), weltanschaulich-naturwissenschaftliche Gedichte (*Gott und Welt*) sowie die in seinem Sinne reine Lyrik (*Lyrisches*). Die bedeutendsten der weltanschaulichen Gedichte sind *Prooemion* (erschienen 1817; in der »Ausgabe letzter Hand« das Einleitungsgedicht der Gruppe *Gott und Welt*, es verkündet Goethes spinozistischen Glauben an einen Gott, der die »Natur in Sich, Sich in Natur« hegt), das thematisch verwandte *Eins und Alles* (1821), *Vermächtnis* (1829), in dem er die Summe seiner Altersweisheit zu ziehen sucht (»Der Augenblick

Goethe 1831 auf dem Kickelhahn bei Ilmenau, Lichtdruck nach Zeichnung von Woldemar Friedrich, um 1900

ist Ewigkeit«), und das gewichtigste Gedicht dieser Gruppe, die *Urworte: orphisch* (1827), zu denen er selbst einen Kommentar verfaßt hat.

In den fünf auf Macrobius zurückgehenden *Urworten*, die in je einer Stanze entfaltet werden, hat Goethe eine philosophische Anthropologie konzentriert, die den Menschen als Individuum und Gattung in die Polarität von Gesetz und Freiheit stellt. Der »Daimon«, die durch die Gestirne bestimmte und ihr Schicksal bestimmende, unverwechselbare und unveränderlich aus sich selbst entstehende »Individualität der Person«, wird durch »Tyche«, die Wechselfälle des Lebens beeinflußt; diese verdichten sich in »Eros«, durch dessen Wirkung der nur um sich selbst kreisende individuelle Dämon nun »ein zweites Wesen eben wie sich selbst mit ewiger, unzerstörlicher Neigung« umfaßt. Damit hat das Individuum den Schritt über sich selbst hinaus zur Gattung getan – durch Neigung, die sich alsbald in familiäre und gesellschaftliche Pflicht und Notwendigkeit, »Ananke«, verwandelt; diese bindet das Individuum »durch die bündigsten Kontrakte, durch die möglichsten Öffentlichkeiten« (Goethe) streng ans gesellschaftliche Ganze. Allein »Elpis«, die Hoffnung, transzendiert die Notwendigkeit auf ein Reich grenzenloser Freiheit hin.

Unter dem *Lyrischen* des Goetheschen Spätwerks ragen die 1823/24 entstandenen Gedichte der *Trilogie der Leidenschaft*, die Mitternachtgedichte *Um Mitternacht*

(1818) und *Der Bräutigam* (1824) sowie die Dornburger Gedichte von 1828 (*Dem aufgehenden Vollmonde, Früh wenn Tal, Gebirg und Garten*) hervor, die unter dem Eindruck des plötzlichen Todes von Herzog Carl August entstanden sind. Die *Trilogie*, deren Mittelstück die aus der Erschütterung über den Abschied von Ulrike von Levetzow entstandene *Marienbader Elegie* bildet, ist als solche eine künstliche Schöpfung (erschienen 1827), die erst aus dem Abstand von jenem Erlebnis möglich geworden ist, das Goethe bis an den Rand der Verzweiflung aufgewühlt hat.

Im Sommer 1821 hatte er in dem aufstrebenden neuen böhmischen Kurort Marienbad die vierunddreißigjährige Witwe Amalie von Levetzow und deren siebzehnjährige Tochter Ulrike näher kennengelernt. Zu ihr faßte er eine väterliche Zuneigung, die zwei Jahre später bei einem neuen Kuraufenthalt in Marienbad in leidenschaftliche Liebe umschlug. Der vierundsiebzig Jahre alte Goethe trug sich allen Ernstes mit der Absicht, das junge Mädchen zu heiraten, ließ durch Herzog Carl August bei der Mutter um ihre Hand an-

Die siebzehnjährige Ulrike von Levetzow, anonymes Pastell, 1821

Elegie

[...]
Nun bin ich fern! Der jetzigen Minute,
Was ziemt denn der? Ich wüßt' es nicht zu sagen;
Sie bietet mir zum Schönen manches Gute,
Das lastet nur, ich muß mich ihm entschlagen;
Mich treibt umher ein unbezwinglich Sehnen,
Da bleibt kein Rat als grenzenlose Tränen.

So quellt denn fort und fließet unaufhaltsam!
Doch nie geläng's, die innre Glut zu dämpfen!
Schon rast's und reißt in meiner Brust gewaltsam,
Wo Tod und Leben grausend sich bekämpfen.
Wohl Kräuter gäb's, des Körpers Qual zu stillen;
Allein dem Geist fehlt's am Entschluß und Willen.
[...]
Mir ist das All, ich bin mir selbst verloren,
Der ich noch erst den Göttern Liebling war;
Sie prüften mich, verliehen mir Pandoren,
So reich an Gütern, reicher an Gefahr;
Sie drängten mich zum gabeseligen Munde,
Sie trennten mich, und richten mich zu Grunde.

halten, erhielt aber höflich verbrämt einen Korb. Auf der langen Rückreise von Karlsbad, wohin Mutter und Tochter ausgewichen waren und Goethe ihnen nachgereist war, entstand die *Elegie,* eine der größten Liebesklagen der Weltliteratur. Zwei Jahre später hat Goethe sie mit den beiden Seitenstücken »An Werther« und »Aussöhnung« in die *Trilogie der Leidenschaft* integriert, welche die – jeden Trost verweigernde – Stimmung der Elegie in einer Kartharsis (sie ist mit dem Titel »Aussöhnung« gemeint) aufzufangen sucht. Das in der *Marienbader Elegie* trotz der mäßigenden Stanzenform unverhüllt ausbrechende selbstverzehrende Gefühl der Verzweiflung, das allen Halt und Trost selbst in der Natur, der sich Goethes ganzes Denken und Gestalten im Alter zugewandt hat, von sich weist (»Mir ist das All, ich bin mir selbst verloren«), bezeugt bestürzend, welch dünne Brücke über Abgründen Goethes geläuterte Altershaltung geblieben ist.

»Johann Wolfgang von Goethe nach der Natur«, Zeichnung von Ludwig Sebbers, 1826

Wilhelm Meisters Wanderjahre

Goethes ästhetische Neuorientierung seit dem Tode Schillers zeigt sich nirgends deutlicher als auf dem Gebiet des Romans. Seit dem Abschluß von *Wilhelm Meisters Lehrjahren* hat er sich mit dem Gedanken getragen, deren Gestalten in einer Fortsetzung wieder aufleben zu lassen. Offenbar dachte er zunächst an die Form des Novellenzyklus à la Boccaccio. Bezeichnenderweise überlagern sich die Pläne zur Fortsetzung der *Lehrjahre* mit denen einer Weiterführung der *Unterhaltungen deutscher Ausgewanderten,* in denen er diese Form schon einmal erprobt hatte.

»Alles ist ja nur symbolisch zu nehmen, und überall steckt noch etwas anderes dahinter. Jede Lösung eines Problems ist ein neues Problem.« Gespräch mit F.T.A.H. von Müller über *Wilhelm Meisters Wanderjahre,* 8.6.1821

Seit Mitte Mai 1807 wird die Arbeit an *Wilhelm Meisters Wanderjahren* – der Roman trägt von Anfang an diesen Titel – zum Hauptgeschäft, ja sie gedeiht bis 1810 so weit, daß Goethe die Publikation der *Wanderjahre* für die nächste Zeit ankündigt. Dann aber bemächtigt sich seiner um die Jahreswende 1810/11

Wilhelm Meisters Wanderjahre, Erstes Buch, Kupferstich von Ludwig Ferdinand Schnorr von Carolsfeld

eine erstaunliche Werkskepsis, die zu einer langen Verzögerung der Vollendung des Romans führt, aus dem er jedoch einige Teile, nämlich die bereits abgeschlossenen Erzählungen, vorab publiziert. Bis 1818 treten die *Wanderjahre* zumal hinter der Arbeit an der Autobiographie und am *West-östlichen Divan* zurück. 1819 nimmt Goethe sich den Roman jedoch wieder vor und arbeitet dessen »ersten Teil« aus, der 1821 erscheint.

Goethe will den zweiten Teil unmittelbar folgen lassen, doch die negativen Reaktionen des vielfach ratlosen Publikums verstören ihn. Hinzu kommt das Ärgernis der falschen *Wanderjahre*. Gleichzeitig mit Goethes Roman erschienen nämlich *Wilhelm Meisters Wanderjahre* von einem Anonymus, der später als der protestantische Pfarrer Friedrich Wilhelm Pustkuchen aus Lemgo identifiziert wurde. Dieser Anti-*Wilhelm Meister* hatte mehr Erfolg als Goethes Roman und konnte bis 1828 in fünf Teilen erscheinen. Pustkuchen stellt im Sinne der konservativen Goethe-Kritik der Zeit den Autor der *Lehrjahre* als Zersetzer von Religion, Sitte und Ordnung dar. Erst 1825 nimmt Goethe die Arbeit am zweiten Teil der *Wanderjahre* entschlossen wieder auf.

Nun wiederholt sich, was schon bei der Fortführung der *Theatralischen Sendung* eintrat. Wie diese als ganze zu den *Lehrjahren* umgearbeitet wurde, so verwandelt sich die Arbeit am zweiten Teil der *Wanderjahre* in eine Neufassung des gesamten Werks, das 1829 als Band 21-23 der »Ausgabe letzter Hand« erscheint. Goethe hat auf eine selbständige Veröffentlichung des Romans verzichtet, um ihn dem allgemeinen Publikum und der verständnislosen Kritik zu entziehen, die der Fassung von 1821 gefolgt war. Mehr und mehr war ihm deutlich geworden, daß seine ästhetischen Wege sich von den Erwartungen des Publikums und der Kritik seiner Zeit gänzlich getrennt hatten. Es dürfte kaum einen bedeu-

Gegenüberliegende Seite: *Wilhelm Meisters Wanderjahre,* Zweites Buch, Kupferstich von Gustav Heinrich Naeke

tenden Autor der Weltliteratur gegeben haben, der seine Werke so sehr im Bewußtsein der Entfremdung vom Zeitgeschmack schrieb, auf das tiefere Verständnis einer fernen Nachwelt baute – und tatsächlich erst von dieser Nachwelt adäquat gewürdigt wurde, wie der alte Goethe.

Goethe plante von Anfang an, die *Wanderjahre* strukturell anders als die *Lehrjahre* anzulegen und die Gattungsgrenzen des traditionellen Romans zu überschreiten. Aus dem Titel der endgültigen Fassung von 1829 hat er gar die Bezeichnung »Ein Roman« getilgt, die er der Erstfassung von 1821 noch vorangestellt hatte. Wirklich verstießen die *Wanderjahre* zur Verwirrung der Zeitgenossen entschieden gegen die mit einem Roman traditionell verbundene Vorstellung von einem geschlossenen, zielgerichteten Erzählzusammenhang. »Das Buch gebe sich nur für ein Aggregat aus«, hat Goethe selbst Kanzler von Müller gegenüber geäußert, aus dem sich daher kein »Ganzes systematisch konstruieren« lasse (18. Februar 1830). Auch hier waltet das zyklische Prinzip vor, finden »wiederholte Spiegelungen« zwischen den verschiedenen Erzählelementen und den dargestellten Lebenskreisen – »Bezirken« – statt, die Goethe in wechselnder Konstellation symbolisch gegeneinander stellt.

Friedrich von Müller, Zeichnung von Joseph Schmeller, 1824

Zu diesen Bezirken gehören das Kloster »Sankt Joseph des Zweiten«, das Landgut des aufgeklärten Oheims, die Welt der »Seherin« Makarie, die »Pädagogische Provinz«, die Bereiche der beiden im Zeichen des amerikanischen und des europäischen Kolonisationsprojekts gebildeten Bünde sowie die Turmgesellschaft, die aus den *Lehrjahren* in den neuen Roman hineinreicht, der Lebensraum der Spinner und Weber usf. Wie diese Bezirke, so sind auch die Personen des Romans einander komplementär zugeordnet. Wilhelm Meister ist nicht mehr dessen ›Held‹, sondern er verschwindet als individueller Charakter im

Wilhelm Meisters Wanderjahre, Drittes Buch, Kupferstich von Moritz Retzsch

funktionellen Figurenspiel der Erzählkreise. Dem ›Fortschritt‹ in der Handlung dient das Motiv der Wanderschaft Wilhelms, zu welcher er durch ein Gelübde, das die »Gemeinschaft der Entsagenden« ihm abverlangt hat, verpflichtet ist. Durch die Wanderschaft ist der Roman nicht nur thematisch, sondern auch strukturell bestimmt, werden durch sie doch die diversen »Bezirke« miteinander verbunden.

Goethe hat, wie erwähnt, den Roman ursprünglich nach dem Modell des Novellenzyklus mit einer Rahmenhandlung konzipiert. Doch schließlich wird es sich bei den ›eingelegten‹ Erzählungen nicht mehr um reine Novellen handeln – »Die neue Melusine« ist ein Märchen, »Die gefährliche Wette« eher ein »Schwank« –, und überdies lassen sich Rahmenhandlung und Binnenerzählungen kaum mehr trennen. »Das nußbraune Mädchen« und »Der Mann von funfzig Jahren« beispielsweise wachsen in den Rahmen hinein. Das traditionelle Modell von Rahmen- und Binnenerzählung eignet sich daher nicht, die komplexe Struktur der *Wanderjahre* zu erhellen. Das entscheidende Strukturprinzip dieses Romans liegt nämlich in der Ablösung des allwissenden Erzählers der *Lehrjahre* durch einen fiktiven »Redakteur«, der für das, was er dem Leser vermittelt – Erzählungen, Berichte, Aufzeichnungen, Tagebücher, Briefe, Reden, Aphorismen und andere Dokumente – auf Archive zurückgreift (diejenigen Makariens und des Auswandererbundes), deren Material er zitiert, bearbeitet oder rekapituliert. In wiederholten Leseranreden führt er sich als »Redakteur dieser Bogen«, »treuer Referent«, »Sammler und Ordner« ein. Nach eigenem Gutdünken verfügt er über das Material, zensiert oder bearbeitet es, distanziert sich von ihm, unterdrückt, kompiliert oder resümiert es.

Die disparatesten Textsorten vom reinen Sachtext bis zum Märchen treten so in harter Fügung nebeneinander. Mit einem aus der Klassik entwickelten geschlossenen Werkbegriff läßt sich das alles nicht mehr vereinbaren. Eben dadurch weisen die *Wanderjahre* auf spezifische Strukturmerkmale des modernen Romans voraus. Kein Wunder, daß Goethes Zeitgenossen der Form der *Wanderjahre* ratlos gegenüberstanden. Sogar die Autoren, welche die *Wanderjahre* gegen die Kritik des Jungen Deutschland an Goethes vermeintlicher politisch-gesellschaftlicher Rückständigkeit verteidigten und sie im Geiste des Frühsozialismus deuteten (Varnhagen van Ensc, Karl Grün, Ferdinand Gregorovius, Hermann Hettner), bezogen sich nur auf ihren Inhalt und verweigerten sich weitgehend ihrer Form.

Was diese Kritiker zu Recht erkannt haben: Die *Wanderjahre* sind weit mehr als die *Lehrjahre* ein »Sozialroman« (Karl Rosenkranz). Stand dort, vor dem Hintergrund der Französischen Revolution, die Kontrapunktik adliger und bürgerlicher Lebenshaltung im Vordergrund, so ist nun die bürgerliche Welt fast universal geworden; das Zeitalter des »Maschinenwesens« schafft neue soziale Probleme – ihr größtes: Durch die Maschine ist die Hausindustrie in ihrer Existenz bedroht; zahllose Menschen in den übervölkerten Regionen verlieren dadurch ihre Lebensgrundlage.

Auf diese Notlage beziehen sich die beiden großen Siedlungsprojekte. Unter der Führung Lenardos wird das amerikanische Auswanderungsunternehmen gegründet, das unbelastet von den feudalistischen Zwängen, die der europäischen Gesellschaft noch anhaften, in der Neuen Welt großzügige Siedlungen, einen Kanalbau und industrielle Anlagen plant. Doch auch ein deutscher Fürst ermöglicht in einer abgelegenen Provinz ein Kolonisationsprojekt. (Goethe spielt hier auf die planmäßigen Ansiedlungen in den Ländern Maria Theresias und Friedrichs des Großen an.) In beiden Projekten spiegeln sich die ausgedehnten öko- und agronomischen Studien Goethes wider, die ihn bis ins hohe Alter beschäftigt haben. Was die leitenden Män-

Wanderjahre als Sozialroman
»So wenig nun die Dampfmaschinen zu dämpfen sind, so wenig ist dies auch im Sittlichen möglich; die Lebhaftigkeit des Handels, das Durchrauschen des Papiergelds, das Anschwellen der Schulden, um Schulden zu bezahlen, das alles sind die ungeheuern Elemente, auf die gegenwärtig ein junger Mann gesetzt ist. Wohl ihm, wenn er von der Natur mit mäßigem, ruhigem Sinn begabt ist, um weder unverhältnismäßige Forderungen an die Welt zu machen noch auch von ihr sich bestimmen zu lassen.«
Wilhelm Meisters Wanderjahre oder die Entsagenden

ner der beiden großen Kolonisationsunternehmen verbindet, ist – dem Romantitel gemäß – das Ethos der Entsagung. Diese bedeutet bewußte Annahme der Bedingtheit, der eigenen Begrenztheit. Selbstbegrenzung aber ist die conditio sine qua non des tätigen Lebens. Nur wer entsagt, fügt sich sinnvoll ein in den Organismus eines sozialen Ganzen.

»Sich etwas zu versagen, war Eduard nicht gewohnt. Von Jugend auf das einzige, verzogene Kind reicher Eltern, die ihn zu einer seltsamen, aber höchst vorteilhaften Heirat mit einer viel älteren Frau zu übereden wußten, von dieser auch auf alle Weise verzärtelt […], nach ihrem baldigen Tode sein eigner Herr, auf Reisen unabhängig, jeder Abwechslung, jeder Veränderung mächtig […] – was konnte in der Welt seinen Wünschen entgegenstehen!«
Die Wahlverwandtschaften

Die Wahlverwandtschaften

Auch die *Wahlverwandtschaften* (1809) waren ursprünglich als Novelleneinlage für die Wanderjahre geplant, und diese anfängliche Bestimmung ist noch in dem zum tragischen Roman angewachsenen Werk zu spüren. Was beide Romane inhaltlich verbindet, ist das Thema der Entsagung, deren äußerste Steigerung ins Asketische und »Heilige« sich in der Haltung der weiblichen Hauptfigur Ottilie manifestiert. Das Heilige ist die einzige Gegenmacht, welche dem Dämonischen gewachsen ist, das in diesem Roman eine so abgründig-bedeutende Rolle spielt wie in keinem anderen Werk Goethes.

Wie die Novelleneinlagen des zweiten Wilhelm Meister-Romans beschränken sich die *Wahlverwandtschaften* auf die Dimensionen einer Privatgeschichte und demgemäß auf die topographischen Umrisse eines herrschaftlichen Landgutes. Diese Privatgeschichte weist freilich über sich selbst hinaus auf allgemeine gesellschaftliche Zustände. Goethe selbst hat Riemer gegenüber geäußert (28. August 1808), er habe »soziale Verhältnisse und die Konflikte derselben symbolisch gefaßt dazustellen« gesucht. Wir begegnen einer geistig-ethisch substanzlos werdenden, wenn auch an ihren Standeskonventionen und -werten festhaltenden gesellschaftlichen Schicht, einer teils ins Leichtfertig-Spielerische entartenden (das »Affenwesen« Lucianes und ihrer Schar), teils nach den Worten Arnims (an Bettina Brentano, 5. November 1809) in »Langeweile« dahindämmernden Aristokratie: »Ohne eine mögliche Richtung ihrer Tätigkeit zur allgemeinen Verwaltung kochen sie ihre häusliche Suppe meist so lange über, bis nichts mehr im Topfe«. Andererseits ist nicht zu übersehen, daß Goethe in der Gestalt Ottilies, deren Tagebuchblätter immer wieder um die Gedanken des »Schicklichen«, der »guten Sitten« etc. kreisen, das aristokratische Ethos noch einmal in voller Gültigkeit zeigen wollte.

Nur in einem durch die topographischen Gegebenheiten verdichteten Raum, der entsprechend gerafften Zeit und einer auf einen schmalen Personenkreis reduzierten Handlung – fast also im Rahmen der klassizistischen Tragödie, an welche auch die symmetrische Gruppierung der vier Hauptpersonen gemahnt – ließ sich die Konzeption des tragischen Romans verwirklichen. Als solchen hat Goethe sich die *Wahlverwandtschaften* ohne Zweifel gedacht; das zeigt nicht zuletzt die wiederholte Beziehung auf Aristoteles und seine Definition der Tragödie durch Furcht, Mitleid und Katharsis, d.h. Reinigung der Affekte. Im Gespräch mit Eckermann vom 21. Juli 1827 – im gleichen Jahr erscheint seine *Nachlese zu Aristoteles' Poetik* – redet er von dem tragischen Affekt der »Furcht«, die in den *Wahlverwandtschaften* zur »Bangigkeit« angesichts des »moralischen Übels« werde, das wir »auf die handelnden Personen heranrücken und sich über sie verbreiten sehen«. Und im Brief an Zelter vom Januar 1830 betont Goethe in Bezug auf seinen Aristoteles-Aufsatz, »daß ich in meinen *Wahlverwandtschaften* die innige, wahre Katharsis so rein und vollkommen als möglich abzuschließen bemüht war«.

Titelkupfer zu Goethes *Wahlverwandtschaften*

Durch die Steigerung der Novelle zum tragischen Roman hat Goethe sich deutlich von Schiller entfernt, der das Tragische dem Drama vorbehalten wissen wollte. In seinem Brief vom 20. Oktober 1797 hat Schiller *Wilhelm Meisters Lehrjahren* vorgehalten, in ihnen sei »offenbar zu viel von der Tragödie ...; ich meine das

»›Zum Beispiel was wir Kalkstein nennen, ist eine mehr oder weniger reine Kalkerde, innig mit einer zarten Säure verbunden, die uns in Luftform bekannt geworden ist. Bringt man ein Stück solchen Steines in verdünnte Schwefelsäure, so ergreift diese den Kalk und erscheint mit ihm als Gips; jene zarte, luftige Säure hingegen entflieht. Hier ist eine Trennung, eine neue Zusammensetzung entstanden, und man glaubt sich nunmehr berechtigt, sogar das Wort Wahlverwandtschaft anzuwenden, weil es wirklich aussieht, als wenn ein Verhältnis dem andern vorgezogen, eins vor dem andern erwählt würde.‹
›Verzeihen Sie mir‹, sagte Charlotte, [...] ›aber ich würde hier niemals eine Wahl, eher eine Naturnotwendigkeit erblikken.‹«
Die Wahlverwandtschaften, 1. Teil, viertes Kapitel

Ahndungsvolle, das Unbegreifliche, das subjektiv Wunderbare, welches ... nicht mit der Klarheit sich verträgt, die im Roman herrschen muß und in diesem auch so vorzüglich herrscht.« Angesichts der untragischen Rationalität der *Lehrjahre* (»weil sich sonst alles so schön vor dem Verstande entwirret«) seien derartige »Grundlosigkeiten« nicht zu billigen. Goethe erinnert sich noch Jahrzehnte später an diesen Brief: »Schiller tadelte die Einflechtung des Tragischen [in *Wilhelm Meisters Lehrjahre*], als welches nicht in den Roman gehöre«, bemerkt er im Gespräch mit Eckermann vom 18. Januar 1825, und er setzt hinzu: »Er hatte jedoch unrecht, wie wir alle wissen.« Was würde Schiller erst zu dem tragischen Roman der *Wahlverwandtschaften* gesagt haben!

Die *Wahlverwandtschaften* beginnen in einem komödiantischen Ton, der das Tragische noch nicht ahnen läßt und wie er die parallel entstandene Novelle »Der Mann von funfzig Jahren« aus den *Wanderjahren* prägt. Das Motiv der sich über Kreuz liebenden Paare, ihre chemische ›Versuchsanordnung‹ läßt eine Tragödie nicht erwarten, sondern ist eher Mozarts *Così fan tutte* vergleichbar. Der Titel des Romans stammt aus der chemischen Terminologie; der Begriff bezeichnet den Prozeß, in dem sich zwei verbundene Elemente durch das Hinzutreten einer anderen Stoffkombinationen voneinander lösen und eine neue Verbindung eingehen. So geschieht es im Roman, als auf dem Landsitz von Eduard und Charlotte, die bisher in einer glücklichen Liebesehe verbunden waren, durch das Eintreffen Ottilies und des Hauptmanns eine tragische Liebe über Kreuz entsteht.

In seiner Selbstanzeige der *Wahlverwandtschaften* im »Morgenblatt für gebildete Stände« (1809) bezieht Goethe sich ausdrücklich auf die »chemische Gleichnisrede« der affinitas electiva: der Wahlverwandtschaften, d.h. der wechselseitigen Anziehung und Abstoßung der Elemente. Daß Goethe ein naturwissenschaftliches Theorem zum Titel eines Romans gemacht hat, hat schon die Zeitgenossen fasziniert, denen die Affinitätslehre durch ihre romantische Wiederentdeckung und Erweiterung vertraut war. Erst recht aber beeindruckte Goethes Experiment einer Verbindung von Roman und Naturwissenschaft die Literaturkritik des späten 19. Jahrhunderts. Die zu dieser Zeit hoch im Kurs stehende »Psychophysik« konnte in Goethes Begründung humaner Phänomene durch chemische eine Selbstbestätigung finden. In Wilhelm Bölsches Aufsatz *Goethes ›Wahlverwandtschaften‹ im Lichte moderner Naturwissenschaft* (1889) heißt es gar: »Die Wahlverwandtschaften geben bereits einen vollkommenen Spiegel ab für den von Zola so getauften ›Experimentalroman‹, und man kann im einzelnen bei sorgfältiger Analyse alle Vorzüge und alle Gefahren dieser ins Gebiet der Naturwissenschaft hinübergreifenden exakt psychologischen Dichtungsart an dem alten Buche so genau aufweisen, als gehöre es zeitlich zu den neuesten Erzeugnissen des Büchermarktes.« So überspitzt diese Äußerung auch sein mag, wie im Falle der *Wanderjahre* zeigt sich, daß Goethes Roman weit vorausgreift auf die moderne Entwicklung dieser Gattung.

Die chemischen ›Wahlverwandtschaften‹ sind in Goethes Roman aufs engste verbunden mit einer Grundidee seines Alters: dem Dämonischen. Dieses ist der »durch Verstand und Vernunft nicht aufzulösende« Abgrund der Welt, in dem sich die im Streit mit sich selbst liegende Gottheit offenbart, »eine der moralischen Weltordnung, wo nicht entgegengesetzte, doch sie durchkreuzende Macht« (*Dichtung und Wahrheit,* 20. Buch). Im unwiderstehlichen Wirken des Dämonischen gründet Goethes Zweifel an dem »Kantischen Imperativ«, welcher die Menschen »autonomisch und autokratisch« voraussetzt (Gespräch mit K.E. von Hagen, August 1805). Zwar vermag sich in der Entsagung die geistige Kraft des Menschen der dämonischen Fatalität, der »leidenschaftlichen Notwendigkeit« (Selbstanzeige) gegenüber zu behaupten, diese selbst aber ist auch in Ottilies Entschluß, als »geweihte Person ... sich dem Heiligen« zu überantworten, nicht auszulöschen. Die Dimension des Dämonischen durchkreuzt alle sitt-

»Die *Wahlverwandtschaften* sind Goethes *allerchristlichstes* Werk, und auf sie hat er sich berufen, wenn ihm daran lag, sich gegen den Vorwurf des Heidentums zu verteidigen. ›Ich heidnisch?‹ rief er eines Tages. ›Nun, ich habe doch Gretchen hinrichten und Ottilien verhungern lassen, ist das den Leuten nicht christlich genug?‹«
Thomas Mann,
Zu Goethes Wahlverwandtschaften

lichen und humanen Bindungen. Charlotte, die zweite weibliche Person des tragischen Quartetts, gelangt zu der Einsicht: »Es sind gewisse Dinge, die sich das Schicksal hartnäckig vornimmt. Vergebens, daß Vernunft und Tugend, Pflicht und alles Heilige sich ihm in den Weg stellen; es soll etwas geschehen, was ihm recht ist, was uns nicht recht scheint; und so greift es zuletzt durch, wir mögen uns gebärden, wie wir wollen.«

Goethe hat der tragischen Katastrophe in den *Wahlverwandtschaften* freilich nicht das letzte Wort gegönnt. Jenseits der irdisch-sittlichen Schranken, der Normen der sozialen Moral, das deutet der legendenhafte Schluß des Romans an, wird sich die Wahlverwandtschaft, die Liebe zwischen Eduard und Ottilie in einer metatragischen Steigerung erfüllen. Mag über dem Schluß des Romans auch ein Hauch von Ironie liegen, das Legendenhafte vom aufgeklärten Erzähler perspektivisch relativiert sein, die Hoffnung, daß mit dem Tod der Protagonisten ihre Existenz nicht aussichtslos abgeschlossen ist, bildet die Katharsis des tragischen Romans. Zurecht hat Thomas Mann in seinem Essay von 1925 die *Wahlverwandtschaften* Goethes »allerchristlichstes Werk« genannt.

Novelle

Auch um die letzte der großen Prosadichtungen des späten Goethe, die *Novelle* (1828), sollte sich ursprünglich der Rahmen der *Wanderjahre* schließen. In den Kreis der »Entsagenden« und Auswanderer nimmt Goethe gewissermaßen auch Honorio, die Hauptgestalt der *Novelle*, auf: wenn die Wärterin ihn am Ende mit der Mahnung zur Entsagung (»Überwinde dich selbst!«) gen Westen, »nach Abend« – offenkundig nach Amerika – weist: »dort gibts viel zu tun«. Nahezu das gesamte epische Spätwerk Goethes gehört also in den Umkreis des zweiten Wilhelm Meister-Romans. Dem Titel gemäß wollte Goethe – wie im

Märchen, der *Ballade* oder im *Sonett* – in der *Novelle* die Gattung selbst symbolisch darstellen: »denn was ist eine Novelle anders als eine sich ereignete unerhörte Begebenheit« (zu Eckermann, 29. Januar 1829).

Mit den *Wahlverwandtschaften* ist die *Novelle* durch das aristokratische Milieu verbunden; ihm begegnen wir freilich nun auf einer höheren und zeitgeschichtlich konkreteren Ebene, an der Spitze eines deutschen Fürstentums, das manche Züge Sachsen-Weimars trägt. Dieses Fürstentum ist deutlich von der nachrevolutionären Ära geprägt, weithin verbürgerlicht. Das Leben des Fürsten und seines Hofes ist nicht mehr von Repräsentation, sondern von angestrengter Arbeit für das Gemeinwesen und seine wirtschaftliche Entwicklung erfüllt. Keinem ›Staatsglied‹ ist es mehr erlaubt, zu genießen, während andere arbeiten, sondern die Einsicht hat sich durchgesetzt, »daß alle Staatsglieder in gleicher Betriebsamkeit ihre Tage zubringen, in gleichem Wirken und Schaffen, jeder nach seiner Art, erst gewinnen und dann genießen sollen«.

Der Erfolg dieser allgemeinen Produktivität drückt sich in dem eben stattfindenden Markt aus. Die Versöhnung eines traditionellen Staatsgebildes mit dem Geist der neuen Zeit, sie wird im ersten Teil der *Novelle* symbolisch, ja fast allegorisch gespiegelt in den Plänen zur Restauration der »uralten Stammburg«, durch die das Alte, Beharrende der Ruine und das ewig Werdende, sich Verändernde der Natur, welche das alte Schloß im Laufe der Jahrhunderte überwuchert hat, ins Gleichgewicht gebracht wird. Einer derart gefestigten, das Widerstreitende harmonisch verbindenden Welt wird nun in der auf dem Markt ausbrechenden Feuersbrunst, in deren Folge wilde Tiere, Tiger und Löwe, aus einer Jahrmarktsbude ausbrechen, das Bild des Elementaren, Chaotischen gegenübergestellt. Das Ebenbild dieser zerstörerischen Mächte im menschlichen

Diese und folgende Doppelseite: Max Liebermann, Federzeichnungen zur *Novelle*

Inneren wird in der verhaltenen, durch den Aufruhr der Elemente jedoch fast zum Ausbruch gebrachten Leidenschaft Honorios für seine Fürstin nur sublim angedeutet.

Das Motiv der Feuersbrunst auf dem Markt, dem Spiegel gesellschaftlicher Ordnung, ist eine verhüllte Anspielung auf die Revolution. Die Entfesselung von Elementen und wilden Tieren ist – im positiven wie negativen Sinne – ein beliebtes Bild der Revolution im Schrifttum der Zeit gewesen. Den elementaren Kräften gelingt es in der *Novelle* indessen nicht – anders als in den *Wahlverwandtschaften* –, katastrophal in die wohlgefügte menschliche Ordnung einzubrechen. Die Bändigung des Löwen durch das beschwichtigende Lied des Kindes im legendenhaften Schluß der *Novelle* ist das Musterbeispiel der gewaltlosen Beherrschung des Elementaren in der Natur wie – als Entsagung – in der Menschenwelt. »Zu zeigen, wie das Unbändige, Unüberwindliche oft besser durch Liebe und Frömmigkeit als durch Gewalt bezwungen werden, war die Aufgabe dieser Novelle«, so hat Goethe Eckermann gegenüber erklärt (18. Januar 1827).

Die »unerhörte Begebenheit« wird in der »idyllischen Darstellung« des Schlusses zur reinen Utopie, in der alte Menschheitsträume wiederkehren. Das Lied und Flötenspiel des Knaben ist eine Reminiszenz an den Orpheus-Mythos und an Mozarts *Zauberflöte* (wie an Goethes eigenen »zweiten Teil« der Oper), wohl auch an Schillers Beschreibung des »ästhetischen Staats«, in dem »der trotzige Löwe dem Zaum eines Amors gehorchen« muß, am Schluß der *Briefe über die ästhetische Erziehung des Menschen*. Wesentlicher aber noch sind die Anklänge an die jüdisch-messianische Vision der befriedeten Natur (»Kalb und Löwe mästen sich gemeinsam, ein kleiner Knabe kann sie hüten.« *Jesaja* 11, 6) oder an Vergils vierte Ekloge mit ihrer Weissagung von dem göttlichen Kind, durch welches das Goldene Zeitalter wiederkehrt – ein Friedensreich, das auch die wilde Natur umschließt. Goethes *Novelle* ist eine Dichtung der Versöhnung: von elementarer Natur und künstlicher Bildung, alter (feudaler) und neuer (bürgerlicher) Zeit, von ursprünglicher Menschlichkeit des Ostens (dargestellt in der morgenländischen Wärterfamilie) und hochzivilisierter Gesittung des Westens – ja in der Sendung Honorios gen Westen durch die Wärterin wölbt sich eine Brücke vom Morgenland über das Abendland in die Neue Welt. Die ganze Spannweite der späten Dichtung Goethes, die von der Hegire in den Orient bis zur amerikanischen Siedlungsutopie reicht!

Faust – Theater über das Theater

Die bedeutendste und aufwendigste Lebens- und Kunstleistung des späten Goethe ist zweifellos die Vollendung seines *Faust*. Ihm und der dramatischen Gattung hat er trotz aller Skepsis gegenüber Schauspiel und Theater, trotz seines Rückzugs vom Feld des Dramas in seiner zweiten Lebenshälfte doch die Summe seiner Existenz anvertraut. *Faust* ist eine Art Enzyklopädie des Welttheaters. Von der antiken Tragödie (Helena-Akt) über das mittelalterliche Mysterienspiel (»Prolog im Himmel«, Schluß des *Faust II*) bis zur geschlossenen Form der klassischen französischen oder zur offenen Form der englischen Dramatik des elisabethanischen Zeitalters reicht sein theatraler Spielraum. Auch Goethes heimliche Liebe zum Gesamtkunstwerk der Oper schlägt zumal im zweiten Teil überall durch. Und im »Mummenschanz« der Szenen am Kaiserhof spiegelt sich Goethes jahrzehntelange

Die Titelseite der zweiten Auflage des *Dr. Faust* von 1588, eine von Goethes Quellen

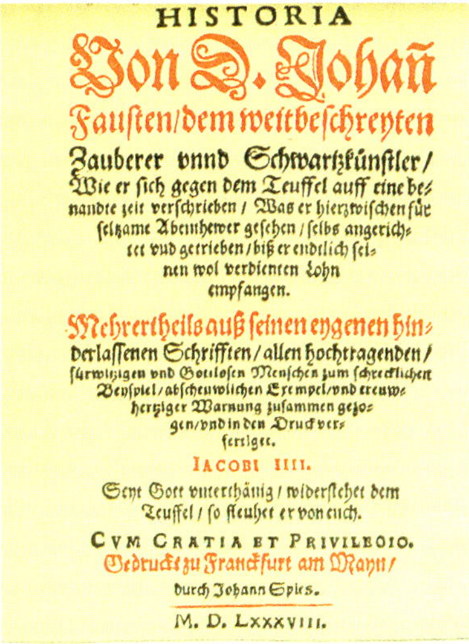

HISTORIA
Von D. Johañ
Fausten/dem weitbeschreyten
Zauberer vnnd Schwartzkünstler/
Wie er sich gegen dem Teuffel auff eine benandte zeit verschrieben / Was er hierzwischen für seltzame Abentheuwer gesehen / selbs angerichtet vnd getrieben / biß er endtlich seinen wol verdienten Lohn empfangen.
Mehrertheils auß seinen eygenen hinderlassenen Schrifften / allen hochtragenden / fürwitzigen vnd Gottlosen Menschen zum schrecklichen Beyspiel / abscheuwlichen Exempel / vnd treuwhertziger Warnung zusammen gezogen / vnd in den Druck verfertiget.
IACOBI IIII.
Seyt Gott vnterthänig / widerstehet dem Teuffel / so fleuhet er von euch.
CVM GRATIA ET PRIVILEGIO.
Gedruckt zu Franckfurt am Mayn /
durch Johann Spies.
M. D. LXXXVIII.

Erfahrung in der Inszenierung der »Maskenzüge«, des großen Weimarer Gesellschaftstheaters wider.

Faust ist Metatheater universalen Stils, Theater auf dem Theater – am signifikantesten in den Szenen am Kaiserhof, wo bei dem Mummenschanz und der Beschwörung von Paris und Helena Akteure wie Publikum selbst zum Gegenstand der Bühnendarstellung werden. Die Reflexion des Theaters in seinem eigenen Medium läßt sich freilich nur unvollkommen über Bühne und Rampe vermitteln, zumal dort nicht, wo das Schauspiel zur praktisch kaum realisierbaren Idealoper wird. Faust ist mehr oder weniger für ein ›théâtre imaginaire‹ geschrieben, aus dem gewiß manches, vor allem natürlich der erste Teil, auf eine wirkliche Bretterbühne hinübertreten kann; in seiner Ganzheit ist *Faust* jedoch nicht als Bühnenstück gedacht, sondern als Theater über das Theater. Es bedient sich seiner typischen Formen, ohne sie in den Dunstkreis einer trüben Theateröffentlichkeit treten lassen zu wollen, unter welcher der Weimarer Theaterdirektor Goethe lange gelitten hat, nicht weil sie ihm fremd war, sondern weil ihm ihre Idealvorstellung allzu viel bedeutete und er ihr deshalb mit höchst verletzbarer Sensibilität gegenübertrat. Deshalb hat er auch gezögert, *Faust* überhaupt auf die Bühne bringen zu lassen. Erst 1829, einundzwanzig Jahre nach seinem Erscheinen, gelangte *Faust I* in Braunschweig zur Uraufführung und wurde zu Goethes achtzigstem Geburtstag auch in Weimar inszeniert. Doch er selber dispensierte sich vom Besuch der Vorstellung, denn er hielt das Werk gewiß, um eine typische Formel von ihm zu verwenden, für kein »bretterrechtes« Stück – und Publikum wie Kritik dachten kaum anders darüber.

Faust-Illustration, Lithographie von Eugène Delacroix, 1825

Faust vor und nach Goethe

Der Fauststoff ist durch die von dem Frankfurter Verleger Johann Spies herausgegebene *Historia von D. Johann Fausten* (1587) in die deutsche Literatur eingegangen. Zeugnisse über das Leben des zu Beginn des 16. Jahrhunderts lebenden Schwarzkünstlers haben sich da mit dem christlich-mittelalterlichen Stoff vom verdammten Magus (Theophilus-Legende) vermischt. Das sogenannte Volksbuch von Spies wurde weitergebildet in den Faust-Büchern Widmans (1599), Pfizers (1674) und des »Christlich-Meynenden« (1725). Bereits wenige Jahre nach seiner ersten Version gelangte der Stoff durch Christopher Marlowes *The Tragicall History of the Life and Death of Doctor Faustus* (aufgeführt 1594) zum erstenmal auf die Bühne. Die englischen Komödianten brachten den dramatisierten Faust wieder nach Deutschland zurück. Zumal durch sie wurde die Sage zum Stoff des Volkstheaters (vor allem in Wien: hier erhielt er seine Prägung durch Stranitzkys *Leben und Tod Fausts*, 1715) und des Marionettenspiels.

Die dramatischen Versuche Lessings (seit 1759; 17. *Literaturbrief*) und Maler Müllers Fragmente aus *Fausts Leben* (1776/78) sowie Friedrich Maximilian Klingers Roman *Fausts Leben, Taten und Höllenfahrt* (1791) sind die wichtigsten literarischen Bearbeitungen des 18. Jahrhunderts neben Goethes Dramatisierung des Stoffs, der wie kein anderer zum ›deutschen Stoff‹ schlechthin geworden ist. Das zeigt auch seine weitere Tradition von Grabbes *Don Juan und Faust* (1829) über die Dichtungen Lenaus (*Faust*, 1836) und Heines »Tanzpoem« *Der Doktor Faust* (1851) bis zu Thomas Manns *Doktor Faustus* (1947), dem vor dem Hintergrund des Nationalsozialismus die Faustgestalt zur Chiffre für das Verhängnis Deutschlands wird. Schon kurz nach Goethes Tod hat sich der Begriff des »Faustischen« von der Gestalt selbst gelöst und ist zu einem bedenklichen Bestandteil »deutscher Ideologie« geworden.

Max Slevogt: Chorus mysticus, Kreidelithographie

Einen Siegeszug hat Faust auch über die Opernbühne des 19. und 20. Jahrhunderts angetreten, gipfelnd in Charles Gounods *Faust et Marguérite* von 1859. Zu den festen Bestandteilen der Faustsage gehört die Höllenfahrt: *La damnation de Faust*, um den Titel der »dramatischen Legende« von Hector Berlioz (1828/46) zu zitieren, die zu den bedeutendsten Musikalisierungen des Stoffs gehört. Auch die Bearbeitungen im Gefolge des ersten Teils von Goethes *Faust I* verbannen dessen Titelgestalt in der Regel in die Hölle. Seine Rettung in Goethes *Faust II* bedeutet einen tiefen Einschnitt in der Tradition der Sage. Obwohl manche spätere Bearbeiter den Erlösungsgedanken aufgreifen – als Beispiel sei hier nur Arrigo Boitos Oper *Mefistofele* (1868) mit ihrem grandiosen Himmels- und Höllenspektakel am Ende erwähnt –, dominiert doch in der weiteren Stofftradition, nicht zuletzt in Opposition gegen Goethe, der Verdammungsschluß. Der gerettete Faust wird wieder gerichtet! Das geschieht in gewisser Weise auch in Friedrich Theodor Vischers ausufernder Parodie *Faust. Der Tragödie dritter Teil* (zwei Fassungen 1862 und 1886), wo dem Goetheschen *Faust* eine Zeit lang der Himmel zur Hölle gemacht wird – da er sich den Kritikern zu stellen hat, die befinden, »Der Geisterwelt präsentes edles Glied, / Nicht ganz so strebend hab' es sich bemüht, / Als nötig, es zu retten / Aus Satans Ketten«. Die endgültige Rettung wird daher von neuen Bewährungsproben abhängig gemacht.

Faust
»›Der Faust‹, fuhr er fort, ›ist doch ganz etwas Inkommensurables.‹«
Gespräch mit Eckermann, 3.1.1830

Goethes Arbeit am Faust-Mythos

Goethes Arbeit am *Faust* erstreckt sich über sechs Dezennien seines Lebens, von 1772 bis 1831. Im wesentlichen lassen sich vier, jeweils durch viele Jahre voneinander getrennte Arbeitsphasen unterscheiden. Die erste fällt in die Zeit zwischen 1772 und Goethes Ankunft in Weimar. Aus diesen Jahren stammt der von Goethe nicht publizierte (von seinem Wiederentdecker Erich Schmidt 1887 so genannte) »Urfaust«. Während des ersten Weimarer Jahrzehnts stockt die Arbeit; den Abschluß der zweiten Phase während und nach der Italienischen Reise bildet Goethes erste Veröffentlichung seiner Entwürfe: *Faust, ein Fragment* (1790). In der dritten, durch Schiller inspirierten Phase seit 1797 wird *Faust, der Tragödie erster Teil* (ersch. 1808) abgeschlossen, aber auch schon der Helena-Akt begonnen. Die letzte Phase (unter Eckermanns Anregung) bilden die Jahre 1825–31; nach Vorveröffentlichungen der Helena und der Szenen am Kaiserhof in der »Ausgabe letzter Hand« (1827/28) erscheint in den »Nachgelassenen Werken« 1832 *Faust. Der Tragödie zweiter Teil,* deren Publikation Goethe zu seinen Lebzeiten nicht gewünscht hat.

Anders als die beiden Wilhelm Meister-Romane ist *Faust* ein einziges Werk, wenn auch – aufgrund seiner Entstehung in vier von Geist und Stil her mehr oder weniger tiefgreifend voneinander unterschiedenen Perioden – kein einheitliches. Goethe selbst hat, vor allem im Gespräch mit Eckermann, häufig betont, daß man

MEPHISTOPHELES:	Wir sehn die kleine, dann die große Welt. [...] Du nimmst bei diesem kühnen Schritt Nur keinen großen Bündel mit. Ein bißchen Feuerluft, die ich bereiten werde, Hebt uns behend von dieser Erde. Und sind wir leicht, so geht es schnell hinauf; Ich gratuliere dir zum neuen Lebenslauf!
(*Faust I*, Studierzimmer)	

vergeblich nach einer konsistenten »Idee« suche, »die dem Ganzen und jeder einzelnen Szene zugrunde liege (Eckermann, 6. Mai 1827).

Goethe hat dem *Faust* drei Prologe vorangestellt, die während der dritten Arbeitsphase (1797–1800) entstanden sind. Diese nähern sich gewissermaßen schrittweise dem eigentlichen Werk: von der lyrischen Selbstaussage des schaffenden Dichters (»Zueignung«) über die von ihm gewählte Darbietungsform, welche im dramatischen Diskurs von Theaterdirektor, Dichter und Schauspieler (lustiger Person) reflektiert wird (»Vorspiel auf dem Theater«) bis zur Exposition der dramatischen Handlung sub specie aeternitatis (»Prolog im Himmel«). Aber auch die eigentliche Handlung beginnt mit einer Art Prolog: dem Monolog des typischen Melancholikers Faust, seiner Verzweiflung an den akademisch-rationalen Wissenschaften. Dieser Monolog leitet den ersten großen Handlungskomplex ein, das Drama des Wissenschaftlers, das im Satyrspiel der Schüler-Szene ausklingt, in der die Fakultäten und

Gestalten aus *Faust*, Silhouetten von Paul Konewka

Wissenschaften noch einmal komisch-satirisch gemustert werden.

Fausts Weg führt von Wissenschaft und humanistisch-rhetorischer Bildung (in der Gestalt Wagners parodiert) über das Weltsystem der Pansophie, das er in typisch moderner Wendung als »Schauspiel« der menschlichen Subjektivität durchschaut (Vs. 454), zur Magie: zur Beschwörung des Erdgeists, des »Welt- und Taten-Genius« (Schema von ca. 1797). Der Erdgeist weist Faust zwar schroff in seine menschlichen Grenzen zurück – die dieser bis an sein Lebensende nicht anerkennen wird –, aber jener begleitet ihn doch unsichtbar auf seinem weiteren Weg. Nicht nur neue Naturerfahrung – nun nicht mehr im Erkennen, sondern im Gefühl –, wie sie sich in der Szene »Wald und Höhle« offenbart, hat Faust dem Wirken des Erdgeists zu verdanken, sondern auch Mephisto scheint zu ihm in einer dunklen Verbindung zu stehen: zum Geist der Erde und der Tat gehört auch das Böse.

Faust-Gruppe des Goethedenkmals in Rom, Detail

In den Studierzimmerszenen werden noch einmal die geistigen Tendenzen umkreist, welche mit der halb historischen, halb legendären Gestalt Fausts seit dem 16. Jahrhundert in Verbindung gebracht worden sind und die durch sie ausgelöste Faszination wie Verstörung erklären. Faust verkörpert jene menschliche Wißbegierde, die Augustinus als »curiositas« in Frage stellt und im älteren Deutsch mit »Fürwitz« übersetzt wird. Sie aber wird das bewegende Prinzip der neuzeitlichen Wissenschaft sein! Der von Offenbarungswissen und kirchlich-orthodoxer Lehre sich emanzipierende ›Geist‹, welcher die inneren Zusammenhänge der Natur zu erkennen strebt, hat vor allem die protestantische Orthodoxie, in deren Geist auch das Volksbuch von 1587 geschrieben ist, zutiefst beunruhigt, da sie ein

Erkenntnisstreben unabhängig vom Offenbarungswissen der Bibel, aufgrund der gänzlichen Verdorbenheit der natürlichen Erkenntnisfähigkeit des Menschen durch die Erbsünde, im wahrsten Sinne verteufelte: der Grund für die Verknüpfung der Faustsage mit dem Teufelsbundmotiv.

Kunstpostkarte zum *Faust*

Seiner Selbstdefinition nach ist Mephisto der Geist der Verneinung und Vernichtung, der das Nichts an die Stelle des Seins setzen will und demgemäß einen Schöpfungsmythos konstruiert, der den biblischen auf den Kopf stellt. Das Nichts, die uranfängliche Finsternis hat sich das Licht geboren, das trotz seiner Aufsässigkeit gegen die Nacht wieder zugrunde gehen muß, da es nur in den Körpern, die im Licht aus dem Gestaltlosen entstehen, zur Wirklichkeit wird, also auf die hinfällige materielle Welt angewiesen ist. Mephisto ahnt freilich, daß seine Anstalten, das Licht in Finsternis, das Sein ins Nichts zurückzuführen, letzten Endes immer wieder zu dem seinen Intentionen genau entgegengesetzten Ziel, zum »Guten« geführt werden.

Mephisto wird also immer wieder versuchen, auch Faust ins Nichts hinabzuziehen und doch im letzten scheitern. In allen Daseinskreisen, die Faust und Mephisto nach ihrer »Wette« durchmessen, wird immer wieder das gleiche Thema variiert: Faust, der dem Pakt gemäß »zugrunde gehen« will, wenn er ein einziges Mal im Augenblicklichen Genüge finden wird, der immer wieder nach absoluten Lösungen Strebende, sich nie Begrenzende, der in seinem »Selbst« genießen will, »was der ganzen Menschheit zugeteilt ist«, wird zwar keines seiner Ziele in der von ihm gewähnten Idealität erreichen können, stets werden diese durch Magie, durch das destruktive Wirken Mephistos korrumpiert, und doch wird umgekehrt immer wieder aus

Max Beckmann: Die Serenade des Mephistopheles, Lithographie, 1911

dem von Mephisto beabsichtigten und bewirkten Bösen der Funken des Guten schlagen.

Faust entsagt nach Abschluß von Pakt und Wette dem »Wissen« zugunsten der »Sinnlichkeit«, der abgeschiedenen Gelehrtenexistenz zugunsten der ›Welt‹: »Stürzen wir uns in das Rauschen der Zeit, / Ins Rollen der Begebenheit!« Nach dem burlesken Zwischenspiel von »Auerbachs Keller« und der Verjüngung in der »Hexenküche« beginnt das Liebesdrama. Faust erscheint als ein durch den Hexentrank in seiner Identität zutiefst Veränderter, nur von sexueller Begierde erfüllt. Und doch entsteht aus dieser das Mysterium der Liebe Fausts und Gretchens, das Mephisto nicht zerstören kann, wenn er auch alles daran setzt, Faust in der Orgie der »Walpurgisnacht« der Dämonie des Geschlechtlichen verfallen zu lassen oder ihn und Gretchen ins Verbrecherische hinabzuziehen (Tod der Mutter und Valentins, Gretchens Kindsmord).

Nach der erschütternden Gewalt der »Kerker«-Szene wird Faust gleichsam durch einen Lethestrom zu einem neuen Lebensufer geleitet: durch einen Heilschlaf, dem wir bei Goethe so oft begegnen. »Wir sehn die kleine, dann die große Welt«, hatte Mephisto Faust vor ihrem Abschied von seinem Studierzimmer angekündigt. Die

Helmut Griem als Faust und Sunnyi Melles als Gretchen in der Verfilmung des *Faust*, 1988

›große Welt‹ ist nun in der Tat der ›Weltenkreis‹ des ersten Akts: ein von schweren Krisen geschütteltes Kaiserreich, dem ein »Aufruhr« droht, dessen Zeugen wir im vierten Akt tatsächlich werden. Hinter dem Kostüm des spätmittelalterlichen Kaisertums erkennen wir deutlich die (satirisch gezeichneten) Züge des Ancien Régime. Der maßlose Aufwand für die Hofhaltung und der repräsentative Prunk des »Mummenschanz« wird mit bedrohlicher Geldnot kontrastiert, die auch eine der Ursachen für den Zusammenbruch des absolutistischen Staates in Frankreich gewesen ist.

Im Mummenschanz (Szene »Weitläufiger Saal«) flüchten Kaiser und Hof sich aus der immer bedrükkender werdenden »Tageswelt« in die Zauber einer üppigen Scheinwelt: eine allegorische Revue, in der das Antik-Mythische ganz im Gegensatz zur »Klassischen Walpurgisnacht« des folgenden Akts, die auch das Grauenhafte und Häßliche beschwört, in höfisch gezähmter Form erscheint. Die Harmlosigkeit festlich-konventioneller Allegorie wird jedoch mit dem Auftreten der Plutus-Gruppe Fausts zum Magischen und Symbolischen hin durchbrochen. Wenn Plutus-Faust den Knaben Lenker, der die Poesie personifiziert, aus der Hofwelt in die »Einsamkeit« verweist, so drückt sich darin aus, daß dem Reichtum, wie er hier durch Plutus personifiziert wird, das Gewand der Künste, der Poesie, die ihn bisher repräsentativ schmückten, nicht mehr ansteht, verwandelt er sich doch in den rein materiellen Besitz.

Die vom Knaben Lenker ausgestreuten Gaben der Poesie vermag die Hofgesellschaft nicht zu fassen; das zeigt sich nicht nur in dieser Szene, sondern mehr noch bei der Beschwörung Helenas (Szene »Rittersaal«). Die Einsamkeit als Sphäre des Schöpferisch-Poetischen erfährt in Fausts Abstieg zu den »Müttern« – dem Reich der »Bilder aller Kreatur« –, eine so unerhörte mythisch-symbolische Vertiefung, daß von ihrem Standpunkt aus das höfische Getriebe geistleer erscheint. Das »magische Theater« (Skizze von 1816) der Beschwörung Helenas bleibt für den Hof eine

Gustav Gründgens 1941 als Mephisto

teils bekrittelte, teils ästimierte repräsentative Veranstaltung. Die höfische Gesellschaft erwartet und vermißt in der magischen Paris-Helena-Pantomime Theater in den ihr geläufigen ›schicklichen‹ Dimensionen, während für Faust die Erscheinung Helenas eine sein ganzes Wesen aufwühlende Erfahrung ist. Indem er freilich die Grenze zwischen Wirklichkeit und magisch beschworener Urbildsphäre unvermittelt zu überschreiten sucht, gewaltsam über die Schwelle des Jetzt in das Einst des Mythos treten will, endet die magische Veranstaltung mit einem Fiasko.

Hier setzt nun der unerhörte Einfall Goethes ein, Faust über eine Folge von mehreren Szenen hinweg – wiederum – in einen Tiefschlaf zu versenken und erst auf klassischem Boden erwachen zu lassen. Faust wird inzwischen in sein einstiges Studierzimmer zurückgebracht, die Schüler-Szene wiederholt sich mit ausgetauschten Vorzeichen: nun wird der »alte Herr« Mephisto von dem zum Baccalaureus avancierten Studiosus in die Enge getrieben: Satire auf die Anmaßung der Jugend, die ihr empirisches Ich mit dem transzendentalen Ich der idealistischen Philosophie verwechselnd, sich selber zum Weltschöpfer aufbläht. Wagner als eine Art Prometheus-Karikatur sucht einen Menschen aus der Retorte zu fabrizieren – bezeichnend für den, der glaubt, alles nach Rezepten ›machen‹ zu können (wie sie sich in seiner Vorliebe für die Anwendungsmuster der Schulrhetorik zeigt), aber auch für die Hybris einer technisierten Naturwissenschaft.

Der nur mit Hilfe mephistophelischer Magie zustande gebrachte Homunculus entzieht sich freilich sofort dem Geist seines ›Vaters‹, er strebt als quasi präexistentielles Wesen nach Existenz – in Griechenland, wo eben die »Klassische Walpurgisnacht« stattfindet. Er wird seine Verkörperung, am Triumphwagen der Galatea zerschellend, im Meer als dem Element proteischer Verwandlungen suchen; von der Urfeuchte aus hat er den Werdegang der Natur nachzuholen. Der in Griechenland wiedererwachte Faust begibt sich auf den Weg in den Hades, um Helena von Persephone loszubitten. Diese Losbittung, von Goethe ursprünglich als einer der Höhepunkte des Dramas konzipiert, wird in der Darstellung übergangen, offenbar weil Goethe eine andere – symbolische – Motivierung der Erscheinung Helenas im dritten Akt wesentlicher wurde: Während seines Tiefschlafs erzeugt sich Faust selber Helena, den Mythos von der Begattung Ledas durch den Schwan nachträumend. Dieser Traum symbolisiert die Einheit des schöpferischen Eros mit dem physischen.

Im Traum eignet Faust sich das Urbild der Schönheit kreativ an – das Drama des Ästheten beginnt. Aber noch eine andere symbolische Linie führt zu Helena hin: in ihr vollendet sich der Werdegang der Natur, der in der »Klassischen Walpurgisnacht« feiernd nachvollzogen wird. Helena, das Urbild der Schönheit, ist zugleich Schöpfung der Natur und des künstlerischen Eros. Die 1483 Verse der »Klassischen Walpurgisnacht« sind eine einzigartige poetisch-theatralische Enzyklopädie der Gestaltenwelt des griechischen Mythos unterhalb der olympischen Sphäre, von den chaotisch-monströsen Phorkyaden bis hinauf zur schönen Gestalt der Galatea, die das Erscheinen Helenas unmittelbar vorbereitet.

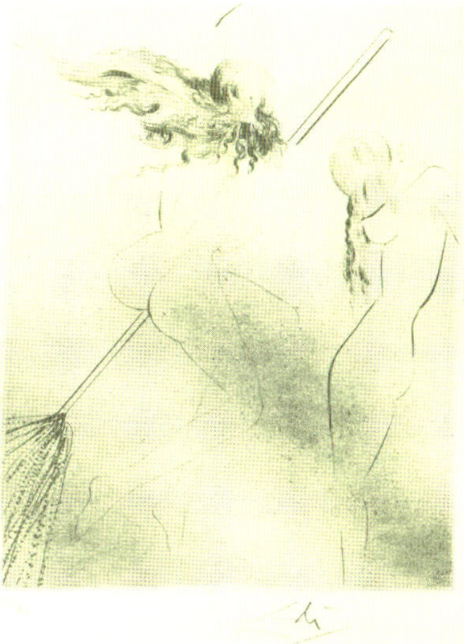

Salvador Dali: Hexenritt, Kaltnadelradierung

Nach dem berauschenden Gewoge der Bilder und Gestalten des zweiten Akts stellt sich die antike Gruppe »Vor dem Palaste des Menelas zu Sparta« in ihrer monumentalen Statuarik um so eindrucksvoller dar. Helena ist ihren eigenen Worten zufolge »Idol«, erkennt sich selber als eine gedichtete, als Schein-Gestalt. Sie ist eine einzigartige Kunstfigur, die sich mit ihrer Dichtungs- und Deutungsgeschichte eins weiß: »Bewundert viel und viel gescholten, Helena.« Als eine »klassisch-romantische Phantasmagorie« hat Goethe die (vorveröffentlichte) *Helena* bezeichnet: Faust begegnet Helena in der Ritterburg der zweiten Szene auf klassischem Boden, sie ihm jedoch in romantischer, mittelalterlicher Zeit.

In der poetischen Abbreviatur des Lebenslaufs Euphorions – der modernen Poesie, welche aus der Verbindung der klassischen und romantischen entsteht – im Arkadien der dritten Szene schlägt Goethe, souverän-spielerisch die Zeiten ineinanderschiebend, die Brücke zur Gegenwart. Das Ende Euphorions, der sich, ein neuer Ikarus oder Phaeton, in trunkenem Höhenflug zu Tode stürzt – eine Anspielung auf Lord Byron und die Gefahr der Subjektivität des modernen Künstlers – zerstört das arkadische Idyll. Nach einem gewaltigen Klagegesang des Chors kehrt Helena in den Hades zurück. Wie die »Klassische Walpurgisnacht« sich vom Elementaren zur schönen Gestalt emporläuterte und verdichtete, so löst sich nun alles Gestalthafte im dionysisch-orgiastischen Dithyrambus des Chors, der den Akt beschließt, wieder ins Elementare auf.

Der vierte Akt kehrt auf deutschen Boden zurück: auf das Drama des Wissenschaftlers, des Liebenden, des Ästheten folgt das Drama des Politikers. Der längst fällige Aufruhr im Kaiserreich ist ausgebrochen. Faust und Mephisto verhelfen dem durch magische Gewalt fast schon überwundenen Kaiser zum Sieg, und das Reich wird restauriert. Faust wird als Gegenleistung für seine Unterstützung mit dem Meeresstrand belehnt, auf dem er ein großartiges Kolonisationswerk plant. Anders als die Siedlungsunternehmungen der ›Entsagenden‹ in Goethes Roman geht Fausts Plan jedoch nicht auf humanitär-soziale Antriebe, sondern auf seinen titanischen Trotz gegenüber den Elementen zurück. Er verzichtet auch hier nicht auf die Mittel der Magie und der Gewalt, die von Mephisto wieder bis zum Verbrechen getrieben wird: zum Mord an Philemon und Baucis.

Fausts, der sich nie in die conditio humana fügen, nie die »Grenzen der Menschheit« sehen will, kennt auch die Sorge nicht – will sie nicht kennen. An die Katastrophe Philemons und Baucis' schließt sich unmittelbar die allegorische Szene »Mitternacht« an. Hier tritt die personifizierte »Sorge« Faust gegenüber, der ihr jedoch die Anerkennung verweigert und von ihr geblendet wird.

Fausts physische Blindheit ist das Symbol seiner geistigen. Vom Moment seiner Blendung an verstrickt er sich in eine immer tiefere Täuschung über die Außenwelt. Das zeigt aufs deutlichste die der Blendung folgende – Fausts letzte irdische Szene. Die utopische Vision seines allerletzten Lebensmoments ist von den Interpreten lange als Läuterung Fausts verklärt worden.

FAUST *erschüttert*: Ist jemand hier?
SORGE: Die Frage fordert Ja!
FAUST: Und du, wer bist denn du?
SORGE: Bin einmal da.
FAUST: Entferne dich!
SORGE: Ich bin am rechten Ort.
[...]
Würde mich kein Ohr vernehmen,
Müßt' es doch im Herzen dröhnen;
In verwandelter Gestalt
Üb' ich grimmige Gewalt.
Auf den Pfaden, auf der Welle,
Ewig ängstlicher Geselle,
Stets gefunden, nie gesucht,
So geschmeichelt wie verflucht. –
Hast du die Sorge nie gekannt?
FAUST: Ich bin nur durch die Welt gerannt.
[...]
Doch deine Macht, o Sorge, schleichend groß,
Ich werde sie nicht anerkennen.
SORGE: Erfahre sie, wie ich geschwind
Mich mit Verwünschung von dir wende!
Die Menschen sind im ganzen Leben blind,
Nun, Fauste, werde du's am Ende!

Sie haucht ihn an. (*Faust II*, Fünfter Akt, Mitternacht)

»Als ich meinen abgeschlossenen Faust einsiegelte, war mir denn doch nicht ganz wohl dabei zumute. Denn es mußte mir einfallen, daß meine wertesten, im allgemeinen mit mir übereinstimmenden Freunde nicht alsobald den Spaß haben sollten, sich an diesen erst gemeinten Scherzen einige Stunden zu ergötzen und dabei gewahr zu werden, was sich viele Jahre in Kopf und Sinn herumbewegte, bis es endlich diese Gestalt angenommen. [...] Mein Trost ist jedoch, daß gerade die, an denen mir gelegen sein muß, alle jünger sind als ich und seiner Zeit das für sie Bereitete und Aufgesparte zu meinem Andenken genießen werden.« Brief an Sulpiz Boisserée, 24.11.1831

Doch ob sich der despotische Herrschaftswille (der unverkennbar napoleonische Züge trägt) hier wirklich zu republikanischer Gesinnung wandelt, ist sehr zu bezweifeln. Faust bleibt ein aufgeklärter Despot, der alle Mittel der Gewalt einsetzt, um ›sein‹ Volk zur Freiheit zu zwingen: »Bezahle, locke, presse bei!« So lautet sein letzter Befehl an Mephisto. Seine Hoffnung, »auf freiem Grund mit freiem Volke« zu stehen, wird von Goethe als bloße Illusion entlarvt. Während der durch den Anhauch der »Sorge« Erblindete im Geklirr der Spaten die Arbeit an seinem Werk zu hören meint, schaufeln in Wirklichkeit die Lemuren sein Grab, und Mephisto läßt keinen Zweifel daran, daß dieses mühsam errichtete Werk bald wieder ein Raub der Elemente sein wird: » Die Elemente sind mit uns verschworen, / Und auf Vernichtung läufts hinaus.«

Davon ahnt Faust in der utopischen Euphorie seiner Sterbevision nicht das Geringste. In seinen letzten Worten: »Zum Augenblicke dürft ich sagen / Verweile doch, du bist so schön! / ... / Im Vorgefühl von solchem hohen Glück / Genieß ich jetzt den höchsten Augenblick« glaubt Mephisto die Fausts Verhängnis besiegelnden Worte der Wette wiederzuerkennen. Doch ist hier eben nur von Vorgefühl die Rede, der Satz der Wette nur im Irrealis, im Hinblick auf die erträumte Zukunft ausgesprochen! Mephisto täuscht sich also, wenn er glaubt, die Wette gewonnen zu haben. Gerade in diesen letzten Worten offenbart sich, daß Faust im *gegenwärtigen* Augenblick niemals Genüge finden wird. So kann nach dem grandiosen, auf die Mysterienspieltradition zurückweisenden Spektakel der »Grablegung«, in dem der Teufel der Genarrte ist, das Erlösungsmysterium der »Bergschluchten«-Szenen beginnen.

Hier gestaltet Goethe unter Rückgriff auf die »scharf umrissenen christlich-kirchlichen Figuren und Vorstellungen« (Eckermanns Gespräche, 6. Juni 1831) seine Überzeugung vom rastlosen Fortwirken des bedeutenden Individuums nach dem Tode. Im Aufsteigen Fausts innerhalb der hierarchisch gestuften transzendenten Regionen drückt sich seine Erlösung als Ablösung vom Materiellen, Finsteren und Auflösung ins Geistige, Lichte, als Annäherung ans Göttliche aus. Vom letzten Materiellen kann Faust nur durch das »Ewig-Weibliche« gereinigt werden, das sich in der Mater gloriosa und den Büßerinnen, deren eine »sonst Gretchen genannt« ist, offenbart. Im abschließenden Chorus mysticus ist hymnisch-formelhaft die auf den Neuplatonismus zurückweisende Kardinalidee der Goetheschen Weltsicht, die Gleichnishaftigkeit der aus Gott emanierenden und in ihn zurückfließenden Welt, zusammengefaßt.

Max Slevogt: Mater gloriosa mit dem Chor der Büßerinnen

Lebensende

Faust II ist neben der zweiten Fassung der *Wanderjahre* und der redaktionellen Arbeit an der vierzigbändigen »Ausgabe letzter Hand« Goethes Hauptgeschäft in seinen letzten Lebensjahren gewesen. Die Reinschrift des *Faust II* siegelte er ein und verfügte, daß sie erst nach seinem Tode geöffnet werden sollte. Die Reaktionen der Öffentlichkeit – die ihm im Falle der *Wanderjahre* das Leben so sauer gemacht hatten – wollte er nicht mehr hören. Und wie recht er damit hatte, zeigte die Verständnislosigkeit von Publikum und Kritik, als der zweite Teil des *Faust* schließlich publiziert wurde. In seinem letzten Brief, den er am Tag nach seiner tödlichen Erkrankung, am 17. März 1832 an Wilhelm von Humboldt diktierte, bemerkt er über den noch zurückgehaltenen *Faust* hellsichtig: »Der Tag aber ist wirklich so absurd und konfus, daß ich mich überzeugte, meine redlichen, lange verfolgten Bemühungen um dieses seltsame Gebäu würden schlecht belohnt und an den

Abschluß

»[Ich besuchte] ihn am 27. Morgens, wo er schon seit früh 4 Uhr an seinem Tische beschäftigt war. Seine Freude war, wie er sagte, sehr groß, die hiesige Gegend, welche er seit 30 Jahren nicht wieder besucht hatte, da er doch sonst sooft und soviel hier gewesen, wiederzusehen [...]

Ganz bequem waren wir so bis auf den höchsten Punkt des Gickelhahns gelangt, als er ausstieg, sich erst an der kostbaren Aussicht auf dem Rondel ergötzte, dann über die herrliche Waldung freute und dabei ausrief: ›Ach, hätte doch dieses Schöne mein guter Großherzog Karl August noch einmal sehen können!‹ – Hierauf fragte er: ›Das kleine Waldhaus muß hier in der Nähe sein. Ich kann zu Fuß dahin gehen und die Chaise soll hier so lange warten, bis wir zurückkommen.‹ Wirklich schritt er rüstig durch die, auf der Kuppe des Berges ziemlich hoch stehenden, Heidelbeersträucher hindurch bis zu dem wohlbekannten, zweistöckigen Jagdhause [...] Eine steile Treppe führt in den obern Theil desselben; ich erbot mich ihn zu führen, er aber lehnte es mit jugendlicher Munterkeit ab, ob er gleich Tags darauf seinen zweiundachtzigsten Geburtstag feierte, mit den Worten: ›Glauben Sie ja nicht, daß ich die Treppe nicht steigen könnte; das geht mit mir noch recht sehr gut. [...] Ich habe in früherer Zeit in dieser Stube mit meinem Bedienten im Sommer acht Tage gewohnt und damals einen kleinen Vers hier an die Wand geschrieben. Wohl möchte ich diesen Vers nochmals sehen, und wenn der Tag darunter bemerkt ist, an welchem es geschehen, so haben Sie die Güte mir solchen aufzuzeichnen.‹ Sogleich führte ich ihn an das südliche Fenster der Stube, an welchem links mit Bleistift geschrieben steht:

›Über allen Gipfeln ist Ruh,
In allen Wipfeln spürest du
Kaum einen Hauch.
Es schweigen die Vöglein im Walde;
Warte nur balde
Ruhest du auch.
D. 7. September 1780. Goethe.‹

Goethe überlas diese wenigen Verse, und Thränen flossen über seine Wangen. Ganz langsam zog er sein schneeweißes Taschentuch aus seinem dunkelbraunen Tuchrock, trocknete sich die Thränen und sprach in sanftem, wehmüthigem Ton: ›Ja: warte nur, balde ruhest du auch!‹, schwieg eine halbe Minute, sah nochmals durch das Fenster in den düstern Fichtenwald und wendete sich darauf zu mir mit den Worten: ›Nun wollen wir wieder gehen!‹«

Johann Christian Mahrs im Gespräch mit Goethe und seinen Enkeln, 27.8.1831

Strand getrieben, wie ein Wrack in Trümmern daliegen und von dem Dünenschutt der Stunden zunächst überschüttet werden.«

Nur durch eine rigorose Zeitdisziplin und den geschickten Einsatz seiner getreuen Mitarbeiter – zu ihnen gehörten zumal sein Sohn August, aus alten Zeiten der Kunstexperte Heinrich Meyer, der Altphilologe Friedrich Wilhelm Riemer und schließlich als der Treueste der Treuen Johann Peter Eckermann – konnte Goethe seinem hohen Alter noch ein so gewaltiges Arbeitspensum abfordern. Über seinen streng geregelten Tagesablauf sind wir durch seine Tagebücher genau orientiert. Er stand um 6 Uhr auf und nahm ein bescheidenes Frühstück, um acht erschienen die Sekretäre zum Diktat der Korrespondenz und geschäftlichen Angelegenheiten. Es schlossen sich ein Morgenspaziergang und ein zweites, opulenteres Frühstück an. Ab zehn widmete er sich seinen Studien. Um 14 Uhr fand das Mittagessen, meist mit Gästen statt, wobei Goethe selbst die Speisenfolge bestimmte und reichlich Wein fließen ließ. Er trank gut und gerne drei Flaschen pro Tag. Die Gespräche mit den Gästen konnten sich bis in den Nachmittag hinziehen, oder Goethe widmete sich seinen zahlreichen Sammlungen oder seinem Garten. Die Abendstunden waren für eigene Arbeiten reserviert. Gegen neun ging Goethe zu Bett und las bis Mitternacht, wenn er sich nicht der Familie widmete. (Sein Sohn August wohnte mit seiner Frau und den drei Kindern in der Mansarde des Hauses am Frauenplan.)

Das »Junozimmer« in Goethes Weimarer Wohnhaus am Frauenplan mit dem Abguß der Kolossalbüste der Juno Ludovisi

Seit dem tragischen Sommer in Marienbad im Jahre 1823 bewegte Goethe sich kaum mehr über Weimar und seine Umgebung hinaus. Die gescheiterte Liebe zu Ulrike von Levetzow brachte ihm zu Bewußtsein, daß er alt geworden, die Zeit immer neuer Verjüngung vorbei war. Die letzten großen Glückserfahrungen waren diejenigen der Rhein-Main-Reisen der Sommer 1814 und 1815 gewesen. Am 6. Juni 1816 zerriß der qualvolle Tod seiner Frau Christiane (sie starb an einer Urämie infolge Nierenversagens) ihre drei Jahrzehnte währende glückliche Lebensgemeinschaft. So sehr die hochgestochenen Weimarer Lästermäuler daran zwei-

Goethes Sterbezimmer in Weimar, Fotografie um 1900

felten, Goethe selbst hat nicht lange vor Christianes Tod bekannt: »Seit sie ihren ersten Schritt in mein Haus tat, habe ich ihr nur Freuden zu danken.« Der tödliche Zusammenbruch seines Mäzens, des Großherzogs Carl August am 14. Juni 1828, und der Tod seines erst vierzigjährigen Sohnes August in Rom zwei Jahre später verdüsterten seine letzte Lebenszeit, so sehr er seine Trauer vor der Öffentlichkeit verbarg.

Nach wie vor führte Goethe ein ›großes Haus‹, wie die lange Reihe der prominenten Besucher in seinem Hause am Frauenplan bezeugt. Gleichwohl fühlte er sich immer einsamer. Die Schatten des Todes streiften ihn häufiger. Doch war er überzeugt vom Fortwirken der geistigen Kraft im Menschen, seiner »Entelechie«, über den Tod hinaus. »Der Mensch soll an Unsterblichkeit glauben, er hat dazu ein Recht, es ist seiner Natur gemäß«, bemerkt er am 4. Februar 1829 gegenüber Eckermann. »Die Überzeugung unserer Fortdauer entspringt mir aus dem Begriff der Tätigkeit; denn wenn ich bis an mein Ende rastlos wirke, so ist die Natur verpflichtet, mir eine andere Form des Daseins auszuweisen, wenn die jetzige meinem Geist nicht ferner auszuhalten vermag.« Die Schlußszene des *Faust* ist die poetische Übersetzung dieser Grundüberzeugung Goethes.

Entelechie
»Ich zweifle nicht an unserer Fortdauer, denn die Natur kann die Entelechie nicht entbehren; aber wir sind nicht auf gleiche Weise unsterblich, und um sich künftig als große Entelechie zu manifestiren, muß man auch eine sein.«
Gespräch mit Eckermann, 1.9.1829

Am 16. März 1832 wurde Goethe nach einer Spazierfahrt von einem heftigen Katarrhfieber heimgesucht, dem nach vorübergehender Besserung am 20. März wohl ein Herzinfarkt folgte. Schwere Angstzustände plagten den Todkranken. »Fürchterliche Angst und Unruhe trieben den seit langem nur in gemessenster Haltung sich zu bewegen gewohnten, hochbejahrten Greis mit jagender Hast ins Bett ... Die Gesichtszüge waren verzerrt, das Antlitz aschgrau, die Augen tief in ihre lividen Höhlen gesunken, matt, trübe; der Blick drückte die gräßlichste Todesangst aus«, berichtet der Hausarzt Carl Vogel. Dann ließen die Schmerzen nach, und Goethe rechnete mit seiner baldigen Genesung. Der Tod traf ihn, als er im Lehnstuhl seines Schlafzimmers saß, am 22. März gegen halb zwölf. Goethes angeblich letzte Worte »Mehr Licht!« sind nicht verbürgt. Wahrscheinlicher sind die vom weimarischen Prinzenerzieher Frédéric Soret überlieferten Worte an seine Schwiegertochter Ottilie: »Frauenzimmerchen, Frauenzimmerchen, gib mir dein Pfötchen!« Am 26. März wurde Goethes Sarg in einem langen Trauerzug unter dem Geläut aller Glokken Weimars von seinem Haus am Frauenplan, wo man ihn in der Vorhalle aufgebahrt hatte, zur Fürstengruft geleitet, wo er neben Carl August und Schiller beigesetzt wurde.

»Goethe auf dem Totenbett«, Bleistift- und Graphitzeichnung von Friedrich Preller, 1832

1749 28. August: geboren in Frankfurt a.M. Eltern: Johann Caspar Goethe, Kaiserlicher Rat, und Catharina Elisabeth Goethe, geborene Textor.

1755 Umbau des Elternhauses am Großen Hirschgraben.

1759–63 Besetzung Frankfurts durch die Franzosen während des Siebenjährigen Kriegs (1756–63). Einquartierung des Stadtkommandanten Graf Thoranc in Goethes Elternhaus.

1765–68 Studium der Jurisprudenz in Leipzig. Vorlesungen bei Böhme und Gellert, Begegnung mit Gottsched. Bekanntschaft mit Behrisch, Oeser und Käthchen Schönkopf. Gedichtsammlung *Annette. Die Laune des Verliebten.*

1768–69 Blutsturz und Lungenaffektion. Rückkehr nach Frankfurt. Rekonvaleszenz und pansophisch-alchemistische Lektüre im pietistischen Zirkel um Susanna Katharina von Klettenberg. *Die Mitschuldigen. Neue Lieder.*

1770 Fortsetzung des Studiums in Straßburg. Begegnung mit Herder. Sesenheimer Gedichte für Friederike Brion.

1771 Lizentiat der Rechte. Rückkehr nach Frankfurt und Zulassung als Rechtsanwalt. *Zum Schäkespears Tag. Geschichte Gottfriedens von Berlichingen mit der eisernen Hand.*

1772 Bekanntschaft mit Merck und dem Darmstädter Kreis der Empfindsamen. Praktikant am Reichskammergericht Wetzlar. Bekanntschaft mit Charlotte Buff. *Von deutscher Baukunst.*

1773–75 *Götz von Berlichingen. Prometheus, Ganymed.* Farcen und Hanswurstiaden. Arbeit am *Urfaust*. Begegnungen mit Lenz, Wagner, Klinger.

1774 *Die Leiden des jungen Werthers. Clavigo.* Lahn- und Rheinreise mit Lavater und Basedow.

1775 Verlobung mit Lili Schönemann und spätere Lösung der Verlobung. Reise in die Schweiz. *Stella*. Ankunft in Weimar. Begegnung mit Charlotte von Stein.

1776 Bezug des Gartenhauses an der Ilm. Eintritt in den Weimarischen Staatsdienst als Mitglied des Geheimen Conseils. Übernahme weiterer Ämter in den folgenden Jahren (Wege- und Wasserbau, Kriegskommission, Finanzen u.a.). Dramatische Produktionen für das Liebhabertheater.

1777 Besteigung des Brockens: *Harzreise im Winter.*

1779 Uraufführung der Prosafassung von *Iphigenie auf Tauris*. Zweite Schweizer Reise mit Herzog Carl August.

1782 Tod des Vaters. Bezug des Hauses am Frauenplan. Nobilitierung.

1783 Eintritt in den Illuminatenorden. *Ilmenau, Das Göttliche*, Gedichte des *Wilhelm Meister.*

1784 Entdeckung des menschlichen Zwischenkieferknochens. *Über den Granit.*

1785 *Wilhelm Meisters theatralische Sendung*. Sachsen-Weimar tritt dem Deutschen Fürstenbund gegen Joseph II. bei. Halsbandprozeß in Paris.

1786 Heimliche Abreise aus Karlsbad nach Italien. Versfassung der *Iphigenie.*

1787 Reise nach Neapel und Sizilien. Konzept der »Urpflanze«. Abschluß des *Egmont.* Arbeit an *Tasso* und *Faust*. Intensive Zeichenstudien im Künstlerkreis um Tischbein. Erster Aufenthalt Schillers in Weimar.

1788 Rückkehr nach Weimar. Verbindung mit Christiane Vulpius. *Römische Elegien.*

1789 Abschluß des *Torquato Tasso* kurz vor Ausbruch der Französischen Revolution. Berufung Schillers nach Jena. Geburt des Sohnes August.

1790 Reise nach Venedig. *Venezianische Epigramme* (ersch. 1796). *Metamorphose der Pflanzen*; *Faust. Ein Fragment.*

1791 Leitung des Weimarer Hoftheaters. *Der Groß-Cophta. Beiträge zur Optik.*

1792 Teilnahme an der Kampagne in Frankreich.

1793 Beobachter der Belagerung von Mainz. *Der Bürgergeneral, Die Aufgeregten, Reineke Fuchs.*

1794 Beginn des Bündnisses mit Schiller. Mitarbeit an dessen Zeitschrift *Die Horen.*

Chronologie

1795 Durch Anschluß Sachsen-Weimars an den Baseler Friedensvertrag »Friede des klassischen Weimar« bis 1806. *Unterhaltungen deutscher Ausgewanderten, Das Märchen.*

1796 *Wilhelm Meisters Lehrjahre*; gemeinsam mit Schiller: *Xenien.*

1797 Dritte Schweizer Reise. *Hermann und Dorothea*; gemeinsam mit Schiller: »Balladenjahr«.

1798 *Der Zauberflöte Zweiter Teil.* 1798–1800: Herausgabe der *Propyläen.*

1799 Übersiedelung Schillers nach Weimar. *Achilleis.*

1803 *Die natürliche Tochter.*

1805 Tod Schillers. Totenfeier in Lauchstädt mit Goethes *Epilog zu Schillers Glocke. Winckelmann und sein Jahrhundert.*

1806 Abschluß von *Faust I.* Besetzung Weimars durch napoleonische Truppen. Trauung mit Christiane Vulpius. Ende des Heiligen Römischen Reichs.

1807 Tod Anna Amalias. *Sonette, Pandora.*

1808 Tod der Mutter. Unterredung mit Napoleon auf dem Fürstenkongreß in Erfurt.

1809 *Die Wahlverwandtschaften.* Autobiographische Entwürfe.

1810 Abschluß der *Farbenlehre.*

1811 Publikation des ersten Teils von *Dichtung und Wahrheit* (2., 3. u. 4. Teil: 1812/1813/1830). Begegnung mit Sulpiz Boisserée, Beschäftigung mit Dichtungen des Mittelalters. *Die romantische Poesie.*

1812 Begegnung mit Beethoven in Teplitz.

1814/15 Rhein-Main-Reisen. Hafis-Lektüre. Begegnung mit Marianne von Willemer in Frankfurt. Sachsen-Weimar wird durch Beschluß des Wiener Kongresses Großherzogtum. *Des Epimenides Erwachen.*

1816 Carl August gibt Sachsen-Weimar eine Verfassung. Tod Christianes. *Italienische Reise.* Beginn der Zeitschrift *Über Kunst und Altertum* (bis 1832).

1817 Entbindung von der Theaterleitung. Wartburgfest der deutschen Burschenschaften.

1819 Abschluß und Erscheinen des *West-östlichen Divan.*

1821 Erste Fassung der *Wanderjahre.*

1822 *Campagne in Frankreich.*

1823 Übersiedelung Eckermanns nach Weimar. Letzter Aufenthalt in Marienbad. Leidenschaftliche Neigung zu Ulrike von Levetzow. *Marienbader Elegie.*

1828 Tod des Großherzogs Carl August. Aufenthalt in Dornburg.

1829 Erscheinen der zweiten Fassung der *Wanderjahre.* Uraufführung von *Faust I.*

1830 Tod des Sohnes August in Rom. Blutsturz.

1831 Abschluß des *Faust II.*

1832 22. März: Tod Goethes in seinem Haus am Frauenplan.

Abbildungsnachweis

akg-images 13, 15, 18, 25u, 47, 55, 59u, 76 (2.v.o.), 147, 178
akg-images / Nimatallah 22u
Artothek, Peißenberg 71
Bildindex.de 19
Deutsches Historisches Museum Berlin 18, 82
Ehrenfried Kluckert 126
Goethe Museum, Düsseldorf 93
Goethe-Nationalmuseum zu Weimar 159o.
Goethezeitportal, München 8o/m, 9–12, 13o, 20o, 22ol/or, 23, 24, 25o, 27–33, 36u, 38, 46, 48, 49o, 50o/u, 51–54, 56u, 57, 59o, 60, 61, 65, 68, 69, 72o/u, 74, 75, 76o, 77–80, 83, 87-91, 94, 101, 102, 106, 109o, 110, 112, 115, 120, 124, 125, 128, 130o, 134–136, 138-142, 145, 150, 152, 155, 157, 159o, 170, 172-175, 186, 187
India Office, London 149
Marbach, Schiller-Nationalmuseum / Deutsches Literaturarchiv 39, 56o, 107, 109, 111
Nationalgalerie, Oslo 133
Neue Pinakothek, München 71, 98, 142
Österreichische Nationalbibliothek, Wien 41
Picture-Alliance / akg-images 130, 131
Picture-Alliance / dpa, © dpa Bilderdienste 26, 176u
Picture-Alliance / ZB, © ZB-Fotoreport 185
Salvador Dali. Foundation Gala – Salvador Dali / VG Bild-Kunst, Bonn © 2005 179
Staatliche Museen zu Berlin - Preußischer Kulturbesitz, Nationalgalerie 21
Staatsbibliothek, Berlin 169
Städelsches Kunstinstitut, Frankfurt am Main 70u
Stiftung Weimarer Klassik 49u, 156
VG Bild-Kunst, Bonn © 2005 166, 167, 168, 169o, 176o